国家出版基金项目
NATIONAL PUBLICATION FOUNDATION

知识产权经典译丛（第6辑）

国家知识产权局专利局复审和无效审理部◎组织编译

知识产权、财务和公司治理

［英］珍妮丝·德农库特（Janice Denoncourt）◎著

黄武双　张　珂　邱思宇　等◎译

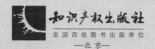

知识产权出版社

全国百佳图书出版单位

—北京—

图书在版编目（CIP）数据

知识产权、财务和公司治理/（英）珍妮丝·德农库特（Janice Denoncourt）著；黄武双等译. —北京：知识产权出版社，2023.5

书名原文：Intellectual property, finance and corporate governance

ISBN 978 - 7 - 5130 - 8064 - 4

Ⅰ.①知… Ⅱ.①珍… ②黄… Ⅲ.①公司—知识产权—管理—研究 Ⅳ.①D913.404

中国版本图书馆 CIP 数据核字（2022）第 013652 号

内容提要

本书基于公司治理的透明和披露原则探讨了公司知识产权报告的发展，特别是结合英国公司年度报告中无形资产报告的重要性，分析了知识产权生态系统、企业融资和无形资产评估之间的关联，以及公司治理的相关问题，从英国专利法和公司法的角度研究了影响知识产权价值评估的社会因素、法律因素、技术因素等，借助典型案例的研究和知识产权披露的商业分类模型评估公司治理需要解决的问题。本书内容对于公司董事、知识产权经理和研发经理进行公司知识产权管理和价值评估具有一定的参考价值。

责任编辑： 卢海鹰　王玉茂　　　　**责任校对：** 谷　洋

封面设计： 杨杨工作室·张冀　　　　**责任印制：** 刘译文

知识产权经典译丛

国家知识产权局专利局复审和无效审理部组织编译

知识产权、财务和公司治理

［英］珍妮丝·德农库特（Janice Denoncourt）　著

黄武双　张　珂　邱思宇　等译

出版发行：知识产权出版社有限责任公司	网　　址：http://www.ipph.cn		
社　　址：北京市海淀区气象路 50 号院	邮　　编：100081		
责编电话：010 - 82000860 转 8541	责编邮箱：wangyumao@cnipr.com		
发行电话：010 - 82000860 转 8101/8102	发行传真：010 - 82000893/82005070/82000270		
印　　刷：三河市国英印务有限公司	经　　销：新华书店、各大网上书店及相关专业书店		
开　　本：720mm×1000mm　1/16	印　　张：19		
版　　次：2023 年 5 月第 1 版	印　　次：2023 年 5 月第 1 次印刷		
字　　数：345 千字	定　　价：118.00 元		

ISBN 978 - 7 - 5130 - 8064 - 4

京权图字：01 - 2021 - 4346

翻译和审校

（按章节顺序排列）

翻　译

王佳柔（前言、第9章）

邱思宇、陈芊伊（第1~2章）

刘榕、张珂（第3~4章）

阿尔达克、张辰（第5~7章）

程旭鹏（第8章）

邱思宇、张珂（原书索引）

校　对

张蓉蓉

邱思宇

张　珂

审　校

黄武双、阮开欣

总　序

当今世界，经济全球化不断深入，知识经济方兴未艾，创新已然成为引领经济发展和推动社会进步的重要力量，发挥着越来越关键的作用。知识产权作为激励创新的基本保障、发展的重要资源和竞争力的核心要素，受到各方越来越多的重视。

现代知识产权制度发端于西方，迄今已有几百年的历史。在这几百年的发展历程中，西方不仅构筑了坚实的理论基础，也积累了丰富的实践经验。与国外相比，知识产权制度在我国则起步较晚，直到改革开放以后才得以正式建立。尽管过去三十多年，我国知识产权事业取得了举世公认的巨大成就，已成为一个名副其实的知识产权大国。但必须清醒地看到，无论是在知识产权理论构建上，还是在实践探索上，我们与发达国家相比都存在不小的差距，需要我们为之继续付出不懈的努力和探索。

长期以来，党中央、国务院高度重视知识产权工作，特别是十八大以来，更是将知识产权工作提到了前所未有的高度，作出了一系列重大部署，确立了全新的发展目标。强调要让知识产权制度成为激励创新的基本保障，要深入实施知识产权战略，加强知识产权运用和保护，加快建设知识产权强国。结合近年来的实践和探索，我们也凝练提出了"中国特色、世界水平"的知识产权强国建设目标定位，明确了"点线面结合、局省市联动、国内外统筹"的知识产权强国建设总体思路，奋力开启了知识产权强国建设的新征程。当然，我们也深刻地认识到，建设知识产权强国对我们而言不是一件简单的事情，它既是一个理论创新，也是一个实践创新，需要秉持开放态度，积极借鉴国外成功经验和做法，实现自身更好更快的发展。

自 2011 年起，国家知识产权局专利复审委员会*携手知识产权出版社，每年有计划地从国外遴选一批知识产权经典著作，组织翻译出版了《知识产权经典译丛》。这些译著中既有涉及知识产权工作者所关注和研究的法律和理论问题，也有各个国家知识产权方面的实践经验总结，包括知识产权案

---

* 编者说明：根据 2018 年 11 月国家知识产权局机构改革方案，专利复审委员会更名为专利局复审和无效审理部。

件的经典判例等，具有很高的参考价值。这项工作的开展，为我们学习借鉴各国知识产权的经验做法，了解知识产权的发展历程，提供了有力支撑，受到了业界的广泛好评。如今，我们进入了建设知识产权强国新的发展阶段，这一工作的现实意义更加凸显。衷心希望专利复审委员会和知识产权出版社强强合作，各展所长，继续把这项工作做下去，并争取做得越来越好，使知识产权经典著作的翻译更加全面、更加深入、更加系统，也更有针对性、时效性和可借鉴性，促进我国的知识产权理论研究与实践探索，为知识产权强国建设作出新的更大的贡献。

当然，在翻译介绍国外知识产权经典著作的同时，也希望能够将我们国家在知识产权领域的理论研究成果和实践探索经验及时翻译推介出去，促进双向交流，努力为世界知识产权制度的发展与进步作出我们的贡献，让世界知识产权领域有越来越多的中国声音，这也是我们建设知识产权强国一个题中应有之意。

申长雨

2015 年 11 月

原版序

对于很多公司的观察者，例如金融分析师、投资者和审计师而言，公司的知识产权资产情况仍然复杂。尽管任何管理报告或财务报告都提到知识产权是公司的主要资产，事实确实如此。知识产权是公司未来收入的驱动力，也是其创新能力的追踪器。这其中有一个悖论：知识产权是公司的主要资产，但知识产权被排除在公司治理和公司财务分析之外。

对这一悖论的第一种解释是，知识产权没有出现在资产负债表上。从会计的角度来看，公司内部创建的知识产权资产不应包括在资产负债表中（知识产权许可也是如此）。由于在财务文件中没有关于知识产权资产的直接信息，因此在财务分析时没有考虑到知识产权资产。企业缺乏知识产权价值和评估方法的规范文件，财务分析师关注的是运营支出（Opex），看不到知识产权。

第二种解释是，很多公司缺乏知识产权文化，管理者缺乏知识产权意识。知识产权狭义地被视为仅包括专利、商标、版权，被认为是一系列权利，被视为成本而不是资产，知识产权组合的整体质量很少被考虑进来。很少有公司拥有由最高管理层设立的知识产权办公室和制定的知识产权全球横向战略。从企业分析的角度来看，一方面，年度报告可能是清晰展示企业知识产权资产的最佳方式；另一方面则是投资组合的一致性。对管理层来说，展示它们为股东创造价值的行动质量可能是一个解决方案。如果一家公司上市，市场会试图将这种知识产权质量纳入股价。但是对于其他公司来说，并没有来展示公司知识产权组合的质量和价值以及它对公司发展的贡献的渠道。

这种情况的后果之一是，公司本身及其利益相关者对公司知识产权资产的质量和价值的忽视已经限制了公司的发展，尤其是在为公司发展筹集资金时。而且这种后果几乎会在全世界蔓延。公司失去了知识产权资产提供的杠杆作用，而这甚至可能是其主要的竞争优势。在新经济时代，公司治理的主要目标是对公司知识产权资产进行真正的全球化管理，并将其纳入财务定量报告和叙述性披露中，以此作为管理质量的标准和公司财务的基础。当利用运营成本和扣除利息、税项、折旧和摊销前的利润（Ebitda）方法提供短期分析信息时，知识产权资产无疑是确定任何公司中长期分析的最佳方法。

在此背景下，本书对当前形势的分析作出了重大贡献，作为一个有帮助的工具，它展示了当前存在的障碍，并为阐明知识产权、财务和公司治理之间的关系提供了新的视角。

尼古拉斯·宾辛丁（Nicolas Binctin）教授

普瓦提埃大学，巴黎

2017 年 9 月 4 日

前　言

在 20 世纪 90 年代后期，作为一家在西澳大利亚上市的矿业技术公司的内部法律顾问，我对三种文化之间的冲突产生了浓厚的兴趣：知识产权法、财务和公司治理。在破产程序中，我们从美国公司以低价获得了某些基于 NASA 火箭技术的非爆炸性破岩技术发明的专利组合。尽管这家美国公司拥有大量专利组合，但它陷入了财务困境，已经用尽了为自己的业务筹集资金的能力，并因此破产。在破产程序中，专利组合在技术和财务上仍然很有价值。但该公司为何无法借贷，以稳定其现金流，继续进行交易，令人困惑。在当时，阻碍其获得融资的因素尚不明确。大多数贷款方仍不愿接受以专利资产作为抵押（贷款抵押）是业务增长和企业生存的障碍。尽管创新推动了现代资本主义的发展，但融资创新被视为贷款方的高风险投机行为，贷款方更倾向于对破坏信用的创新进行定量分配，而不是支持创新。

同时，笔者因为内部职位起草了澳大利亚证券交易所的公告和公司的年度报告，其中包含向公众发布的有关公司不断增长的知识产权组合及其对业务绩效的贡献。股东和越来越多的人对这些信息感兴趣。对公司知识产权资产和战略进行适当的重大披露非常具有挑战性，因为很少有可借鉴的例子，即使是历史悠久的公开上市公司也是如此。

尽管现代商业环境的联系日益紧密，但是知识产权法、财务和公司治理之间的联系仍很少有人知晓。值得庆幸的是，后来企业对知识产权的认识水平提高了，但是仍有很多东西需要学习。

根据业务模式和企业目标，企业通过其企业知识产权资产以不同方式增加价值，以实现其业务目标。这反映了在一个可以战略性使用无形（知识产权）资产的世界里，企业日益发展的复杂性。然而，企业知识产权资产规模不断增长，同时却缺乏定量和定性的公开信息，使得评估战略价值（"知识产权价值故事"）和管理层对这些资产的管理工作——21 世纪一个紧迫的公司治理问题——变得非常困难。未能识别、评估、保护、管理和强制执行知识产权会导致公司面临风险并威胁业务连续性。传统的公司知识产权信息（大多数为内部管理层掌握）需要与公司叙述性披露的交互检验环节后的传统会计中的无形资产财务数据进行三角化测量。

有效的公司治理通常被视为创建完善的全球金融架构的关键。

知识产权信息和战略的叙述性报告是公司治理的新前沿——这一领域的思维和实践将继续发展，同时也将推动全球标准的形成。同样，我们对知识产权重要性的假设自 20 世纪 80 年代和 90 年代以来发生了变化。

知识产权法正在发展，但是我们对知识产权对其他学科的影响的理解仍然存在很大差距，反之亦然。这就是出现问题的地方——我们对知识产权权利崛起的后果缺乏了解，尤其是当知识产权归公司所有时。从本质上讲，这本书分析了公司披露原则如何与无形（知识产权）资产权利的动态世界相适应。如果法律适用于管理动态知识产权生态系统的目的，则可能必须改变公司报告知识产权资产和策略的方法。那么问题是：应该如何改变？本书的多学科视角旨在提供更深层次的法律分析，主要涉及以下几个方面：（1）知识产权生态系统；（2）无形资产的核算；（3）公司治理和报告要求。

尽管知识产权的类型很多，但本书主要侧重于以专利来说明公司治理理论。它包括原始的业务分类架构——基本的、可取且可选择的公司重要专利叙述性披露评估模型，帮助公司在与透明和披露的关键治理原则相一致的情况下，在如何沟通其知识产权组合的角色和价值方面取得进展。

本书将对以下专业人士有参考价值：公司董事、知识产权经理和研发经理，与董事会和其他理事机构一起工作的经理、公司和银行监管机构、公司秘书、审计师、会计师、律师、公司治理顾问、企业顾问、银行家和金融家、知识产权专业人士（专利和商标律师、许可专业人士）、发明者和创造者、股东、商业记者、市场分析师，当然还有学者。

公司治理的主题在不断变化和扩展，特别是社会和股东对董事和董事会的期望越来越高，因为它们感受到知识产权生态系统对企业的影响。因此，笔者鼓励读者通过参考许多相关资源和网站来探索发展。本书的部分内容是基于笔者在 2015 年诺丁汉大学的博士论文《专利支持的债务融资：公司法是否应该率先为中小企业的专利资产提供真实且公平的观点？》和笔者的其他相关研究中获取的材料。虽然本书集中研究英格兰和威尔士的公司治理的普通法传统，但对其他司法管辖区的公司知识产权资产披露方式也进行了比较研究。

作者简介

　　珍妮丝·德农库特（Janice Denoncourt）教授 1988 年毕业于魁北克省蒙特利尔市的麦吉尔大学。之后，她搬到澳大利亚，在那里完成了她的法律学位，并在西澳大利亚最高法院担任法律助理。1995 年，珍妮丝教授就职于国际商业律师事务所 Freehills（史密夫斐尔律师事务所），并正式开始自己的法律职业生涯。她曾担任澳大利亚一家上市公司的内部法律顾问，并担任铭德法律集团（Minter Elison）珀斯办公室的知识产权部门的高级助理。2003 年，珍妮丝教授获得英国文化协会颁发的英国 – 澳大利亚 Chevening Landerer 商法奖学金后，移居英国，在伯恩茅斯大学（Bournemouth University）完成了知识产权政策管理的法学硕士学位（优秀），并获得了英格兰和威尔士的律师资格。珍妮丝教授于 2015 年获得诺丁汉大学（University of Nottingham）的博士学位，她的论文为《专利支持的债务融资：公司法是否应率先为中小企业的专利资产提供真实且公平的观点？》（*Patent – backed Debt Finance：Should Company Law Take the Lead to Provide a True and Fair View of SME's Patent Assets？*）同时，她也是欧洲知识产权教师网络（EIPTN）的联合主席与高等教育学院的高级研究员。

　　珍妮丝经常在世界各地的国际同行评审会议上展示她的作品和想法，其中包括牛津大学、隆德大学、博科尼大学、东京大学、特许专利律师协会（CIPA）；商业与法律研究院（ALSB）、英国法律学者协会以及知识产权教师和研究人员协会（ATRIP）。珍妮丝同时是《诺丁汉法律杂志》（*Nottingham Law Journal*）的编辑，诺丁汉创意知识产权项目的创始成员，诺丁汉法学院知识产权研究小组组长，并担任知识产权法领域若干博士研究生的研究主任。

主要译者简介

黄武双，华东政法大学教授、博士生导师。华东政法大学知识产权研究中心主任；最高人民法院知识产权司法保护研究中心研究员；中国科学技术法学会副会长、中国知识产权法学研究会副会长、中国（上海）自由贸易试验区知识产权协会副会长、上海市法学会竞争法研究会副会长、上海市市场监督管理学会副会长。获得首批全国知识产权领军人才、上海市优秀青年法学家；担任多个司法、行政机关的咨询专家。我国《反不正当竞争法》修改课题组负责人之一；参与若干司法解释、部门规章制定或修改。出版《高锐论违反保密义务——保密信息的保护》（2021）、《手机终端所涉不正当竞争行为的认定》（2020）、《商业秘密保护的合理边界研究》（2018）、《美国专利损害赔偿：原理与判例》（2017）、《美国技术创新与技术转让激励政策解读》（2016）、《商标侵权判断问卷调查指引》（2016）、《全球反不正当竞争法指引》（2015）、《知识产权商务调查手段合法性研究》（2014）、《美国商标金钱偿还的计算：原理与判例》（2014）、《商标共存：原理与判例》（2013）、《计算机字体字库法律保护：原理与判例》（2011）、《美国商业秘密判例：公共政策、构成要件与加害行为》（2011）、《知识产权法：案例与图表》（2010）、《企业专利战略》（副主编，2011）等著作，主编《知识产权法研究（第13卷）》。

张珂，华东政法大学知识产权学院硕士研究生，曾任华东政法大学知识产权法研究中心电子期刊《东方知识产权》执行编辑，曾获华东政法大学 WIPO 暑期学校课程优秀志愿者，主要研究领域为知识产权国际保护、专利法。

邱思宇，华东政法大学知识产权学院博士研究生，曾任华东政法大学知识产权法研究中心电子期刊《东方知识产权》执行编辑，在《南昌大学学报（人文社会科学版）》《中国版权》《南昌师范学院学报》等期刊发表多篇论文。

原书法律文件列表

法律法规

1720 年泡沫法案

民事诉讼规则（2013 年）（第 7 号修正案）（SI 2013/1974）第 63.1 A 条

2006 年英国公司法第 92 条、第 171～177 条、第 172 条、第 232－235 条、第 382 条、第 386 条、第 389 条、第 393 条、第 394 条、第 396 条、第 397 条、第 414A－D 条、第 414C（14）条、第 415 条、第 417 条、第 444（1）条、第 444（a）条、第 463（2）条、第 447（1）条、第 494 条、第 495 条、第 853A（1）条、第 854 条、第 859A～Q 条、第 859D（e）（ii）条、第 859A（7）条、第 859H 条

2006 年英国公司法条例（战略报告和董事报告）第 197 条

1988 年版权、外观设计和专利法案

1984 年郡法院法

披露与透明度规则

2002 年企业法

2004 年金融法第 50 条

2000 年金融服务与市场法

2015 年 G20/OECD 公司治理原则

1986 年破产法

2014 年知识产权法

1977 年专利法第 l（2）（c）条、第 2（2）条、第 5（1）条、第 14 条、第 25（1）条、第 30（1）条、第 32（2）条、第 33 条、第 33（3）条、第 60 条、第 68 条、第 121 条

2004 年专利法

1952 年专利法修改法令

2007 年专利规则（SI 2007/3291）第 39 条、第 44（6）条、第 77 条

2009 年个人财产证券法

根据 2005 年宪法改革法制定的高级法院法

小企业、企业和实体法案（2015 年）

小企业和集团（账户和董事报告）条例（2008 年）

小企业（微实体账户）条例（2013 年）

国际条约

与贸易有关的知识产权协定（1994 年）第 41 条

2002 年奥地利大学法

欧盟公司法指令第 4 版第 2（3）条；第 7 版第 16（3）条

丹麦于 2001 年 6 月 7 日通过的丹麦财务报表法（第 448 号法案）（2001 年）第 11 章第 99（2）条

欧洲理事会颁布的 2007/47/EC 欧盟新版医疗器械指令，OJ L 247/21

欧洲议会 14 号指令以及欧盟理事会 2012/6/EU 指令

2012 年 3 月修订的欧盟理事会 78/660/EEC 指令，其中涉及某些类型的公司年度账目的微实体

1972 年欧洲共同体法

欧洲专利公约

德国商业法典第 342 条，由内殿上庭律师 A. F. Schuster 翻译，详见于 www. archive. org/stream/germancommercial00germuoft/germancommer-cial00germuoft_djvu. txt

专利合作条约

萨班斯法案（美国）（SOX 2002）第 302 条、第 401 条、第 401（c）条、第 404 条

美国 S－K 条例第 101（c）（l）（iv）条

欧洲联盟条约第 50 条

统一专利法院协议（2013 年）

统一专利法院程序规则（2015 年）

会计标准

英国公认会计准则（UKGAAP）

美国公认会计准则（USGAAP）

财务报告准则（FRS）

国际会计标准（IAS）38 无形资产

国际会计标准条例（1606/2002）第 3 条第 2 款

英国财务报告准则（FRS）102

缩略词

ABS	替代性商业模式
ACCA	特许公认会计师公会
AIM	另类投资市场
Basel I II & III	巴塞尔银行监管委员会发布的《巴塞尔协议2》和《巴塞尔协议3》
BBA	英国银行协会
BEIS	英国商业、能源和工业战略部
CA 2006	英国2006年公司法
CDB	国家开发银行
CIPA	英国特许专利代理人协会
CIPO	首席知识产权官
CJEU	欧盟法院
Companies House	英国贸易与工业部的一个执行机构，负责注册并提供基于公司法的所有英国公司的信息
CPC	共同体专利公约
CTO	首席技术官
DATI	丹麦贸易和工业署
DMSTI	丹麦科学、技术与创新部
DTI	英国贸易与工业部
EPC	欧洲专利公约

EPO	欧洲专利局
ESV	合理的股东价值
EU	欧盟
EUIPO	欧盟知识产权局
EUR	欧元
FASB	美国财务会计准则委员会
FRC	财务报告委员会
GAAP	公认会计准则
GBP	英镑
GIPID	日本知识产权信息公开指南
HMRC	英国税务及海关总署
IAS	国际会计准则
IASB	国际会计准则委员会
IASC	国际会计准则委员会（为 IASB 前身）
IN	智力资本
ICS	智力资本声明
IFRS	国际财务报告准则
ILF	德国法律和金融研究所
INTIPSA	国际知识产权战略家协会
IPEC	知识产权企业法院
IPFI	知识产权金融协会
IPR	知识产权
KPI	关键绩效指标
LGST	有关担保交易的立法指南
LLP	有限责任合伙
LSE	伦敦证券交易所

NESTA	国家科学技术与艺术基金会
NHS	国家卫生服务
NPE	非执业实体
OFT	公平交易办公室
PA 1977	1977 年专利法
PCC	专利郡法院
PLC	上市公司
PRC	中华人民共和国
PCT	专利合作条约
R&D	研究与开发
RM	马来西亚林吉特，马来西亚的官方货币
RMB	人民币，中华人民共和国的官方货币
SIPO	中华人民共和国国家知识产权局
SME	中小企业
TRIPS	与贸易有关的知识产权协定
UKHL	上议院（英国）
UKIPO	英国知识产权局
UKSC	英国最高法院
UPC	统一专利法院
UN	联合国
UNCITRAL	联合国国际贸易法委员会
US	美国
USD	美元
WIPO	世界知识产权组织
WTO	世界贸易组织

原书判例列表

判例索引

目　　录

第三部分 知识产权评估：公司知识产权资产与透明度

第四部分 公司治理层面：在知识产权报告中制定实践规范

第一部分

公司知识产权概况

第 *1* 章
公司治理和知识产权资产

公司治理关注的是如何在经济发展和社会追求，以及个人目标和社会目标之间保持平衡。公司治理结构的存在是为了鼓励资源的有效利用，以及对这些资源的管理负责。公司治理的最终目的是使个人、公司和社会的利益尽可能接近一致。

阿德里安·卡德伯里爵士（Sir Adrian Cadbury），英国委员会报告：
公司治理（1992 年）

企业的资产大致可分为两类：有形资产和无形资产。无形资产包括人力资本、专有技术和发明、品牌和商标、设计以及其他由企业发明创造的无形成果。一些无形资产可以知识产权（IP）的形式受到法律保护，但想要获得一种合法的垄断性权利，其中一部分客体必须经过正式注册才能取得相应的权利。自 20 世纪八九十年代以来，我们对专利、商标和版权等主要知识产权重要性的认识已经发生了巨大改变。然而，尽管知识产权法仍在继续发展，但我们仍然难以理解知识产权对其他学科产生的影响，反之亦然（其他学科对知识产权产生的影响）。知识产权几乎不属于流动资产，它一般通过一个长期的、系统的过程获得，并最终为公司创造价值，因此，会出现一些不明显却很重要的问题，即我们对于一些知识产权可能产生的后果并未明晰。例如，会计人员应该如何评估知识产权资产并将其记录在传统的财务账目中；公司应如何并在何时、何地、何种程度上报告其知识产权资产，以及如何根据公司的最大利益来构建优化这些资产的策略；还有应该如何规范知识产权资产的信息披露，从而保护股东和其他利益相关者的利益。这些是公司治理面临的巨大挑战，数个世纪来，人们一直在努力预测、控制、管理以及理解未来。知识产权作为一种无形财产，其在存续期间为创造公司的未来价值提供了多种可能性，然而许多公司的董事却没有预见到这一点。评估并及时作出一份可靠、准确的企业知识产权资产信息报告无疑是非常困难的，但是，相比一般人，有些人拥有更大的权力和更便捷的通道来访问公司内部的知识产权信息。股东和一些其他利益相关者渴求获得有关公司知识产权资产的更相关、准确、及时的信息——而这类信息往往只有公司内部管理层知道。同时，公开披露知识产权资产信息及知识产权战略，不仅会带来责任承担问题，还会带来一定的竞争压力。企业知识产权信息和战略的披露并不像传统财务信息披露那样直接。通常，会计主导知识产权价值评估，因此会计准则会影响知识产权的估值，并可能无意中导致企业知识产权资产信息的缺失（即知识产权信息差）。然而，法律规定公司董事在法定的公司报告中，必须提供他们代表股东管理的公司资产的"真实且公平"的信息。因此，即使是为了提高企业知识产权信息的透明度，公司董事们也必须埋头苦干。现有的公司治理原则（旨在提高股东资产）要求更大的信息透明度以及更完善的信息公开披露。信息透明度、信息披露和责任承担制度是公司治理的核心问题，数个世纪以来，逐渐形成与此相关的一系列相关法律，以控制和规制公司的相关行为。公司董事掌握访问公司内部知识产权资产数据以及知识产权战略信息的主要通道。因此，他们需要避开现有财务数据可能提供的不完整的事实信息，并找到事实背后的真相。对公司报告"真实且公平"的规定，要求会计师、审计师和公司董事能够将传统的公司财务业绩报告与法律的规定以及战略性知识产权资产信息进行三角分析。三角分析法是一种功能强大的分析方法，它通过来自两个以上信息来源的交叉验证来简化数据的验证。❶

　　然而，公司披露原则将如何适应全球动态变化的无形（知识产权）资产？据说，在一些大型企业的专利组合中，财务报告显示每项专利价值为 1 英镑，因为相关公司发现专利过于复杂，难以估值。现今，这类知识产权资产的公司披露原则仍然处于萌芽阶段。类比来看，企业知识产权资产和战略相关的信息披露规定，类似一幅历史上早期不完整的世界地图。例如，制图学的学科建立在这一前提下：对现实可以通过有效交流空间信息的方式来进行建模。而相对于空间信息，"知识产权在企业价值创造中的整体作用"这一抽象信息的交流传播可能更加困难。想象一下，假设这个不完整的地图还需要预测天气，则天气预测必须利用包括反复发生的天文和气象事件以及个人观测来帮助监测天气

❶　三角分析起源于几何学，是一种经过几个世纪发展起来的导航和测量方法。它为现代卫星导航提供了基础。三角分析通过在三个或更多已知的地标上测量方位来确定位置。同样的方法也被用在政治研究中，以获得一个有效的证实任何关键的解释。三角化涉及从三个或更多的角度寻找结论。

的变化，那对天气进行预测将相当困难。因此，通过将知识产权报告纳入现有的企业报告体系，股东和其他利益相关者就能够了解企业对知识产权投资产生的影响。然而，那些撰写公司叙述性报告、提出公司知识产权战略以及负责重大资产披露的人，面临着几个基本问题。第一，必须选择符合公司法要求公开披露的企业重大知识产权资产，这是披露所关注的。第二，无关信息须排除。第三，必须降低待报知识产权资产的复杂性，这是普遍存在的问题。第四，在遵守公司监管法律的同时，向受众公开的公司披露信息部分需要做好修改整理。继续上文的类比（与企业知识产权资产和战略相关的信息披露，就像是一幅早期不完整的世界地图），类似不完整的地图的企业知识产权资产和战略披露，其中部分开始浮现。当其他大多数国家还没有开始行动时，丹麦、德国、美国和日本等国家就提出了更为先进的做法，包括已经出台具体法律，要求企业披露某些知识产权资产信息。这只是一个开始。在其他领域的新三维、四维地图，通过展示动态变化的数据来提高用户理解复杂信息的能力，已经存在一段时间了。尽管目前而言，这种公司披露模式还只是一种"蓝天思维"❷，但我们需要这种更全面的方式，让参与公司治理的股东能更多地了解情况。❸在阐述公司治理制度如何在知识产权资产的背景下运作后，我们可以更好地了解知识产权所有者和代表股东管理这些公司资产的公司董事所面临的困难。很明显，虽然已有许多相关的法律结构和规范，但公司治理体系仍存在重大漏洞，至少在英国，公司治理体系没有直接考虑或明确提到无形资产和公司的知识产权资产。而丹麦、美国和日本为填补企业知识产权资产和战略信息的空白，以及更好地满足股东和其他利益相关者的需求，引入了不同的监管方式。尽管如此，由于这些方式留下了较大的解释空间，因而被认为可能是"模糊的"。虽然在企业知识产权资产披露方面尚未探索出现最佳的实践方式，但相对形式而言，被披露的内容更加重要，因此实践中需要披露更多的企业知识产权资产和战略信息。此外，也难以规定一个统一的企业叙述报告解决方案。由于知识产权在商业模式中作为价值创造工具的作用不同，它在不同业务部门的使用方式不尽相同。然而，规范企业信息披露和信息透明将有助于促进对知识产权潜在价值的信任，进而帮助企业利用知识产权支持商业目标、创造高质量就业岗位并提高员工薪酬。

　　目前的知识产权研究涉及学科交叉，包括了法律、经济、会计和金融等学

---

❷　"蓝天思维"（blue – sky thinking）指不受传统束缚、不以现实为基础的原创或创造性思维。

❸　无论公司是私有的还是公有的，股东通常拥有相同的基本权利。股东的权利取决于公司章程赋予其股份的权利。尤其，根据 2006 年公司法，股东有权力任命和罢免董事。

术领域。对知识产权资产进行企业责任评估的传统方法将与一种更整体、更系统的方法来进行对比。在此过程中，笔者探讨了仍然存在的差距和问题，以及在当下知识产权具有越来越重要的经济意义的情况下，公司法对于公司治理知识产权的重要性。这本书的目的是支持构建一个有利于企业完整、确切地报告知识产权资产和战略信息的规章制度。这种类型的报告将填补公司账本中的资产信息，以提高公司知识产权资产估值的真实性和公平性。本章提供了对知识产权、知识产权融资和公司治理原则的综合理解，以指导未来企业知识产权资产报告的方向，以及阐述在经济衰退时期进行系统变革的必要性。

首先，对知识产权资产化的历史作一个回顾——无形（知识产权）资产已经存在了好几个世纪，自 19 世纪末以来就被公司用来筹集资金并将创新商业化。早期成功利用知识产权抵押融资的故事是关于一位美国小企业主刘易斯·沃特曼（Lewis Waterman）的一笔高价值的专利抵押贷款。❹ 刘易斯·沃特曼发明了一种高级钢笔，比当时的蘸笔和墨水瓶更好用。沃特曼曾经是一名保险代理人，据说他曾经因为一支劣质的笔在签订一份重要的保险合同时发生墨水泄漏，造成了延误，导致他失去了客户。因此，沃特曼发誓要发明一种更好的书写工具。❺ 1884 年，他以钢笔专利❻为担保借了 5000 美元，在纽约创办了一家理想钢笔公司（Ideal Pen Company），这是已知的第一个企业知识产权债务融资案例。5 年后，他在加拿大蒙特利尔北部开了一家工厂，1901 年他去世后，他的侄子弗兰克·D. 沃特曼接管了公司，并将其改名为 L E Waterman 公司，此后钢笔的销售数量增加到每年 35 万支。自那以后，钢笔被广泛使用，直到大萧条时期才成为奢侈品。❼ 在 130 多年后的今天，沃特曼巴黎公司❽继续设计和销售奢华书写工具、墨水和填充器，而沃特曼品牌也因其奢华产品而享誉全球。这个来自 19 世纪的例子，重点说明了企业的知识产权资产在为企业创造价值方面可以发挥关键作用，以及应当如何利用它们来获得融资并维持公司资产长期增长。然而，众所周知，许多创新公司都由于早期资金不足而失败，融资和投资渠道的不完善是实现创新商业化的一个重要障碍。公司治理原则可以通过提高企业知识产权资产在价值创造中的作用的透明度来改善这种情

---

❹ 刘易斯·艾德森·沃特曼（1837 年 11 月 18 日—1901 年 5 月 1 日）是毛管进料钢笔的发明者，也是著名的沃特曼笔公司的创始人。他于 2006 年入选美国国家发明家名人堂。

❺ US Inventors Hall of Fame Biography of Lewis Edson Waterman, at www. invent. org/Hall_Of_Fame/308. html.

❻ 美国专利 293545——钢笔，1884 年 2 月 12 日。

❼ 第二次世界大战后，一次性圆珠笔的发明超越钢笔占据了市场主导地位。

❽ 自 2000 年以来，沃特曼巴黎公司一直是美国集团 Newell Rubberma 公司的全资子公司。

况。而公司知识产权组合价值的公司财务分析，为后面章节的公司治理讨论提供了支撑。公司法的核心是股权融资：公司与股东之间的关系。股权融资是指公司向有意成为公司成员或"股东"的一个或多个投资者发行股票。公司融资的另一种主要形式是债务融资，即公司与他人签订合同，向他人借钱，通常是银行，银行把钱借给公司。在本书中，笔者思考了有关知识产权支持的融资，即用知识产权资产作为贷款的担保（或抵押）。为了简单起见，我们聚焦重点，主要把专利作为企业知识产权资产，因为专利保护创新。股权融资和债务融资都要求公司的知识产权资产按照相关会计准则进行估值。在本书第4 章，将会对《国际会计准则第 38 号——无形资产》（IAS 38）的应用进行批判性讨论。

随着企业在获取并利用知识产权方面付出的投资持续增加，全球主流的金融媒体也更加意识到知识产权资产作为商业战略核心组成部分的价值。特别是近年来，具有全球影响力的知名知识产权企业的财务故事被广泛报道，其中包括苹果（Apple）、迪士尼（Disney）、脸书（Facebook）、葛兰素史克（GSK）、卢卡斯影业（Lucasfilm）、IBM、微软（Microsoft）、三星（Samsung）、索尼（Sony）、东芝（Toshiba）、松下（Panasonic）和辉瑞（Pfizer）等多个行业的大型跨国公司。英国知识产权局（UKIPO）2016 年秋季发布的一项研究表明，对英国无形资产的投资，如发明、商标、内容、代码、数据、专有技术和机密信息，达到了惊人的 1330 亿英镑。这比对传统的有形资产的投资，如房地产、机械和信息技术（IT）硬件高出 9%。研究证实，53% 的无形投资受到知识产权的保护，其中最重要的是专利，其次是版权和商标，凸显了它们在英国甚至全球"知识经济"中日益重要的作用。❾ 公司治理的核心问题是：谁有权对公司事务作出决策，这些决策是如何作出的，并如何传达给股东、利益相关者和公众的。公司治理的主要机构是董事会和股东会。当股东作为公司决策治理主体的一部分共同行动时（与以个人身份行使个人权利的情况相反），有时被称为公司的"剩余控制人"。公司董事对任命它的公司负有许多责任。在英国，公司董事负有英国 2006 年公司法（CA 2006）规定的法定职责。例如，保存会计记录，以记录公司资产和交易的价值，编制账目，分发公司报告和账目并准备董事报告，促进公司的成功，并在其职权范围内对公司事务行使合理的谨慎和勤勉义务，以及一些其他的职责。换言之，他们负责管理公司的知识产权

❾ Goodridge P. , Haskell J. , Wallis G. UK intangible Investment and Growth：New Measures of UK Investment in Knowledge Assets and Intellectual Property Rights（September 2016）Independent Report commissioned by the UK Intellectual Property Office ISBN：978 - 1 - 910790 - 25 - 0.

资产组合，以保存甚至使其价值最大化。保护权利，特别是财产权，例如无形的知识产权，以及构建正常商业道德标准，当公司内部的个人被委以保护第三方权利的责任时（如与公司有关的利益相关者，如股东、债权人、雇员、客户、供应商和整个社会），均是由公司治理原则处理的法律事宜。根据 2006 年公司法（CA 2006）的规定，良好企业的治理目标是将公司利益与整个社会利益结合起来。"公开股东价值"概念体现在第 172 条规定的义务中，该义务要求董事"考虑"众多利益相关者的利益以及"任何决策在长期内可能产生的后果"［第 172（1）（a）条］。这一介绍为讨论良好的公司治理、公司知识产权信息的性质和形式以及向股东和利益相关者披露战略奠定了基础。

1.1 知识产权与公司治理

知识产权的基本属性在于它的排他性。法律赋予的垄断权利——知识产权所有人排除他人利用的能力——确保了知识产权的独特性。因此，知识产权所有者就获得了时间，并通过一定的途径将创新转化为资本，最大化企业的创新价值，而不必过度担心第三方会在未经许可的情况下抄袭它们。此外，知识产权还赋予权利人定价权，与无知识产权的收益相比，知识产权（或知识产权组合）的价值基本上是利用发明创造获得的超常规利润的价值。由此可见，发明创造的商业化与对其进行保护的知识产权是两个完全不同的问题。例如，如果一项专利获得批准，知识产权权利人可能比竞争对手更快地进入市场，进而从发明中（通过销售）获得收入。反之，如果专利所有者未能在商业上开发这项发明，他仍然可以通过许可给他人实施来获得许可收入。❿ 理论上，知识产权丰富型的年轻中小企业（SMEs）利润率较低，这应该是对作为企业资产的知识产权进行整体财务评估的一个重要因素。

在英国，超过 99% 的英国公司都是中小企业，其不发行公开交易的证券，这使它们主要依赖银行的信贷来发展它们的业务。传统上，贷款交易中用作担保的资产主要包括土地、厂房、存货和应收账款，黄金、珠宝和其他有形资产（包括古董和艺术品）有时也被用作担保。在上市公司（在证券交易所公开上市，向公众发行股票）和大型私营公司，无形资产的价值以市值计算，对于未上市的中小企业，则没有类似的机制来衡量和证明其业务中固有的无形资产

---

❿ Walmsley J. Patenting Finance：Financing Patents（2001）International Securities Market Association, Zurich.

的价值，以作为银行贷款的担保或抵押品。❶❷

　　值得庆幸的是，英国和欧洲最近在知识产权抵押融资方面有重要的进展，推动了公司治理和知识产权资产方面的知识巩固。在英国，一项专门关注知识产权抵押的债务融资的研究发表在了《知识产权能融资吗?》（*Banking on IP?*）的 2013 年报告上。❸ 欧盟的知识产权评估专家组最终报告（Final Report from the Expert Group on IP Valuation）（2014 年）涉及针对知识产权政策的未来行动，特别是欧盟委员会 2020 年对欧洲地区的审查。❹ 这些出版物表明，英国和欧盟都在试图更好地理解知识产权和金融之间的相互作用关系，以提高对知识产权评估的信心，进而更好地为创新型中小企业提供融资机会。因此，这些地区现在有动力去更多地了解公司治理原则如何支持企业知识产权信息和战略披露。UKIPO 表示：

> 在 2014～2015 年，UKIPO 将专注于提高知识产权丰富型企业的融资能力，从而确保其获得增长性融资贷款。例如，在商业和金融服务界建立对知识产权的正确理解，促进企业和贷款方之间更富有成效的对话以及建立对作为抵押品的知识产权资产价值的更大信心。❺❻

　　同样，本书集中讨论在法律背景下的实际商业问题，即如何支持构建一个体系来更好地促进企业知识产权资产信息叙述性报告和无形资产管理的完善，以补充企业账本中缺失的知识产权资产信息，进而提供真实且公平的企业知识产权资产估值。

　　然而，还有一个没有得到充分研究的问题是："小企业制度"（small companies' regimes）可能产生的影响。这一制度旨在通过免除中小企业董事提供有关其管理公司资产的叙述性公司报告的义务，从而减轻相关的行政监管负担。传统的会计规则（关于无形资产）以及公司信息披露法律规定的结合，造成了公司知识产权信息（特别是专利信息）公开性的缺失。这对利益相关者来说是重要的问题，例如对于贷款方，它们从申请贷款的公司那里得到的企业知识产权资产和战略信息很少，而这些信息本可以帮助它们评估那些可作为

---

❶ 抵押品（Collateral）是美国的证券术语。
❷ Garrett J. F. Banks and Their Customers （1995） Oceana Publications, Dobbs Ferry NY, p 99.
❸ Brassell M. and King K. Banking on IP? The role of Intellectual Property and Intangible Assets in Facilitating business Finance Final Report （6 November 2013） Independent report commissioned by the UKIPO.
❹ Final Report from the Expert Group on Intellectual Property Valuation （2014）.
❺ Banking on IP: An Active Response （31 March 2014） UKIPO, p 20.
❻ 2008 年小企业与集团（账户和董事报告）条例是根据 2013 年小企业（微实体账户）条例修订的。这意味着中小企业可以利用一些豁免权来减少信息披露。

潜在安全保障的企业资产的真实价值。本书采用了多学科交叉分析的方法，特别是增加了对公司法和公司信息披露层面的分析。本书调查研究了传统会计规则在无形资产评估方面的缺陷，而这些缺陷可以通过增加关于知识产权资产的公司信息披露而被潜在地解决（有人认为）。增加相关知识产权叙述性信息和知识产权战略披露有助于缩小信息代差，使股东和其他利益相关者（如金融家和投资者）更容易看到企业知识产权资产的真实情况。另一个可考虑的选择是案例分析，即通过案例从司法角度考虑 IAS 38 是否为内部产生的知识产权资产的金融价值提供一个"真实且公平"的观点，这可能会导致法律权威背离 IAS 38 的标准。因此，有人认为，公司法应当首先为中小企业的知识产权和专利资产提供"真实且公平"的看法。

1.2　企业知识产权所有者的角度

从企业的角度来看，申请并被授予专利的好处是，除了创造新的资产（可以作为贷款的担保来源）之外，专利有潜力创造专利许可费用收入流来支持财务报表，并提供一个完善的保护以抵御竞争对手的恶意竞争。然而，申请专利需要所有者在前期投入大量资金，这会对处于商业生命周期初期的中小企业产生较大的负面影响。因为与拥有更多融资选择的大型企业相比，中小企业获得融资的机会相对有限。此外，对公司来说，若它们想要从宝贵的知识产权权利中获益，必须培养更多对知识产权的正确意识、理解，这将从在商业决策中优先考虑知识产权开始。及时、准确和可靠的知识产权信息对良好的企业管理至关重要，因为它将帮助企业明确现有的知识产权，避免侵权行为和重复开发，跟踪竞争对手，确定潜在的合作伙伴和合作者以及现货市场发展趋势。系统性了解企业知识产权信息后的商业决策将会推动企业去撰写"知识产权价值"故事，即自愿或依法向股东和公众报告其知识产权资产相关信息。

1.3　知识产权资产信息的用户：金融家视角

本书还调查研究了如何管理无形的专利资产所固有的某些风险：通过提供更详细的企业知识产权信息，从而帮助减少贷款方对借款方情况不确定的担忧。德意志银行英国投资银行（UK Investment Banking at Deutsche Bank）业务主管斯科特·贝尔（Scott Bell）的以下声明，表明了贷款方对缺少企业知识产权资产信息的看法及其对贷款决策的影响：

如果没有价值和风险、所有权、战略和信息的相关数据让我们能够进行市场比较，就很难了解一个正常的市场是如何发展的；虽然数据不是唯一的要素，但透明度、可预见性以及对专利市场的理解是非常重要的。[17]

中国交通银行山东省分行总经理姜鲁荣（Jiang Lurong）也公开表示：

> 知识产权看似无形，但它反映了企业的价值创造能力和可持续经营能力。对这类资产进行放贷，银行风险不会增加，且能够尽早抓住高质量的客户，并改善客户基础的结构/构成。[18]

在本书中笔者将调查研究企业知识产权这一具有潜在价值，同时受公司董事管理的商业资产的透明度、可见性和可理解程度。这将有助于企业更好、更精确和准确地预测其业务的增长潜力和未来现金流。正如菲利普斯（Phillips）所说：

> 银行可以用来评估无形证券贷款风险的相关信息很匮乏。[19]

企业报告知识产权资产和战略的另一个障碍是，法律规定的知识产权的边界和可执行性所固有的不确定性的矛盾。因此，分析企业知识产权资产的潜在价值和相关风险仍然很困难。知识产权垄断权利是由法律规则和界定专利垄断的规则共同规定的。例如，尽管在长期内"遵循先例"[20]的法律方法会增加法律适用的确定性，但判例法和司法判例原则是不断变化的，这会在短期内减少其确定性。不确定性越复杂，股东、投资者、债权人和其他利益相关者面临的风险就越大。这些因素以及其他一些因素共同促使知识产权虽然很难，但可以得到"真实且公平"的价值评估（如果估价方有足够和充分的信息）。为了评估知识产权资产的现值和潜在价值，英国开始发展非财务定性指标的分析，但目前还没有概念上的标准。但是这种透明度的缺乏是可以通过公司治理理论和原则来解决完善的。

---

[17]　Phillips J. （Ed.） The Trillion Dollar Tipping Point AISTEMOS Report （September 2014） AISTEMOS, London, p 8.

[18]　Chinese company's ＄1.3 billion patent and trade mark loan enters the IP deal Pantheon （4 April 2014） Intellectual Asset Magazine blog at www.iam－media.com/blog/Detail.aspx?g＝481b76b6－637f－427f－b8d6－78d06cece504.

[19]　同脚注[17]。

[20]　短语"stare decisis"是拉丁语短语"stare decisis et non quieta movere"的缩写，意思是"遵守决定，不干扰已解决的问题"。该原则规定，在同一管辖范围内，上级法院的决定对下级法院具有约束力。

1.4 公司监管机构的视角

经济合作与发展组织（OECD）认为：立法的最终目的并不是良好的公司治理本身。良好的公司治理只是支持经济效率、可持续增长和金融稳定的手段。它有助于公司获得长期投资的资金，并保证对公司成功作出贡献的股东和其他利益相关者得到公平对待。[21]

G20/OECD 公司治理原则于 1999 年首次发布、2004 年更新、2015 年修订，目前已成为国际公司治理的标杆。这些原则已经被金融稳定委员会采纳为健全金融体系的关键标准之一，同时得到 20 国集团（G20）[22] 的批准，并被世界银行集团在全球 60 多个国家的审查中采用。这些原则也构成了巴塞尔银行监管委员会发布的银行公司治理的基础。G20/OECD 公司治理原则核心的六条为：

Ⅰ. 确保构建有效的公司管治架构；

Ⅱ. 股东的权利和公平待遇以及关键的所有权职能；

Ⅲ. 机构投资者、证券市场和其他中介机构；

Ⅳ. 利益相关者在公司治理中的角色；

Ⅴ. 信息披露和透明度；

Ⅵ. 董事会的职责。

所有公司必须在遵守法律和实施商业行为之间取得平衡，以确保公司的长期成功。公司治理是公司管理层、董事会、审计人员（及其对传统财务报表的影响）、股东、债权人和其他利益相关者之间的关系。公司治理的历史需求源于公司股东以及其他资本提供方享有的权利与职业经理人掌握的公司经营控制权两者之间的划分。[23] 公司治理的难题在于，职业经理人是否会/应该为股东的长期利益而独占性地经营公司。例如，股东希望确保公司的运营能够实现股东财富长期的最大化，同样董事们应该将股东利益（而非他们自己的利益）放在首位。为了让股东和其他利益相关者对公司的财务业绩有一个真实且公平

---

[21] G20/OECD Principles of Corporate Governance （30 November 2015） ISBN：9789264236882. See http：//dx. doi. org/10. 1787/9789264236882 – en.

[22] 20 国集团是国际金融经济合作的中心论坛。20 国集团由 19 个国家和欧盟组成。这些国家是：阿根廷、澳大利亚、巴西、加拿大、中国、法国、德国、印度、印度尼西亚、意大利、日本、墨西哥、俄罗斯、沙特阿拉伯、南非、韩国、土耳其、英国和美国。

[23] Influences on Corporate Governance B853 – 2 Issues in International Financial Reporting （1 March 2016） The Open University, Amazon Media EU S. a r. l. , section 1. 1.

的看法，审计人员需要免受管理层不适当的干涉。因此，公司治理是一种法律上的架构，目的在于设定公司战略目标以及对公司业绩进行监管，并确保管理者适当地管理风险，负责任地使用公司资源。❷ G20/OECD 公司治理原则核心的六条规定的主要目的在于确保这种道德行为的实施。在本书中，笔者重点关注第五个原则，即信息披露和透明度。❷

公司治理原则已发展成一种法律架构，用于在不依赖于公司董事的个人诚信的前提下，实现公司管理的最佳效果。例如，在英国，公司年度财务报告通常包含公司治理声明。这一声明对于解读财务报表至关重要——在一家公司治理体系脆弱的公司，管理者更有机会操纵财务报表，从而给使用者带来不良后果。

由于当下知识产权已经不再仅仅扮演一个法律工具的角色，而是发展成具有潜在价值的商业财产。因此，具有知识产权资产的公司更迫切地需要确保良好的公司治理。过去 20 年来，全球专利申请数量的增加和这些资产市场的增长已经证实了这一趋势。❷ 虽然有大量关于知识产权法、专利法、专利诉讼、专利和经济学的资料（意大利和德国），但非执业实体（NPEs）和专利交易市场，在当前的研究和文献中，在关于企业知识产权资产价值和战略透明度和披露的可靠和准确信息方面，仍然存在重大的缺陷。这在很大程度上是因为在重大和自愿的公司知识产权信息披露中，既没有出现共同的原则，也没有出现最佳的市场实践。如何解决这些限制因素，以制定企业知识产权信息和战略报告的标准，将在下面的章节中详述。

1.5 多学科交叉法实现企业知识产权的必要性

随着全球将知识产权权利视为商业工具逐渐成为趋势，人们更加关注那些单一学科无法解决的复杂问题的研究需求。因此，法律和金融也正融合为一门新学科。当前所产生的问题已经延伸到企业知识产权资产的公司治理，这需要决策者、会计、法律和专利律师等专业人士共同进行详细的研究和努力，以克服企业知识产权信息代差。同时，这也反映出在公司治理方面，企业知识产权资产透明度的缺乏。本书在整合法律、金融和会计等传统学科的理解的基础

---

❷　国际会计联合会（2004）。

❷　"公司治理、价值创造和增长"倡议由 OECD 的公司治理委员会于 2013 年发起，旨在解决更好的公司治理政策如何支持公司获取资本、价值创造和经济增长。

❷　Munari F. and Oriani R（Eds）The Economic Valuation of Patents：Methods and Applications（2011）Edward Elgar Publications Ltd，p xi.

上，创造了新的知识，以强化公司治理理论和原则，并将知识产权作为公司资产加以应用。

法学专家们一直在学习商业与金融知识，作为某些法律实践的应用，同时金融专业人士则将学习商法作为他们专业资格认证的必要条件。事实上，企业律师和金融家可以说是职业上的"堂兄弟"，他们在职业生涯中交往密切。因此，知识产权金融（特别是知识产权抵押融资）和公司治理的综合研究已经超越了单一学科的研究范围，这并不会让人惊讶。为了增进对专业知识的基本理解以及解决超出单一学科范围的问题，需要将来自不同专业知识体系的信息、观点和概念整合起来进行研究。[27] 在本研究中，多学科研究法将专利法、会计和公司法放在一块，其目标是将各学科联系起来，以寻求对知识产权抵押债务融资障碍的更深入理解，以及股东如何更好地识别和评估企业知识产权资产价值，以作出更好的商业决策（见图 1.1）。于是开始出现在法律和金融领域发表的研究报告，其主要是在金融监管（法律）和经济学领域。[28]

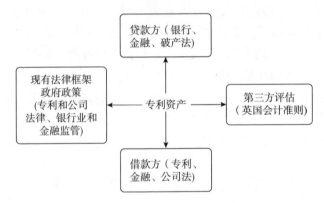

图 1.1　知识产权资产作为保障金融和学术学科相互作用的工具

1.6　商业环境中的企业知识产权资产

首先，与知识产权本身相关的企业信息报告的学术文献很少。但是，目前在美国，一些专业出版物变成了美国商界的畅销书，并引起了全世界的关注。

---

[27] Adapted from the definition created by the Committee on Facilitating Interdisciplinary Research, Committee on Science, Engineering and Public Policy (2004). Facilitating interdisciplinary research. National Academies. Washington: National Academy Press, p 2.

[28] See UK law journals such as the Law and Financial Markets Review (Hart Publishing) and Butterworths Journal of International Banking and Financial Law.

其中包括瑞维特（Rivette）和克莱恩（Kline）的《阁楼里的伦勃朗：揭开专利的隐藏价值（2000）》（*Rembrandts in the Attic：Unlocking the Hidden Value of Patents（2000）*）❷，该书解决了企业应该如何战略性地将专利作为商业资产进行使用的问题。2001 年，又出现了巴鲁克·列维（Baruch Lev）的《无形资产的管理、评估和报告》（*Intangibles Managment，Measurement，and Reporting*）❸，紧随其后，另一本畅销书《董事会中的爱因斯坦：超越智力资本，进入知识产权时代》（*Einstein in the Boardroom：Moving beyond Intellectual Capital to I-stuff*）❸ 也出版了。这三本书进一步推进了与本书相关的三个维度的研究：无形资产经济学（一个包含知识产权的会计术语）、对无形资产记录的经验，以及无形资产信息缺乏所带来的危害。2017 年，加拿大学者兼律师基里亚卢拉·哈齐基里亚科斯（Kiriakoula Hatzikiriakos）出版了《知识产权的担保借贷》（*Secured Lending in Intellectual Property*）一书，这是提高知识产权金融领域知识水平的重要著作，为加拿大和美国涉及知识产权的商业交易提供了全面且高效的实践指南。❸ 转向知识产权和会计领域的跨学科文献研究，法律学者兼经济学家罗亚·加菲勒（Roya Ghafele）博士❸研究了在会计领域，高度形式化的语言如何处理无形资产的概念。在《知识产权能核算吗?》（*Accounting for IP?*）❸ 一文中，她指出，会计程序和会计术语一般只记录过去的业绩，而非对未来的预期，这导致会计报表不能充分反映知识产权如何与企业业绩挂钩。加菲尔博士的工作是拓展该研究思路的重要跳板，这一研究思路认为，应该由法律而非会计来主导无形资产的报告，以确保"专利资产真实且公平"的存在，并克服这些资产在传统财务会计报表中隐形的现象。加菲尔博士参加了编写 2014 年知识产权评估（IP Valuation）报告❸的专家小组。直到 2014 年，在大多数情况下，仍然没有研究文献明确地从金融家或企业监管机构的角度去阐述或假设一个多学科的研究方法来研究该问题。最近的例外就是上文提到的"知识产权能融资吗?"（*Banking on IP?*）❸ 和"知识产权评估"（*IP Valua-*

❷　Rivette K. , G. , and Kline D. （2000）.

❸　Lev，B. （2001）.

❸　Harrison S. , Sullivan P. H. （2006）.

❸　Second edition（2017）LexisNexis，Canada.

❸　牛津大学，赛德商学院的研究员。

❸　Ghafele R. Accounting for IP? （2010）（7）Journal of Intellectual Property Law & Practice，p 521 -530.

❸　Final Report from the Expert Group on Intellectual Property Valuation（2014）.

❸　Brassell M. and King K. Banking on IP? The role of Intellectual Property and Intangible Assets in Facilitating Business Finance Final Report.

tion）报告。然而，虽然这两份报告都采用了多学科结合的研究方法，但只有后者直接研究了叙述性公司报告，而非公司治理或监管问题。

河野俊之（Toshiyuki Kono）教授主编的《知识产权的安全利益：法律、商业和创新视角》（*Security Interests in Intellectual Property：Perspectives in Law，Business and Innovation*）一书从亚洲、欧洲和美国的角度对知识产权和债务融资进行了全面分析。该书通过对日本知识产权和债务融资的调查，分析了知识产权作为抵押品在实践中的使用情况，明确了在适当使用知识产权和债务融资方面的各种障碍，并举例说明了一些促进使用知识产权的项目。❸ 最近，由UKIPO 委托进行的《隐藏价值：英国知识产权评估（2017）》（*2017 Hidden Value：A Study of the UK IP Valuation Market*）❸ 报告研究证实，企业对加强披露知识产权信息的需求有所增加。

本书是笔者在 2015 年博士论文研究❸基础上的进一步发展。笔者认为现代公司治理，应该及时把公司法和公司法律监管机构引入讨论，通过监管公司董事的管理工作和现有的法律义务，在公司报告中处理无形的知识产权资产，并建议公司董事在战略性报告部分加入自愿性声明，进而有助于向利益相关者强调公司无形资产的存在和价值。

1.7 关于知识产权如何创造价值的讨论

本书的其余部分旨在指导公司如何将其知识产权价值故事传达给股东、公众（如果法律规定的话）和其他利益相关者。它试图回答以下问题：

• 为了给专利资产的未来价值创造潜力提供一个"真实且公平"的观点，应该如何提供额外的公司知识产权信息和战略披露？

• 公司法和公司治理在这方面的作用是什么？

• 一家优秀的全球性公司如何在其年度收益中展示知识产权、专利信息和战略？

---

❸ Kono T. （Ed. ） Security Interests in Intellectual Property：Perspectives in Law，Business and Innovation （2017） Springer Verlag Singapore. See also Denoncourt，J. IP Debt Finance and SMEs：Revealing the Evolving Conceptual Framework Drawing on Initiatives from Around the World in Kono，T. （Ed. ） Security Interests in Intellectual Property：Perspectives in Law，Business und Innovation （2017）.

❸ Brassell M. and Maguire J. Hidden Value：A Study of the UK IP Valuation Market （August 2017） Independent Report Commissioned by the UK IPO Chapter 5.

❸ Denoncourt Janice A. Patent – backed Debt Finance：Should Company Law Take the Lend to Provide a "true and fair" View of SME Patent Assets? （2015） PhD thesis，University of Nottingham.

● 智力资本声明（ICS）是丹麦强制规定的一种适当的披露形式吗？还是应该通过管理报告、增长报告或与现有战略报告相结合的方式进行披露？

● 2006 年公司法规定的关于创新型中小企业的披露是自愿的还是强制性的？

● 哪些正在发生的国际发展变化可能会影响英国的政策？

第一部分：企业知识产权格局，提供了政治、经济、社会、技术和法律（PESTL）的分析❹，并批判性地分析了企业必须在其中创造价值的知识产权和专利生态系统。第二部分：知识产权融资方面。公司治理和透明度，展示了公司治理在支持创新融资（利用公司知识产权资产进行债务和股权融资）方面的作用。第三部分：知识产权会计。企业知识产权资产与透明度，阐述了企业知识产权资产信息差和会计资产负债表不可见的历史原因，明确会计实务与公司治理透明度原则的交集，换言之，为什么"真实且公平"的知识产权信息披露是一个公司治理问题；并评估国际公司会计准则、英国公司立法和判例法的影响。第四部分：公司治理维度。在知识产权报告中发展规范性实践，阐述了英国 2006 年公司法下的公司报告义务，并通过两个案例研究阐明了重大知识产权披露的概念。它探讨了非财务性企业知识产权信息叙述性报告的重要性和公司作出信息公开披露可以产生的收益。

第 2 章介绍了英国知识产权垄断的政治、经济、社会、技术和法律环境。这将为现有的公司财务和公司治理问题提供一个知识产权生态系统背景和基础。在第 3 章中，笔者分析了为什么债务融资（借贷）相比其他类型的融资（出售股份），在商业生命周期的早期阶段对创新公司来说更加重要。笔者还从行为金融学的角度，分析了金融机构拥有更好的知识产权意识和对企业知识产权资产建立更多信任的必要性。在第 4 ~ 6 章中，以美国、加拿大、日本、丹麦和德国作为比较对象，对企业知识产权资产披露叙述性报告的功能进行了比较分析，评估了关键原则，以期建立解决无形资产报告问题的概念框架的边界。第 7 章分析了企业知识产权资产披露叙述性报告的实质和形式。通过另一个案例研究，笔者考虑了企业在实践中的专利披露，以调查一家公司在现实环境中报告其知识产权价值故事和商业策略的方法。❹ 实际的企业知识产权和专利信息披露是解释性的解释和评估。该分析开始发展出一种规范的做法，即采用英国财务报告委员会在董事报告中关于战略报告的指导原则。在第 8 章中，

---

❹ Aguilar F. Scanning the Business Environment（1967）Macmillan, USA.

❹ Robson C. Real World Research（1993）Blackwell, Oxford, p 53.

对知识产权披露叙述性报告的批判进行了评估，并提出了一种新的业务分类式的知识产权和专利披露的"重要性评估模型"。第9章提供了对新的非官方公司类别的反思：知识产权丰富型公司，无论规模大小，是公共的还是私人的，以及公司治理在塑造公司行为中的作用。

第 *2* 章
公司治理——知识产权与专利生态系统

专利制度在资本主义的游戏规则中引入了一些复杂性，并带来了许多反常现象。

琼·罗宾逊（Joan Robinson）

《资本的积累》（*The Accumulation of Capital*）（1956 年）

　　创新公司的知识产权资产，无论大小，都是知识产权生态系统的一部分。政府通常提供一种法律框架，通过制定法律来促进、管理和限制知识产权权利人的行为。本章的主题是知识产权生态系统，同时介绍了创新公司的运营环境。这是一个理论框架，采用多学科的研究方法，找出影响公司治理的演变以及利益相关者变化的实际因素。利益相关者可能包括股东、董事会、管理层、外部审计人员、投资者、金融家和债权人。对上市公司来说，机构投资者可能包括一系列金融机构，如养老基金、投资基金、寿险基金、单位信托、对冲基金和其他投资机构。通常，在公司和最终投资者之间可能会有许多中介机构。例如，投资银行可能在股票首次公开发行（IPO）中扮演承销商的角色。经纪人、商业银行和其他机构可以代表其他人持有创新公司的股票。有时，持有创新公司股票的金融机构会出借这些股票作为其他交易的担保。相反的是，在小型的创新公司中，拥有知识产权丰富型公司的董事、股东和员工可能是同一个人。

　　由于专利被广泛认为是经济领域中最重要的知识产权，本章将重点讨论专利生态系统以及获取资本进而将专利作为企业资产的必要性。一个高效的专利授予和保护系统，对拥有专利以及许可他人使用专利的公司来说至关重要。英国的专利生态系统非常发达，可以支持企业、董事和管理层将其企业专利资产最大化。但是也有许多可以改进的地方，以进一步支持知识产权丰富型公司的

蓬勃发展。第2.1节探讨了为发明申请专利的战略性商业原因。第2.2节介绍
了政治、经济、社会、技术和法律（PESTL）分析❶，以介绍那些共同影响公
司的外部宏观环境因素。第2.3节评估了影响英国专利政策的政治因素。第
2.4节研究了影响获得融资的经济因素，特别是对处于创业初期的中小企业。
第2.5节采用行为金融学❷的方法，批判性地分析了影响融资渠道的社会因
素。第2.6节考虑了新兴技术、专利积压、地平线2020计划：欧盟国际研究
和创新战略，以及技术就绪水平（TRL）作为企业报告的工具。

2.1 公司为什么进行知识产权和专利投资

虽然公司协议原则适用于所有公司的知识产权资产，但本书仅结合专利权
来说明财务和公司治理问题。从本质上说，专利权保护了新的、工业上适用的
发明，并给予发明者或所有人（"专利权人"）法律上承认的长达20年的专利
专有使用权。❸ 英国的专利既受本国法律的管辖，也受国际条约的管辖，但当
这些条约在英国国内法中生效时，专利的专有权效力只在英国而非其他国家发
生。专利是一种旨在鼓励创新的法律工具，它为发明人（或其受让人）提供
有限的垄断权，以换取发明创造的公开。为了获得专利，法律规定发明必须公
开。❹ 专利法系统认为，创新和技术发展都是一个国家金融和社会财富的重要
工具，不能仅仅由市场竞争来驱动，特别是专利和其他一些知识产权权利，正
日益重塑现代商业的格局。专利垄断有一个关键的商业优势，它可以防止未经
授权的第三方在一段较长的时间内使用该发明。在这种垄断的保护下，1977
年英国专利法（PA 1977）规定，只有专利权人才能合法地对发明进行商业开
发。❺ 具体个案中，专利权的范围由专利申请文件中的权利要求决定。❻ 此外，
有强有力的证据表明，专利行为和企业业绩指标之间存在正相关关系❼，例

---

❶ 哈佛大学的弗朗西斯·阿奎勒（Francis Aguilar）教授被认为是PEST分析方法的创始人。他在
1967年出版的《扫描商业环境》（Macmillan出版社）一书中使用了一种名为ETPS的扫描工具。后来，
该名称被更新为包括法律因素在内的首字母缩写。

❷ Baltussen G. Behavioural Finance：An Introduction（13 Jan 2009）Available at SSRN：http：//ss-rn. com/abstract = 1488110.

❸ 1977年专利法第25（1）条。

❹ Phillips J. The English Patent as a Reward for Invention：The Importance of an Idea（1982）3 Journal of Legal History 71.

❺ 1977年专利法第60条。

❻ 1977年专利法第16条。

❼ Hall B. , Helmers C. , Rogers M. and Vania S. The Importance（or not）of Patents to UK Firms' pl at：http：//neisr. ac. uk/sites/default/files/publications/dp410. pdf.

如，企业创新产品的销售和就业增长❸使拥有新发明的公司更有可能去申请专利。❾ 此外，公司通常更喜欢申请专利，而非花大量资金对其专有技术进行保密（虽然不可专利的"专有技术"可能还是需要保密）。通常，申请专利的公司已经对专利申请的利弊进行了商业分析。经过深思熟虑，它们一般会得出结论：获得发明专利垄断权的收益大于投入，此外，获得专利权将会提供比保密❿或防御性出版⓫更强有力的保护。通常情况下，强专利（确定的有效性）优于弱专利（有失效风险的专利）。但是要谨记，即使是弱专利也可能被用于限制竞争，并有战略用途。此外，公司为它们的发明申请专利是因为它们希望：（1）防止他人抄袭、搭便车；（2）阻止其他公司参与竞争；（3）用于交叉许可谈判，提高许可收入；（4）提高企业的商誉。⓬ 从公司治理的角度来看，这些知识产权管理策略是重要的信息，有助于评估董事对公司的战略方向和政策制定；监督执行管理；管理公司专利（和其他知识产权）资产；评估风险；对股东和其他利益相关者负责。⓭

2.2 PESTL 模型

对大多数公司来说，进行财务账目审计是一项强制的法律要求。然而，审计过程中不可避免地会出现一些问题，比如对专利和其他企业知识产权资产的估值；某些支出应列入资产负债表或表外，资本化或冲销损益账目；或者是对财务控制系统的担忧。⓮ 在公司财务报表（中期和年度）公布前，每名公司董事都应清楚独立外部审计师对公司财务报表所提出的重大事项。这包括但不限于会计政策；财务报表中或因财务报表产生的重大问题；遵守会计准则、公司法、证券交易所的报告要求（如适用）；确保账目内决定的完整性；确保董事报告和经营报表与经审计的财务报表一致。英国联合公司治理准则（2010）

---

❽ 同脚注❼，p 4.

❾ 同脚注❼，p 10.

❿ 商业秘密的主要缺点是容易受到反向工程的破解。

⓫ 公布一项新发明的详细描述（不授予专利）以披露现有技术和公开发明人身份的行为（也可以匿名进行）。防御性出版物阻止了其他人以后为该发明申请专利。

⓬ Corporate Patent Strategy，WIPO，p 33；Pletscher T. Corporate Strategies for Managing，Exploiting and Enforcing IP Rights（December 1988）WIPO，pp 1 – 6.

⓭ 学者、经济学家、STEM（科学、技术、工程和数学）专业人员和政策制定者对专利的看法相互矛盾，在该领域存在激烈的争论。这些批判性的辩论构成了超出本文范围的知识产权保护的广泛论述的一部分。

⓮ See Brassell M. and Maguire J. Hidden Value：A Study of the UK IP Valuation Market（August 2017）report for more detailed information on IP valuation methodology.

中提到的英国史密斯报告（2002）指出，公司管理层有责任"查明、评估、管理和监测风险，以发展、操作和监测内部控制制度，并向委员会保证它已这样做"。❶ 这个一般性声明适用很宽泛，没有理由不扩展到企业的知识产权资产。然而，单靠一家公司无法改善整个知识产权生态系统，达到降低企业风险或使知识产权融资更加容易的目的，许多其他因素也将共同发挥作用。通过审视环境，我们将更好地理解影响拥有专利组合的公司运营的知识产权生态系统的积极和消极影响。PESTL 分析法通常在商业环境中使用，代表一种中心式的战略分析，提供一个不受创新公司和金融家控制的因素的广泛视角（外部视角），目前在分析英国专利的价值创造潜力方面发挥着重要作用。

2.3 影响英国知识产权和专利政策的政治因素

在过去的 20 年里，专利制度在世界范围内发生了重大变化。英国的专利行为和相关立法是突出的公共政策主题。对政治环境的分析将集中于与创新公司相关的专利法制度政策。UKIPO❶ 是商业、能源和工业战略部（BEIS）的一个执行机构，负责知识产权的授予、有关专利法主题的政策的制定和发布。❶ 它对审查、授予和驳回专利以及维护英国专利登记簿负有直接行政责任。UKIPO 每年发布几份报告，包括专利局的年度报告和账目、公司计划、事实与数据报告，❶ 后者提供了有关专利年度趋势的统计数据。UKIPO 积极与 BEIS 合作，并支持更广泛的 BEIS 议程，是 BEIS 知识与创新集团的关键交付合作伙伴，并通过改善英国企业在国内外的知识产权系统的可获得性，直接为政府的增长计划作出贡献。

2007 年 6 月，英国设立了知识产权部长职位，这使英国成为欧洲唯一一个拥有专门负责知识产权投资的部长的国家。尽管这只是一个初级部长的角色，但表明英国在全球专利生态系统构建中处于领先地位。但是，出于所有实

---

❶ 英国公司治理准则（以下简称"准则"）是英国公司法的一部分，它为在伦敦证券交易所上市的公司制定了一套良好公司治理原则。它由财务报告委员会（FRC）监督，其重要性源自金融市场行为监管局的上市规则。

第一个版本由吉百利委员会于 1992 年发布，并在 1995 年、1998 年、1999 年、2003 年、2005 年、2006 年、2008 年、2010 年、2012 年、2014 和 2016 年进行了更新。参见 www. frc. org. uk/directors/corporate – governance – and – stewardship/uk – corporate – governance – code/history – of – the – uk – corporate – governance – code.

❶ 参见 www. ipo. gov. uk.

❶ 1852 年的专利法修正案于 1852 年 10 月 1 日在英国设立了第一个专利局。

❶ 年度报告是根据 1977 年专利法第 121 条提交给议会的。

际目的，知识产权部长的影响目前还不是很明显。这可能是因为自 2007 年以来，英国已经更换了 8 位部长，导致其政策执行几乎没有连贯性。[19] 知识产权部长有必要在协调与创新融资、企业知识产权资产监管和提高知识产权意识相关的政策方面发挥更积极的作用。2008 年，UKIPO 任命了它的第一位知识产权经济学家［欧洲专利局（EPO）在 2004 年任命了第一位首席经济学家］，并在 2009 年制订了一个补充工作计划，为知识产权政策的发展建立经济证据。这一安排对量化和分析知识产权相关数据非常重要。[20] 以下是 UKIPO 目前正在处理的政府政策议程中的关键问题：

（1）实质性专利法协调；

（2）专利积压问题；

（3）拟申请的欧盟（共同体）专利；

（4）专利合作条约（PCT）制度改革；

（5）计算机实施的发明，即软件专利；

（6）与欧盟合作，建立欧洲专利法院（EPC）；

（7）英国脱欧对知识产权生态系统的影响。

政治因素在影响 UKIPO 为公众利益开展活动和优先事项方面发挥关键作用，关键任命对英国的国家和国际目标以及优先事项有直接影响。需要持续对公司董事、经理以及财务人员进行教育，以提高他们对知识产权价值的认识，并支持富有建设性的对话，目前英国在这方面的政策是缺乏的。总之，政府需要更有效地证明，它的结构和被任命者正在协调与创新企业有关的政策，特别是与初创企业和中小企业、知识产权、金融，以及企业监管（将在第 3 章讨论）有关的政策。接下来，作为知识产权生态系统审查的一部分，笔者将从经济角度考虑专利垄断权利。

2.4　影响知识产权推动创新的经济因素

现代市场经济体系，与所有英国人的利益相关，因为它有继续创造繁荣的潜力，保障英国人高水平的生活。从 21 世纪的经济观点来看，知识产权是一种竞争工具[21]，在日益知识化的经济中，它的价值呈现不断增长的趋势。例

---

[19]　皮帕·霍尔（Pippa Hall）于 2015 年 4 月被任命为 UKIPO 创新部主任和首席经济学家。

[20]　Phillips J. Katenomics 4：Where to look for an IP‑oriented economist（28 November 2008）The IPK at blog at http：//ipkitten. blogspot. co. uk/2011_1l_01_archive. html.

[21]　世界知识产权组织，竞争和专利：介绍、研究和文章。

如，专利为个人提供了一种短期权利，可以不让他人实施其发明，从而使专利权人有机会获得许可费或超常利润，即，远高于专利权人在他人可以自由地模仿其发明时所能获得的利润。[22] 这就是为什么专利制度被广泛认为能够刺激发明创造和经济活动。然而，市场体系也存在缺陷：经济理论和实践经验都证明了一个自由的、不受约束的市场会带来生产的低效。[23] 考虑到未来或理性决策涉及对风险的谨慎评估，抑或是股东和其他利益相关者（比如贷款方）对专利未来潜在经济价值信息的不对称（信息的质量和数量不平衡），他们之间的交易会扭曲，借贷交易成本也会增加。[24] 许多重视市场的专利权人遭遇挫折，因为他们试图告诉股东、政府、司法机构和金融家，他们的创新在支持各国家、地区甚至全球经济方面应该发挥的作用，而公司需要足够的资金来发展它们的创新。公司的融资关系到公司的资金来源、公司的资本结构以及董事和经理为增加公司对股东的价值所采取的行动。公司融资的首要目标是增加股东价值，公司融资有股权融资和债务融资两种主要类型。股权融资是指投资者向公司提供资金以换取股权（股份），他们希望通过股权（股息和/或资本增长）获得投资回报。在公司融资的广泛背景下，债务是股权的主要替代选择，既可用于短期目的，也可用于长期目的。债务通常涉及支付利息，同时可能存在担保。对于股东和金融家来说，作为商业资产的知识产权在信息方面的缺失是潜在的重要考虑因素，但这些问题也相当容易处理，这一点将在下面的章节中进行论证。多数银行和贷款机构将企业知识产权资产作为潜在担保的方式是限制借贷，因为人们认为知识产权价值的不确定性太大，无法用合理的风险溢价或更高的利率来弥补。但是，从经济理论的角度来看，如果信息不对称问题能够得到改善[25]，就应该会缓解贷款方对知识产权担保贷款的厌恶情绪。正如在《知识产权能融资吗?》（*Banking on IP?*）（2013）中说明的那样：

> 主要的障碍是，知识产权通常被认为是一种过于复杂的资产类别，无法在正常贷款利润率的限制范围内融资，这主要是因为很难理解它是什么，它与现金的关系，以及它的价值能否独立于企业之外实现。但是，这种看法是有可能受到质疑的，尤其是这些知识产权是现代企业拥有和使用

---

[22]　McEachern W. A Economics：A Contemporary Introduction（2012）Tenth edition，Cengage Learning Chapters 9 and 10.

[23]　Fulcher J. Capitalism：A Very Short Introduction（2004）Oxford University Press，Oxford，p 41.

[24]　Barkley Rosser J. A Nobel Prize for Asymmetric Information：The Economic Contributions of George Akerlof，Michael Spence，and Joseph Stiglitz（2003）15（1）Review of Political Economy.

[25]　同脚注[24]。

的主要资产。❷❻

在本书中，笔者的观点是：在英国等大多数西方国家，市场体系在政府监管（包括企业监管）的支持下较为成功。❷❼但是，在金融市场体系内，贷款方容易出现"羊群效应行为"。❷❽目前，"贷款方群体"继续对专利和其他知识产权资产进行限额放贷，是因为它们对将这些资产作为担保感到不安。"从众心理"这一概念最早是由德国哲学家弗里德里希·尼采（Friedrich Nietzsche）提出的，它表明（一些）人倾向于跟随别人的行为而不考虑自己的行为，就像一群牛都会跟着一头最开始朝某个方向走的牛一样。从众心理在社会上表现得更为常见和普遍，因而在商业和人际交往中扮演着重要的角色。群体性思维❷❾是人类社会本质的自然结果，因为我们无法预测未来。但是，预测未来对现在的决策却是极其重要的，所以人们在试图预测未来时，主要依赖过去的成功经验。贷款方目前已经采用了一种应对不确定性的策略，即采用传统的观点，认为专利作为一种资产类别并不适合作为贷款的担保，从而拒绝专利担保贷款。改变放贷机构的这种思维方式至关重要，原因有二：第一，因为公司拥有的知识产权资产价值不断增加。第二，这种融资渠道使那些有新想法、发明、科技能力和机会的公司（虽然没钱），有机会用那些有钱但是没想法、发明、科技能力的人的闲钱来创造大量利润，而这一机制最终导致经济的增长和生活水平的提高。因此，将企业贷款（企业融资的一种关键类型）从工业时代调整到现代创新经济时代至关重要。融资是经济发展的重要组成部分，但创新企业（尤其是中小企业）发现，利用专利等企业知识产权资产从银行获得贷款困难重重。英国银行（贷款方）应考虑扩大其贷款组合，纳入知识产权资产，使其能够分散风险和最小化风险。这将有助于通过降低长期贷款风险来维护它们

❷❻　Brassell M. and King K. Banking on IP? The role of Intellectual Property and Intangible Assets in Facilitating Business Finance Report（6 November 2013）Independent report commissioned by the UK Intellectual Property Office, p 210.

❷❼　Stilwell F. Political Economy：The Contest of Economic Ideas（2002）First Edition. Oxford University Press, Melbourne, Australia.

❷❽　Shiller R. J. Human Behaviour and the Efficiency of the Financial System in Taylor J. B. and Uhlig H. （Eds）Handbook of Macroecomics（2016）Vol. 1, Elsevier；Bannerjee A. V. A Simple Model of Herd Behaviour（1992）107 Quarterly Journal of Economics 797 – 817.

❷❾　Allison S. T. and Messick D. M. The Group Attribution Error（1985）39（4）Journal of Experimental Social Psychology, pp 578 – 589. 一种有偏见的信念，认为一个群体中的个体成员的特征能反映出整个群体，即使在有明显相反信息的情况下也是如此。

的地位，因为它们的贷款组合中的一部分将会在经济周期中有良好的表现。[30]
幸运的是，克莱德斯代尔银行（Clydesdale Bank）、桑坦德股份有限公司
（Santander）和硅谷银行（Silicon Valley Bank）英国分行等放贷机构并没有随
大流[31]拒绝知识产权担保贷款，而是积极采取措施，成为无形资产贷款市场的
先行者。这些贷款方的能力在于能看到（或者更早看到）他人没有看到的东
西。它们将知识产权资产视为另一种资产类别，为进一步多样化提供了机会。
要成功做到这一点，需要通过了解有价值的知识产权资产、学习它们和实践在
知识产权资产安全方面的技能来开发该领域的专业知识。[32]

对借款公司来说，其作出的第一项管理决策应是是否投资申请专利。这是
一项取决于投入专利资源对利润的潜在影响的经济决策。此外，根据2006年
公司法，董事会现在也有督促公司成功的法定义务，包括任何决定在长期内可
能产生的后果（2006年公司法第172条）。根据部长声明，

> "重视"这个词的意思是"考虑"；它们绝对不是为了打钩。如果
> "考虑"可以得出结论（我们相信在很多情况下都会这样），即正确的做
> 法是积极行动以实现条款中的目标，那么"考虑"将是董事的职责所在。
> 换句话说，"重视"是指"给予适当考虑"。[33]

例如，发明所产生的收入应涵盖申请专利的成本以及维持随后授予的任何
专利的更新成本，因此存在净利润。净利润将取决于专利申请是否成功以及发
明的价值。此时，创新公司已经对专利的经济价值作出了初步评估。但是，尽
管知识产权生态系统在鼓励创新方面是有效的，但它在决策层面上仍然受到外
部金融家的阻碍。当作为欧盟关键专利密集地区的英国在2010~2013年，每
年都授予超过2000项英国专利时，这就是一个问题。[34]事实上，英国经济的几
乎每一个领域都有专利活动，专利权人都在寻求获得专利市场优势，2013年

---

[30] Tier M. The Winning Investment Habits of Warren Buffett & George Soros（2005）St. Martin's Press, NY, pp 296 – 298.

[31] The Silicon Valley Bank opened its first UK branch, offering a full range of services in June 2013.

[32] Maubussin Michael J. The Success Equation：Untangling Skill and Luck in Business, Sports, and Investing（2012）Harvard Business Review Press. For further information on Clydesdales Growth Fund see Banking on IP? Report（2013），pp 135 – 136；Final Report from the Expert Group on Intellectual Property Valuation（2014），p 29.

[33] Horrigan B. Corporate Social Responsibility in the 21st Century：Debates, Models and Practices Across Government, Law and business（2010）Edward Elgar Publishing, p 245.

[34] UKIPO 2010年和2011年的事实和数据，p 1；UKIPO 2012年和2013年的事实和数据，p 4.

UKIPO 授予最多专利的前十家公司都是大公司。[35] 然而，颁发的专利越多，公众对专利的认识和创新型中小企业申请专利的压力就越大。企业越来越意识到，忽视一项发明专利可能会导致它被更积极主动的人夺走，而后者会要求对该专利的继续使用或生产收取使用费。英国企业对无形资产（包括专利）的投资总额为 1370 亿英镑，超过了对有形资产的投资总额 1040 亿英镑（约 25%）。[36] 这种对无形资产的投资促使英国知识产权部长在 2009 年举行了有关知识产权经济价值的论坛，以进一步了解无形资产对经济的影响。由于专利活动的水平，在严峻的经济环境下，公共和私人资金都被争夺。[37] 知识密集型产业报告指出，支持创新的资金很少，而且条件也很苛刻。[38]

现在笔者把经济分析转向公司债务融资和创新，英国国家科学、技术和艺术基金会（NESTA）研究了英国创新公司获得贷款的难易程度，证实了公司仅凭良好的商业计划而没有有形资产作为担保是很难获得银行贷款的。

如图 2.1 所示，英国在获得贷款方面有所下降，目前的经济环境和紧缩的信贷条件对新企业产生了不利影响。

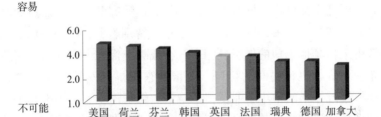

图 2.1 不同国家贷款的获得难度

注：图 2.1 是一个商业调查结果，比较了受访者对在不同国家只有一个好的商业计划和没有担保获得银行贷款的容易程度的看法。（1 = 不可能，7 = 容易）

资料来源：The Innovation Index NESTA（2009）p 23。

而从作为借款方的创新企业的角度来看，获取企业债务融资是经济增长的最大障碍，如图 2.2 所示。

---

[35] IBM、博通公司、贝克休斯公司、戴森技术有限公司、斯伦贝谢控股有限公司、通用全球技术运营公司、惠普开发公司、通用电气公司、佳能和劳斯莱斯。资料来源：UKIPO 2012～2013 年（2014 年出版）的事实和数据，第9页。

[36] Goodridge P, et al. UK Investment in Intangible Assets：Report for NESTA（2011）NESTA Working Paper No. 14/02, p 15.

[37] Sunjata D. Protecting ideas is crucial for eco – technology to succeed（4 June 2010）The Environment and Intellectual Property Financial Times Special Report, p 2.

[38] Harvey F. Scramble for funds in a harsh climate（4 June 2010）The Financial Times 1.

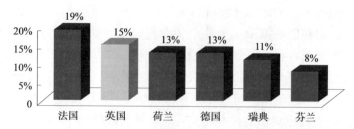

图 2.2　企业认为获得融资是它们面临的最紧迫问题

注：如图 2.2 显示，15% 的英国公司（欧洲预测表调查）认为，获得贷款融资是它们最紧迫的业务发展问题。

资料来源：The Innovation Index NESTA（2009）p 23.

NESTA 在其创新报告中总结：

> 英国相对来说是一个创新的好地方，但也有一些重要的缺点。根据现有的国际可比数据……英国在三个重要指标上表现较差：融资渠道、创新需求（特别是利用政府采购来鼓励创新）和创新技能。[39]

尽管英国拥有高度成熟的企业金融部门，但研究证实，创新型中小企业获得信用贷款仍然是一个紧迫的问题。中小企业特别脆弱，因为它们的规模使它们无法获得来自其他公司的融资。[40] BEIS 在战略上优先考虑并致力于改善创新型中小企业和贷款机构之间的接口，以帮助它们将其发明商业化。[41] 报告称，过去 3 年，超过一半的中小企业获得了融资。银行透支、信用卡和个人贷款是最常见的债务融资形式，其次是银行贷款、商业抵押贷款或租赁/分期购买。[42] 中小企业寻求融资是为了获得营运资金或现金流。[43] 总的来说，公司融资的首选来源，无论出于什么原因，都是银行贷款或商业抵押贷款，其次是银行透支和来自朋友和家人的贷款/股权。[44] 调整战略以评估替代专利政策对知识产权与经济发展关系的影响，将有益于知识产权债务融资。

---

[39]　The Innovation Index：Measuring the UK's Investment in Innovation and the Effects（2009），p 7.

[40]　Pierrakis Y. and Collins，L. Banking on Each Other：Peer－to－Peer Lending to Business：Evidence from the Funding Circle（April 2013）NESTA，pp 3－7.

[41]　同脚注[39]，第 21 页。

[42]　Small and Medium－Sized Enterprise（SME）Journey Towards Raising External Finance（October 2013）A Report by BMG Research for BIS，Chapter 3.

[43]　同脚注[42]，第 7 章。

[44]　同脚注[41]，第 7 章。

2.5 社会因素：创新的行为经济手段和壁垒

行为经济学研究经常出现在顶级经济学和科学学术期刊上。它研究心理、社会、认知和情感因素对经济决策的影响。[45] 行为经济学通过证明经济决策受到社会和心理影响，以及对收益和成本进行理性计算，进而扩展了经济学原理。它提供了一种更直观和较少数学的决策解释。[46] 尽管自 20 世纪初以来，心理学就被用来支持经济分析，但直到 20 世纪 60 年代，认知心理学才让人们真正了解大脑是如何处理信息的。阿莫斯·特沃斯基（Amos Tversky）和丹尼尔·卡尼曼（Daniel Kahneman）等心理学家开始将他们在风险和不确定性下的决策认知模型与理性行为的经济模型进行比较。[47] 金融行业的社会因素和规范是创新公司寻求债务融资所面临的主要障碍。本节探讨了创新公司（特别是中小企业及其发明者）与获得公司债务融资之间的相互作用。在创新企业申请债务融资时，我们着重分析贷款方思考相关知识产权的潜在社会价值和文化价值的心态。就专业贷款方的社会动机而言，它们通常以履行自己的职业职责为荣，并希望为客户提供良好的服务，同时谨慎行事，平衡放贷活动中的收益性和安全性。贷款方的态度和行为被写入了职业行为准则，并通过监管银行业和金融业的法律予以体现。如果它们未能达到职业标准，就有可能面临声誉受损和罚款的风险。直到客户拖欠贷款前，贷款方都不会认为自己与客户处于敌对关系。以创新企业为首的借款方和能够分配资本的贷款方之间需要培养的是一种"团队精神"，让它们以合作的方式（而非失衡的方式）相互帮助。至于银行，它是社会制度[48]的一部分，属于社会性结构。[49] 贷款方如何看待知识产权生态系统以及它们的各种行为都是一种正常的社会现象。[50] 企业融资环境是金融体系的一部分，由于其依赖于相互之间的信任，因此从本质上说是脆弱的。存在信任可以在一定程度上预测未来，因此非常重要。在接下来的内容中，本书将对与借贷有关的人类决定之研究作一个简短的介绍。在放贷之前，

[45] Lin Tom W. C. A Behavioral Framework for Securities Risk（2012）34 Seattle Law Review 325.

[46] Baddeley M. Behavioural Economics：A Very Short Introduction（2017）Oxford University Press，p 1.

[47] Kahnemann D, Slovic P, Tversky A. Judgment under Uncertainty：Heuristics and Biases（1982）Cambridge University Press，Cambridge，MA.

[48] Stein H. Beyond the World Bank Agenda：An Institutional Approach to Development（2008）University of Chicago Press，p 125.

[49] Burr V. An introduction to Social Constructionism（1995）Routledge，London，UK.

[50] 社会现象包括一切行为影响。

贷款方需要信任知识产权丰富型公司，并有信心贷款会得到偿还。[51] 知识产权丰富型的公司也需要承认，获得贷款方的信任是它们获得有利的肯定贷款决策的关键。在许多商业交易中，信任是一个难以捉摸的因素，也是贷款决策的一个关键方面，因为它更多的是一种感觉。信任是与贷款方建立长期成功关系的关键，反之亦然（功能性信任）。贷款方需要感受到的信任不仅来自借款方，更来自完善的专利资产和专利制度，而目前英国主流企业融资并不重视这些。[52] 笔者认为，正如一位受访者在《知识产权能融资吗?》中所说的那样，贷款方对专利作为一种能够获得贷款的无形个人财产存在认知偏见：

> 虽然，我们的信贷团队首先倾向于拒绝任何他们不理解的东西，当然也拒绝任何他们不熟悉的资产。但是，我们扭转了许多最初被拒绝的决定。[53]

通常，贷款方不认为知识产权和专利是一种有效的资产类别。这种认知偏差包括对企业知识产权资产的风险的规避。[54] 信任是一种形式上的信任，即贷款方也必须相信拥有知识产权丰富型公司正在进行的商业活动，以及它们未来的商业计划。贷款方需要有关公司知识产权战略的相关、有用和可靠的定性信息，以便明晰从这些资产中可产生的未来价值。例如，贷款方可能在做生意时信任公司，但不相信专利的价值或质量是一项商业资产。或者，贷款方可能虽然相信专利资产的价值和质量，但不信任借款方（基于过去的贷款经验或信用历史）。一种常见的误解是，认为定量（数量）的会计信息比定性的会计信息[55]更值得信任，因为它不容易被"扭曲"。在接下来的章节中，笔者将论证，通过在包含公司注册处的年度战略报告中披露公司的知识产权信息和战略信息，改善"专利价值故事"与贷款方之间的沟通，是获得贷款方信任的必要条件。公司的年度和季度叙述性报告是讲述公司"知识产权价值故事"的最可信和最有说服力的媒介，它们也是贷款方和商业环境中的其他利益相关者所熟悉的公司报告文件。此外，在公司法框架内进行的披露大大提高了披露信息的合法性和权威性，安抚了债权人和其他利益相关者，如股东和公司监管机构。

---

[51] Tronnberg C, Hemlin S. Bankers' Lending Decision Making: A Psychological Approach (2012) 38 (11) Managerial Finance 1032 – 1047.

[52] 同脚注㉕，第 13 页。

[53] 同脚注㉕，第 67 页。

[54] 同脚注⑯。

[55] McLeod S A. Qualitative Quantitative (2008)。定性研究收集的不是数字形式的信息，可能需要一定的专家知识来解释。

从本质上说，贷款方需要对借款方有高度的信任，因为它们在考虑放贷时，希望知道贷款是安全且能够得到偿还的。而信任借款方本身就存在风险。贷款方通常会考虑借款方的当前信息，以及在一到两年的时间内检查公司拖欠贷款的可能性。[56] 拖欠贷款会导致信任的丧失，致使贷款方在一段时间内不愿再次信任借款方。如果贷款方对借款方偿还债务的能力失去信心，即使这可能不是借款方的过错，贷款方的信任也会消失，因为贷款方实际上并不关心是什么原因导致了违约，只关心贷款能否被收回。放贷是一项核心业务，当存在信任时，银行就会放贷。提供有关借款方知识产权和专利资产的相关、有用和可靠的信息，以确保贷款在经济上是可靠的，会增加彼此之间的信任。

在社会背景下，贷款方的信任最初是试探性的，想要获得贷款必须赢得贷款方的初次信任——对任何借款方都是如此。[57] 贷款方使用不同的方法来评估违约风险。它们要么使用定量的方法，如财务报表借贷和信用评分，要么使用定性的方法，如关系借贷，来评估借款方及其商业策略。[58] 涉及数字的定量信用评估方法存在潜在问题，因为它给人一种错觉，认为它提供了比实际更多的事实信息（尤其是在涉及公司内部产生的专利资产时，这部分将在第 4 章中讨论）。人们都喜欢容易看到的东西，但这却不一定是最重要的东西。[59] 它们很容易被用来将失败伪装为成功。[60] 定量和定性方法的结合相互补充，将有助于降低贷款风险，帮助有经验的信贷员在作出贷款决定之前进行更彻底的评估。[61] 贷款方对企业无形（知识产权）资产持怀疑态度，这是合理的，因为它们对此通常没有太多经验，无法将其归为一种具有抵押品潜力的资产类别。财务信息的数量和类型都会影响贷款决策。[62] 传统的银行贷款决策是由"贷款的

---

[56] Tronnberg C, Hemlin S. Bankers' Lending Decision Making: A Psychological Approach (2012) 38 (11) Managerial Finance 138.

[57] Deszo L, Loewenstein G. Lenders' Blind Trust and Borrowers Blind Spots: A Descriptive Investigation of Personal Loans (2012) 33 (5) Journal of Economic Psychology 996 – 1011.

[58] Berger A N, Udell G F. A More Conceptual Framework for SME Finance (2006) 30 (11) Journal of Banking & Finance 2945 – 2966.

[59] Bornstein D. How to Change the World: Social Entrepreneurs and the Power of New Ideas (20 Sept 2007) Second edition, Oxford University Press, USA.

[60] Ruddick G. Suspended Tesco executive to return as Dave Lewis overhauls team (1 December 2014) The Telegraph. 英国著名超市 Tesco 上市公司的财务报表丑闻揭露了 2.63 亿英镑的利润黑洞，目前正在接受严重欺诈办公室的调查。

[61] 同脚注[56]，第 1040 页。

[62] Biggs S F, Bedard J C, Gaber B G, Linsmeier T J. The Effects of Task Size and Similarity on the Decision Behaviour of Bank Loan Officers (1985) 31 (8) Management Science 970 – 986.

5 个考虑因素"指导的，适用于交易贷款和关系贷款。这 5 个考虑因素分别是：

（1）品格（评估潜在借款人的个人品格，即公司董事和经理的品格）；

（2）资本（借款人的净资产值）；

（3）抵押品（借款人以担保债务的财产质押）；

（4）收入能力（借款人当前收入偿还债务的能力）；

（5）市场环境（借款人和整体经济的当前市场环境）。⑥

然而，根据赫德林（Hedelin）和奥伯格（Sjo'berg）的研究，贷款方似乎在贷款决策中过度强调了借款人的个人品格特征。⑥ 而相反地，笔者认为，如果借款人的抵押品包含了贷款方几乎不了解的知识产权，那么它很可能没有得到充分重视。贷款方可能会忽略重要的知识产权信息，因为它通常不构成任何通用的公司信息或用于批准贷款的其他文件的一部分。总的来说，这并不利于公司融资。

可以说，金融领域的"羊群效应"扰乱了创新公司获得企业债务融资的渠道，进而影响了创新（一种公共产品）的开发和商业化能力。贷款必然涉及风险评估，但是在考虑向创新公司放贷时，贷款方可能过高估计了损失相对于收益的影响。想减少这种"羊群效应"和群体思维，决策者需要获得所有信息（及时、准确和相关）来作出正确的决定。目前，贷款方和其他利益相关者没有收到关于创新公司的企业知识产权资产的财务价值和它们在价值创造中的作用方面的足够信息。公司资产价值的披露和透明度是公司治理的一个重要问题。后面的章节将分析如何提高企业知识产权资产信息披露的质量及数量。

人天生不喜欢不确定的东西，这种对不确定性的厌恶会导致其害怕可能的损失。对公司融资和知识产权担保贷款来说，创新公司首先寻求数额相对较小的贷款是一个切实可行的解决方案。贷款方会从先前经历中总结经验，在做决定时会以之前情况为依据，并将其与当下情况作对比分析。⑥ 随着贷款方对借款方更加信任，它会考虑增加贷款资金的数额，这就像信用卡的限额一样，只有在借款方符合每月还款要求并形成良好的信用记录后，才会增加额度。贷款方以这种方式检验借款方，因为它们希望感觉到安全，从而培养对未来有利放

⑥ Thomas L C. A Survey of Credit and Behavioural Scoring：Forecasting Financial Risk of Lending to Consumers（2000）16（2）International Journal of Forecasting149 – 172.

⑥ Hedelin E, Sjo'berg L. Risk Assessments – Loan Officers Assessment of New Entrepreneurs' Personal Characteristics（1993）NUTEK, Stockholm.

⑥ 同脚注⑤，第 1039 页。

贷决定的信心。

　　另一个解决方案是让创新公司去接触小银行，这类小银行与客户的关系更加密切，愿意承担更大的贷款风险，并更多地依赖传统关系贷款和定性贷款的风险评估。⑥ 在有关社会企业家和阿育王（Ashoka）基金会的《如何改变世界》一书中，伯恩斯坦（Bornstein）指出：

　　　　在接受数字评估时，资助者应该保持谨慎。在一个追求商业资本市场效率的行业，所有人都痴迷般追求可量化的社会回报或结果。对于这种痴迷，重要的是要记住，不要唯数字论而忽略了其他的重要信息。人的大脑很神奇：它可以吸收数以千计的信息——印象、经验、直觉——并产生非常微妙的决定。⑥⑦

　　詹姆斯·戴森爵士（Sir James Dyson），发明家、亿万富翁、工程师、工业设计师，戴森公司（Dyson company）和王国骑士（knight of the realm）的创始人，就体会到了关系贷款的好处：

　　　　如果没有我的银行经理迈克·佩奇（Mike Page），戴森（Dyson）吸尘器就不会存在。他亲自游说起初不太情愿的劳埃德银行（Lloyds bank）借给我 60 万英镑用于加工——而这是我独立创业的唯一途径。⑥⑧

　　佩奇可能使用了一种直观的方法⑥⑨，并将戴森的管理和商业经验列为信用评估的一个重要因素。⑦⑩ 然而，现状是，贷款方并不支持通过知识产权融资和专利贷款，这是一个需要克服的障碍。目前，贷款方更信任有形资产、无形股权资产（股票）以及其他各种复杂和有风险的金融产品（衍生品和对冲基金等）。诺贝尔和平奖得主尤努斯创办的格莱珉银行（Grameen Bank）率先推广了一种方法，为世界上一些贫困的个体经营者提供小额无担保贷款，这产生了巨大影响。⑦⑪ 小额信贷就是金融领域通过系统变革来解决问题的一个典型例子。学者穆罕默德·尤努斯（Muhammed Yunus）提出了挑战银行业的理论，

---

　　⑥⑥ 同脚注⑤⑦。

　　⑥⑦ Bornstein D. How to Change the World: Social Entrepreneurs and the Power of New Ideas（20 Sept 2007）Second edition, Oxford University Press, USA.

　　⑥⑧ Dyson J. Ingenious Britain: Making the UK the Leading High Tech Exporter in Europe, A Report by James Dyson（March 2010）Commissioned by the UK Conservative Party, p 42.

　　⑥⑨ Khatri N, Ng H A. The role of intuition in strategic decision making（2000）53（57）Human Relations 57 – 86.

　　⑦⑩ 同脚注⑤⑤，第 1040 页。

　　⑦⑪ 参见 www.grameen.com.

该理论表明，如何在具有成本效益的基础上，系统性地向贫困的人群大规模发放无担保贷款。格莱珉银行在印度 77000 个村庄有 710 万借款人。小额信贷现在是一项全球性的运动，甚至已经被花旗集团这样的银行巨头所采用。如果有可能向根本没有担保的借款人发放成本效益高的贷款，那么向创新公司发放贷款并通过其专利创造具有现在和潜在未来价值的有时限的垄断，难道是不可行的吗？

2010 年，为制造、出口更多技术，英国保守党邀请詹姆斯·戴森帮助他们重新唤醒英国固有的发明能力与创造能力。因此，戴森撰写了《智慧英国：让英国成为欧洲领先的高科技出口国》(*Ingenious Britain：Making the UK the Leading High Tech Exporter in Europe*❼❷) 报告，他建议英国政府解决"为高科技初创企业融资"的问题。❼❸ 戴森指出，因为绝大多数高科技创新型中小企业依靠债务融资来实现增长，所以研究获得此类融资的更好途径是十分重要的，这将对国内经济产生重大影响。❼❹ 该报告建议政府应解决银行明显不愿向小企业放贷的问题：

> 清算银行❼❺对小企业有着不同的认识，并且拥有可以用来监控小额债务融资的设施。清算银行贷款的流程更简单，初创企业更容易理解。并且还应对类似于国家贷款担保计划的贷款担保计划进行研究，以激励小企业贷款，尤其是那些研发新技术的小型企业。❼❻

戴森在报告中反复阐述，需要改善获得债务融资的途径，使英国在未来保持并提高其作为技术前沿国家的地位。遗憾的是，贷款方和银行监管机构对企业知识产权所有者表明，"我们更信任拥有其他资产类别的借款人"。但这种对其他资产类别的信任是否适宜？专利资产是否真的更具有风险？银行认为以土地、股票和其他金融产品为抵押放贷的风险更小，甚至对穷人放贷风险也更小，但 2007～2012 年❼❼的全球金融危机则说明事实并非如此。传统形式的担保

---

❼❷ 同脚注❻❼。

❼❸ 同脚注❻❼。

❼❹ 见脚注❻❼，第 46～47 页。

❼❺ 在英国和威尔士，五大清算银行（清算银行支票的机构）是巴克莱、汇丰银行、劳埃德银行集团和纳维斯特。

❼❻ 见脚注❻❼，第 42 页。

❼❼ The Run on the Rock Fifth Report of Session 2007 - 2008 House of Commons Treasury Committee (2008) Vol. 1, House of Commons, The Stationer Office Ltd, London, pp 4 - 20. 它也被称为信贷紧缩，是指贷款（或信贷）的可用性普遍下降，以及银行对于贷款所需条件变得严格。信贷紧缩导致贷款方"追求质量"，因为它们会寻求风险较低的投资，而这往往以牺牲中小企业的利益为代价。

比商业贷款方最初认为的风险更大。随着时间的推移,贷款方对公司专利资产的信任将逐渐有所改变,专利资产类别将趋于成熟,形成固定的声誉(基于过去的信用记录)。公司治理中的透明度和信息披露将有利于公司直接获得信任。

获得贷款方的信任并不意味着创新公司能成功地使发明商业化,但与其他情况相比,它确实可以为公司提供资金,使公司以显著提高的速度向前发展。一个有利的贷款决策意味着,在贷款期限内,创新公司将提供更多与其业务战略有关的详细信息,从而对贷款方/借款方关系产生积极影响。这是按照贷款文件中的银行贷款风险监控程序进行的操作,适用于所有贷款。动态风险监控系统提供了一个智能框架,可通过搜集与贷款质量相关的事件来收集实时信息,而不是仅仅通过与借款方历史数据有关的债权人评分系统来预测贷款质量。❼ 贷款监控系统通过提高银行贷款组合的价值直接使银行股东受益。❼ 更重要的是,就企业融资和知识产权抵押贷款的发展而言,当银行可以实时监控"风险"贷款时,它们会更愿意进行"风险"贷款。❽ 从长远角度来看,通过改善业务关系,可以感觉到公司"缺乏"有关知识产权、专利信息和战略方面的叙述性公司信息披露。作为值得信赖的借款方,创新公司所面临的挑战是提供准确、可见且对贷款方有价值的实时信息,从而使其知识产权资产的价值更加透明,增强贷款方的信任。

信任是人类与社会互动的最高水平,也是最复杂的。❽ 信任的简单之处在于,如果贷款方对借款公司的知识产权资产不信任,那是因为借款方尚未获得贷款方的信任。贷款方需相信,借款的创新公司是值得信赖的,并且能按预期偿还贷款。因此,对知识产权生态系统的分析十分重要,这可以用来了解贷款方为何普遍不信任知识产权资产,然后努力减少这种障碍以此获得彼此的信任。❽ 从经济角度讲,信任被视为一种经济润滑剂,它可以减少双方之间的交

---

❼　Instefjord N, Nakata H. Loan Monitoring and Bank Risk(17 April 2014)First Draft, p 2.

❼　同脚注❼,第 4 页。

❽　同脚注❼,第 6~7 页。

❽　Mayer R C, Davis J H, Schoorman F D. An Integrative Model of Organizational Trust(1995)20(3)Academy of Management Review 709 -734. 信任通常是指一种情况,即当事一方(委托人)愿意依赖另一当事方(受托人)的行为,且是直接针对未来情况的。

❽　Kosfeld M, Heinrichs M, Zak P J, Fischbacher U, Fehr E. Oxytocin Increases Trust in Humans(2005)435 Nature 673 -676. 其证明,人类具有信任和判断信任的本能,这种本能可以追溯到人类大脑的神经生物学结构和活动。

易成本，实现新的合作形式，并促进商业活动和商业繁荣。⑧ 如果不将知识产权作为资产类别给予信任，那么贷款方可能会无法正常运行。《知识产权能融资吗?》⑧ 一书中证实，在英国主流贷款中，知识产权在公司融资方面的促进作用并未得到重视，这是一个被错失的机会。

贷款方则面临借款方可能不诚实，以及提供准确信息较少的问题。与其他资产相同，欺诈对无形资产来说也是一种风险，存在于未来的不确定性之中。不诚实或误导性的知识产权评估可能涉及通过与会计师、律师、专利律师和其他专业中介机构勾结，使资产价值膨胀的问题。因此，知识产权信息披露在公司年度收益战略报告中至关重要，是确保公司良好治理的重要工具。有人认为，如果贷款方和公司中其他利益相关者能够通过三角分析⑧对知识产权信息进行定量、定性以及战略性分析，则可以提高知识产权信息的有效性、可靠性和准确性，从而提高可预测性并降低知识产权资产价值定量的不稳定性。这将会增强贷款方对于知识产权（作为被抵押资产）的信任。披露的信息必须符合公司披露制度中"真实且公平"的标准。掌握可靠的信息将有助于贷款方进行尽职调查。此外，掌握两种类型的信息，则还有利于贷款方通过将信息与借款方经常活动的账户进行三角分析，来动态监控贷款。因此，为了加强公司治理和创新融资，对贷款方而言，引入有效的动态监控系统，使银行和银行监管机构的利益保持一致，是一个比较有利的方式。⑧

最后，创新公司可用的另一种方法是通过展示能力、卓越的技能和激情来获得贷款方的信任。例如，从法律角度来看，创新公司展现出专利在某种程度上比现有技术更具备新颖性与创造性，即在市场竞争方面更具竞争力。创新公司不仅展示专利发明的工作原理，更需要通过向贷款方和其他利益相关者展示发明所解决的技术问题，从而展现出发明的价值——"专利价值故事"的一部分。在专利授予制度完备的国家，由高素质的专利审查员进行审查，证明了授权的高度有效性。获奖或获得专业荣誉、撰写出版物、受同业人员邀请在会议上发言、被视为与专利问题有关的权威，这些都展现出创新公司高超的技术水准，并可以建立宝贵的企业声誉（非财务价值指标）。因此，知识产权和专利的债务融资可以被认为是应用经济学和人性的结合。贷款方无法信任它们不

---

⑧ Morgan R, Hunt S. The Commitment – Trust Theory of Relationship Marketing （July 1994）58 （3）The Journal of Marketing 20 –38.

⑧ 同脚注⑬。

⑧ 三角分析是一项通过对来自三个或更多来源的数据进行交叉验证，将几种方法应用于同一现象，从而促进数据验证的技术。

⑧ 同脚注⑦，第6页。

理解的事物，因此在 UKIPO 的议程中，提高对知识产权和拥有丰富知识产权的企业融资方法的认识和理解，是一种正确的途径。本书将从公司治理的角度探讨加强公司知识产权与股权和债务融资人之间联系的措施。如果我们什么都不做，创新型公司虽然可以继续努力发展壮大，但依旧无法获得债务融资。金融借贷机构应当重新考虑一下公司知识产权资产及其经济价值的评估方式，以实现安全抵押。

2.6   影响专利生态系统的技术因素

新兴技术为英国的未来奠定了基础，使其在未来可持续发展具有很强的适应能力，同时新兴技术也是未来专利发明主题中的核心问题。本节涉及影响创新公司专利生态系统的外部技术问题。

2.6.1   新兴技术

全球议程峰会由世界经济论坛（WEF）的新兴技术全球议程理事会每年组织一次。[87] 这是世界上最大的全球头脑风暴活动，由来自商界、学术界、政府和社会的 8 个专家小组组成，它们将思想先进者聚集在一起，相互交流以增进知识，并一起探讨影响世界发展的关键问题。在全球经济中技术发挥着至关重要的作用，科技企业仍需持续关注它所带来的重大风险。

2016 年峰会表明，在不久的将来，有望对世界产生巨大影响的技术为以下 5 项：

- 纳米传感器和纳米互联网；
- 新一代电池（先进的储能技术）；
- 区块链（网络货币比特币背后的分布式电子账本）；
- 二维材料（如石墨烯）；
- 车辆的自动驾驶。[88]

然而，如果公司没有适当的系统和能力进行研发以及使发明商业化，它们的安全问题以及是否可以成功研发就无法得到保障。UKIPO 需要确保人力资源计划能够使其招募到合适且足够的专利审查员，这些专利审查员在上述新兴领域具有专业知识，从而可以为这些创新公司提供支持。

---

[87]   参见 www. weforum. org/events/summit – global – agenda – 2015.

[88]   Global Agenda on Emerging Technologies blog at//www . weforum. org/agenda/2016/06/top – 10 – e-merging – technologies – 2016/.

2.6.2 专利申请审查中的积压与企业资产价值

由于高水平专利申请的出现，技术压力在专利制度中也开始发挥作用。世界知识产权组织（WIPO）报告称，2011 年，全球专利申请量达到 200 万件，这表明 20 多年来专利申请数量几乎在持续增长。[89] 在英国和其他拥有丰富专利的地区，持续增长的专利申请数量将导致专利局产生专利积压问题，以及出现所谓的专利丛林现象。专利丛林将阻碍他人进入市场与技术创新。专利丛林是一种策略，通过该策略，专利权人可以形成一个密集重叠的专利权集合，这意味着其他创新者需要获得多个专利授权许可才可以使用某项技术。从战略角度来看，专利丛林还可以用来防御来自第三方的竞争，否则第三方可能围绕单项专利进行设计。[90] 根据罗宾·雅各布（Robin Jacob）爵士的说法，这是一个正常现象：[91]

> 每一项重要发明的专利权人都可能对其发明进行完善与改进……专利制度本身导致专利丛林现象发生，且总是发生。[92]

《哈格里夫斯评论》（*Hargreaves Review*）[93] 认为，专利丛林可能会阻碍技术的研发与创新。重要的是，英国将继续参与国际合作以解决专利积压和专利丛林问题。UKIPO 出版了《专利丛林概述》（*Patent Thickets - An Overview*）[94] 和《专利丛林研究》（*A Study of Patent Thicket*）[95]，以便更好地了解：

（1）专利丛林是否阻止新的竞争对手进入技术领域，尤其是创新型中小企业；

（2）专利申请的效力对他人进入技术领域及其与专利丛林的关系构成阻碍。

---

[89] To hack or not to hack? A new report on patent thickets（22 August 2013）UKIPO Factoblog at www. ipo. gov. uk/blogs/ipofacto/2013/08/22/to – hack – or – not – to – hack – a – new – report on – patent – thickets/.

[90] Rubinfeld D, Maness R. The Strategic Use of Patents: Implication for Antitrust in Leveque F, Shelanski H. Antitrust, Patents and Copyright: EU and US Perspectives（2005）Edward Elgar, Northampton, pp 85 – 102.

[91] 美国联邦巡回上诉法院前法官雅各布于 2006 年进入知识产权名人堂。

[92] Jacob R. Patents and Pharmaceuticals（29 November 2008）Paper given at the Presentation of the Directorate – General of Competition's Preliminary Report of the Pharm – sector Inquiry.

[93] Hargreaves I. Digital Opportunity: A Review of IP and Growth（May 2011）Independet report commissioned by the UK Prime Minister.

[94] Patent Thickets – An Overview（25 November 2011）UKIPO infonatics team.

[95] Hall B, Helmers C, Rogers M, Vania S. The importance（or not）of patents to UK firms p1, at: http://faculty. haas. berkeley. edu/neil_thompson/Innovation_Seminar/Papers/HHRS12_UK_patenting.

　　后者认为，欧洲专利体系中专利丛林的扩大对某些技术领域的进入产生了消极影响，例如"专利申请数量大，专利局资源不足以及激励措施不协调的情况。"❾ 如何降低专利生态系统中的专利依赖性和不确定性是管理方面的问题，是创新公司和其他股东及利益相关者所关注的。在过去的 20 年中，英国每年提交专利申请的数量大多呈上升趋势。但是，专利申请量超过了 UKIPO 的审查能力。结果，大量积压下来的未处理的专利申请导致专利审查期限延长。这并不罕见，因为全世界专利局都面临这个问题。

　　就公司资产价值而言，申请中的专利价值低于已获授权专利价值。处理、审查专利申请过程中产生的专利积压会使其他专利的授权期限被延迟，而已被授予专利权的专利的经济价值反而会有所提升。专利申请过程的延迟，会导致创新动力减少，从而阻碍新产品和新工艺的商业化进程。

　　投资者不愿意投资不受专利保护的新技术，贷款方也不愿意给这样的技术放贷。此外，公司专利所有权人在专利被授予之前不能就专利侵权提起诉讼。"正在申请的专利"或"已申请的专利"是指公司有权使用其已提交的专利申请，但该申请尚未得到正式授权。这使潜在的侵权人意识到，他们可能要承担损害赔偿责任（包括追溯到专利优先权日的损害赔偿）以及 1977 年英国专利法中规定的其他补救措施。漫长的专利审查期导致人们更加不确定发明潜在的有效性以及它们是否确实会获得专利权保护，从而影响公司的资产价值。

　　由此产生的一个法律问题是：在专利被公开之前，该专利既无法被公众知悉，也无法被检索到。从专利的优先权日起至专利授权公布日，是审查期限的一部分。专利权利要求的内容在专利申请人和 UKIPO 之间是保密的，无法被其他人检索到，从而形成权利要求的"黑匣子"。因此，在后的专利申请人可能不知道在先申请的权利要求中的秘密内容，并且他们自身的专利申请可能因不具备新颖性而申请失败，或者更糟的是他们有可能侵犯了已申请的专利。专利积压得越多，申请人以及那些为了保护创新对申请专利进行投资的公司所面临的风险就越大。这会给专利资产带来不确定性，从而导致专利资产价值降低。简言之，更长的审查期限会降低专利的价值。尽管在申请中的专利是无法实施的，但它们仍然具有价值，尽管它们的价值低于那些已被授权的专利或那些被申请无效却依旧保持有效的专利的价值。对公司信息自主地进行叙述性披露，进一步证实处于申请和接受审查阶段中的专利的存在，可以为投资者、贷款方和其他利益相关者提供基本的信息。图 2.3 描述了专利价值的具体情况。

---

　　❾　同脚注❾，第 3 页。

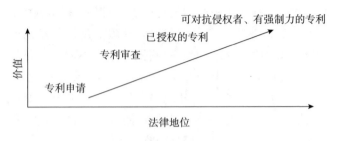

图 2.3 专利价值的情况

随着需要审查的技术和现有技术数量的增加，专利审查员的工作难度也在增加。然而，如果专利审查期限的平均值保持不变，随着专利申请数量的增长和专利审查系统中更多的专利积压，UKIPO 的积压专利将会继续增加。EPO 预估需要 4 年多的时间去清理积压的专利。最近一项名为"专利积压和相互承认制度"（*Patent Backlogs and a System of Mutual Recognition*）❾ 的经济研究得出了两个重要结论。首先，专利积压使申请人成本增加，进而导致专利制度的效率降低。专利有效性中的任何不确定都会使计划和企业策略制定、投资决策以及获得资金变得复杂，进而产生成本。其次，专利积压会影响专利质量。因为申请中的专利比获得授权的专利价值低，所以专利质量范围的不确定会影响股东投资，同样也会阻碍贷款方发放贷款。如果专利积压使 UKIPO 的审查资源变得紧张，进而导致专利质量下降，那么将有更多的申请人想通过低质量的专利申请来"碰碰运气"，这将容易导致专利诉讼数量的增加。❾

UKIPO 认识到这一操作的挑战，并表示"它们正在通过工作共享来减少专利积压，即在鼓励知识产权局之间的国际合作方面发挥积极作用"。❾ 这样做是合理的，因为据估计，全世界大约 1/3 的专利申请是重复申请。当国外审查员在对某申请进行审查时，相互承认制度将会减少 UKIPO 审查重复申请所消耗的时间，从而对专利积压产生连锁反应。但是，即使采用工作共享计划，如果资源不足，没有适当合格和经验丰富的专利审查员，可想而知，这在未来仍将是一个挑战。

基于上述原因，确保 UKIPO 有足够的资金来培训和聘用专利审查员，以解决英国的专利积压问题并缩短专利审查的时间，将有利于增加创新公司获得企业债务融资和专利抵押贷款的机会。

---

❾ Patent Backlogs and a System of Mutual Recognition（2010）Prepared by London Economics for UKIPO.

❾❾ Patent Backlogs and a System of Mutual Recognition（2010）Prepared by London Economics for UKIPO，p 14.

2.6.3　企业融资与地平线 2020 计划：欧盟研究与创新国际战略

　　地平线 2020 计划展示了最新金融发展状况对专利领域的影响，即欧盟研究与创新方面的制度计划。❿ 地平线 2020 计划是一项用来实施"创新联盟"计划的公共融资工具，旨在使欧洲成为研究和创新方面领先全球的竞争者，并在欧盟内部创造新的经济增长和就业机会。地平线 2020 计划从 2014 年持续到 2020 年，预算高达 800 亿欧元。创新公司的主要优势在于，地平线 2020 计划通过使用一套规则简化获取公共资金的方式。有很大比例的预算分配给中小企业。地平线 2020 计划通过其他的措施进行补充，打破壁垒，推进欧洲研究领域的发展，从而在知识、研究和创新方面形成统一的欧盟市场。在企业融资方面，这种以市场为导向的战略为英国提供了通过获取资金以支持创新的巨大机会。"地平线 2020 计划中小企业工具"是欧盟为支持那些具有高潜力和高风险研发项目的创新型中小企业提供的一种全新融资方式，通过提供直接资金支持和间接资金支持提高创新型中小企业的创新能力。但是，所有项目必须达到 6 级技术成熟度（TRL6）或更高级别。❿ TRL6 需要在相关环境中进行系统/子系统模型或原型演示。

2.6.4　TRL 系统

　　企业知识产权评估需要采用和借鉴其他学科的方法，以弥补传统会计理论和实践在这一领域的不足。TRL 系统是一种公认的可以用来评估关键技术要素成熟度的方法，范围为 1 到 9，其中 9 代表最成熟的技术。在 20 世纪 80 年代，美国国家航空航天局为了协助分配公共资金研发了该系统（见图 2.4）。

　　使用 TRL 系统可以对不同类型的技术在技术成熟度方面进行统一讨论。TRL 系统虽然在研发和公共财政领域很常见，但在企业融资和银行业领域却鲜为人知。欧盟委员会、欧洲航天局（ESA）、美国国家航空航天局和加拿大的创新与商业化计划也在使用这种技术。后者通过与具有商业创新能力的企业家签订合同，从而提供财务资助，但前提是该创新要介于 TRL7 和 TRL9 之间。TRL 系统促进了技术方面的跨部门信息交流，有助于改善知识产权生态系统中的信息交流。创新公司可以使用该系统（请参阅第 8 章中的模型）与股东、投资者、金融家以及其他利益相关者进行沟通，以提高公司知识产权资产的透明度。

---

❿　参见 http：//ec. europa. eu/research/horizon2020/index_en. cfm.

❿　UK SMEs Earmarked for EU Grants to Help Them Innovate（27 July 2014）EC Press Release.

　　总之，技术环境的变化直接影响创新公司以及英国知识产权制度和专利生态系统。TRL 系统是一种可以评估投资风险和融资风险的工具，创新公司也可以利用完善的 TRL 系统与利益相关者进行沟通。

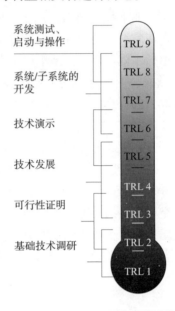

系统测试、启动与操作 — TRL 9
系统/子系统的开发 — TRL 8 / TRL 7
技术演示 — TRL 6
技术发展 — TRL 5
可行性证明 — TRL 4 / TRL 3
基础技术调研 — TRL 2 / TRL 1

图 2.4　美国国家航空航天局的技术成熟度级别

资料来源：改编自美国国家航空航天局公开领域的信息。

2.7　法律因素：知识产权的实施

　　一般来说，知识产权的价值取决于知识产权的实施能力。然而，对公司来说，知识产权侵权救济十分困难，需要花费大量费用来收集侵权证据，且诉讼难度大。知识产权，尤其是昂贵的专利技术纠纷，给那些以知识产权资产作为贷款担保的创新公司、被许可人以及贷款方带来了巨大的商业风险。重要的是销售产品的能力、获得或维持产品市场份额的能力、获得许可使用费可能性的能力、知识产权或专利本身的有效性以及由此产生商业价值的能力，以及诉讼失败导致损失和成本增加的这种潜在责任。对于创新公司的可持续发展来说，需要审慎地管理公司知识产权资产，但要想知道如何主动实施知识产权，不能仅凭直觉。因为，对于公司创新融资和知识产权贷款发展来说，知识产权实施的能力是影响公司创新融资的发展以及公司的知识产权抵押贷款的关键法律因素。在英国，专利被视为最有价值的知识产权，由 1977 年专利法（经修正）、

2004 年专利法、2007 年专利法和 2014 年知识产权法案规制（当代英国立法建立的专利法框架）。这些立法来源于英国、欧洲和国际协定的结合。❿ 对专利制度的最低要求是，英国必须确保其专利权实施制度符合《与贸易有关的知识产权协定》（TRIPS），❿ 该协定第 41 条规定：

> 各成员应保证其国内法中包括关于本部分规定的实施程序，以便对任何侵犯本协定所涵盖知识产权的行为采取有效行动，包括防止侵权的迅速救济措施和制止进一步侵权的救济措施。这些程序的实施应避免对合法贸易造成障碍并为防止这些程序被滥用提供保障。
>
> 有关知识产权的实施程序应公平和公正。这些程序不应不必要的复杂和费用高昂，也不应限定不合理的时限或造成无理的迟延。

专利权的实施是创新公司的主要关注点。2000 年，"小企业专利权实施"（*Enforcing Small Firms Patent Right*）的欧盟研究表明，❿ 创新型中小企业每一项有价值的欧盟专利都被模仿过（一次或多次），然而，没有一家欧盟创新型中小企业能够成功实施专利。

对于创新公司来说，这是一个令人沮丧的统计数据。但幸运的是，近期的法律改革为那些希望在专门知识产权企业法院（IPEC）、高等法院和新的统一专利法院（UPC）采取执法行动的创新型中小企业提供了公平的竞争环境。

2.7.1　英国 IPEC 和高等法院大法官法庭

截至 2013 年 10 月 1 日，专利郡法院（PCC）被重新列入高等法院的专家名单，成为 IPEC。❿ 因此，目前在英格兰和威尔士法院的法律体系中，伦敦的 IPEC（以前被称为专利郡法院）是除高等法院以外提起包括专利权在内的知识产权诉讼的另一个可选择的审判法院。❿ IPEC 为无力负担高等法院诉讼费用的当事人提供了诉诸司法的机会。

修订的程序规则要求更详细的索赔细节，❿ 不披露（证据开示），不询问

---

❿　如 1994 年的 TRIPS，其为世界贸易组织（WTO）条约中的部分内容。

❿　WTO 实施的一项国际协定，其中规定了多种形式的知识产权监管的最低标准，适用对象为其他 WTO 成员的公民。

❿　Kingston W. Enforcing Samll Firms Patent Rights（2000）Publications Office of the Commission of the European Communities, Luxembourg.

❿　2013 年民事诉讼规则（第 7 号修正案）（SI 2013/1974）。

❿　民事诉讼规则 63.1 A，CPR 旨在通过使法律程序成本更低、速度更快和使非律师更易理解的方式来改善法律救济途径。

❿　该文件列出了索赔案件。

专家证人，并由法官严格控制审判问题。对可获得的损害赔偿（50 万欧元）和法律费用（5 万欧元，每个阶段另设上限）均规定了金额上限。审判不应超过两天。IPEC 的法官拥有知识产权和专利方面的专门知识，可以下令采取各种知识产权救济措施，包括经济赔偿/损害赔偿、获利数额以及防止日后侵权的最终禁令、搜查、扣押和资产冻结。虽然 IPEC 现在是高等法院的一部分，但专利和商标方面的律师仍保留了出庭和诉讼的权利。[108]

IPEC 有：上述的多路径赔偿和小额赔偿两种系统，其中，小额赔偿有费用限制，赔偿金额低于 1 万英镑。但是，小额赔偿不适合专利赔偿。

IPEC 于 2010 年成立，是初级知识产权法院，其积极发展，有助于创新型中小企业获得知识产权方面的司法救济，是诉讼成本较低的知识产权法院。IPEC 负责处理标的较小、案件较简单、专利价值较低的诉讼，IPEC 的诉讼程序是专门为此类案件设计的，旨在确保知识产权所有人不会因为潜在的诉讼成本阻碍其专利权的实施。耗时更长、案情更复杂、专利价值更高的诉讼，通常由高等法院审理。IPEC 旨在在快速、低成本与精简诉讼之间保持平衡，并确保在非正式法庭下对索赔进行适当调查。据报道，2017 年，中小企业向 IPEC 提起诉讼的案件数量增加了 68%。[109]

企业知识产权资产所有者在实施知识产权与解决争端时，应当对英国专业知识产权法院和法官的专业性有信心。

2.7.2 英国脱欧[110]对英国知识产权法律制度的影响

迄今为止，英国加入欧盟的影响依旧非常大，尤其是 1977 年的专利法，它使英国专利法与欧洲专利公约（EPC）相协调。[111] EPC 不是欧盟立法的一部分，英国脱欧不会对 EPC 产生影响，英国的欧洲专利代理人的代理权也不会受到影响，他们仍然可以代表客户继续从事之前在欧洲专利局（EPO）的所有工作，同样欧洲专利权人的权利也会不受影响。因此，英国专利法和欧洲专利法的融合仍然存在，并且，从目前实践角度来看，这种融合较为积极，从而使

---

[108] Rights to Conduct Litigation and Rights of Audience and Other Reserved Legal Activities Certification Rules 2012, IP Regulation Board（IPReg）.

[109] White C. SME cases up by 68%（24）Intellectual Property Magazine, available at www. intellectual property magazine. com/patent/sme－cases－up－by－68－at－ipec－124252. htm accessed on 30 May 2017.

[110] 英国退出欧盟（英国脱欧）。2016 年 6 月 23 日，在全民公投中，51.9% 的英国选民投票决定退出欧盟。2017 年 3 月 29 日，英国政府援引了欧盟条约第 50 条，英国计划于 2019 年 3 月 29 日星期五离开欧盟（2020 年 12 月 31 日正式脱欧——编辑注）。

[111] EPC 于 1974 年生效。

专利法律制度中的法律确定性较强。但是，英国脱欧对英国知识产权和专利法律框架其他方面的影响尚未解决。英国脱欧后，欧盟法规在英国将不再适用，因为英国不再是欧盟成员，欧盟法规仅在整个欧盟范围内生效。但是已经通过初级立法将欧盟立法纳入英国法律的指令仍然可能有效，除非英国议会决定废除或修改这些指令。由二级立法执行的指令的法律地位尚不明确。一些评论者认为这些法律会继续有效，而另一些人则认为，当授权立法，即 1972 年欧洲共同体法案（*the European Communities Act 1972*）被废除时，它们将不复存在。

欧盟法院（CJEU）对英国事务不再具有管辖权与约束力。但是，在实践中，欧盟法院的决定仍然可能会间接影响英国法院。例如，EPO 的上诉委员会（BoA）将继续遵循 CJEU 关于生物技术指令的裁决，英国法院可能继续关注上诉委员会的裁决。❷

因为 PCT 不是欧盟条约，所以 PCT 申请保持不变。UKIPO 授予的英国专利也不会受到影响。

2.7.3　英国和欧洲统一专利法院（UPC）

尽管 EPO 提供了统一的专利授权程序，但是随着 UPC 的出现，欧洲专利的实施能力正在发生变化。因此，英国的 2014 年知识产权法案（*the UK's Intellectual Property Act 2014*）使现有法律的部分内容得以精简，包括对专利法律制度的完善。知识产权法案为英国签署 UPC 协议奠定了基础，并为引入 UPC 奠定了基础。

专利申请是指专利申请人、代理人与授予专利权的有关机关之间进行互动，分为：（1）专利权授予前的申请，涉及与专利局协商授予专利的情形；（2）专利权授予后的申请，涉及授予后的专利修改或对第三方的专利异议作出回应。这与专利诉讼不同，后者是对侵权第三方实施专利垄断权的法律诉讼。

2013 年 2 月 19 日，24 个欧盟成员国签署了 UPC 协议（Agreement on the UPC），创建了一个专门的专利法院，对与欧洲专利和具有统一效力的欧洲专利有关的诉讼拥有专属管辖权。据 EPO 称，当专利诉讼须在两个或两个以上国家的法院进行时，就有可能产生有分歧的判决并导致缺乏法律确定性，因此

---

❷　The Impact of Brexit on Intellectual Property （23 February 2017）Chartered Institute of Patent Attorneys（CIPA）at www. cipa. org. uk/policy – and – news/briefing – papers/the – impact – of – brexit – on – intellectual – property/.

需要 UPC 来解决随之而来的高诉讼成本问题。当双方试图利用各国法院对欧洲统一专利法和司法程序在解释过程中存在的差异时，就会出现选择管辖法院的情况。[⑬] 新的法院制度为欧洲实施统一专利制度提供了一条可行的路径。原EPO 主席贝努瓦·巴蒂斯泰利（Benoit Batistelli）表示：

> UPC 协议的签署，旨在将真正的超国家专利制度引入欧洲，这一决定性的一步是大家期待已久的。2012 年 12 月，在一系列统一专利计划获得欧洲议会和理事会的认可后，专门负责专利事务的欧洲法院将大力推动欧洲专利制度的加速完善。[⑭]

在过去 30 年，欧洲大部分地区的专利领域发生了最戏剧性的变化。在欧洲，统一专利制度使获得专利权所需的成本减少。这与现有制度类似，即可以集中向位于慕尼黑的 EPO 申请专利，申请人更愿意选择在相关欧盟成员国获得统一的专利垄断权，而不是只在单一国家获得专利垄断权。现有的英国国家专利权不会改变。

对于专利所有者而言，统一专利制度意味着在不久的将来，当向英国提交专利申请时，申请人将获得一项欧洲专利，该专利效力及于整个欧洲的欧盟成员国。最初的 7 年将是一个过渡期，在此期间，申请人可以选择加入现有的专利组合，或出于战略原因选择不加入。例如，若在实施新系统方面存在不确定性，专利所有人更愿意留在英国现有体系之中，因为英国现有的体系更具有可预测性。

UPC 将被设立在许多不同的地方，主要审理与统一专利有关的争议。UPC 由中央和分部组成，总部位于巴黎，其余分部在伦敦和德国。伦敦法院审理与化学和制药专利有关的专利纠纷，德国法院审理机械工程方面的专利案件。UPC 制度旨在为专利所有人降低法律的复杂性，增加法律的确定性。但是，由于该制度尚未完全实施，因此仍有待观察。然而，筹备委员会已于 2017 年 3 月发布了 UPC 的议事规则第 18 稿（尚未达成协议）。[⑮] UPC 成立后，才可以正式任命法官。[⑯] 对选择申请统一专利的创新公司而言，它们似乎可以通过更简单的专利申请程序来获得优势。

自 1970 年欧盟专利制度制定以来，人们一直希望拥有一个单一的欧盟专利和一个单一的欧洲法院来解决纠纷。由于语言的障碍，设立这一制度花费了

[⑬] 参见 www. epo. org/law – practice/unitary/patent – court. html.

[⑭] EPO Welcomes Historic Signing of the Unified Patent Court Agreement（2013）EPO press release.

[⑮] 参见 www. unified – patent – court. org/news/draft – rules – procedure – updated – march – 2017.

[⑯] Progress on implementing the UPC and the Unitary Patent（23 September 2014）Allen&Overy.

近40年的时间。总体而言，从长远角度来看，这一发展对欧盟来说是积极的一步，尽管短期内公司（和其他利益相关者）将面临一段不确定的时期。创新公司在短期内要作出选择加入还是退出的关键决定。目前仍无法申请统一专利。UPC协议生效后，将有7年的过渡期，甚至可以延长至14年。❶

英国脱欧对UPC协议产生的影响尚未解决。❸ 如上所述，UPC协议是一个泛欧项目，英国政府已确认打算继续批准UPC协议，以便英国在UPC协议生效时成为它的成员国。

为了使UPC在英国发挥国际组织的作用，它必须具有法律行为能力、豁免权和特权，这需要议会批准特权与豁免议定书和UPC协议。英国下议院的第六届立法委员会将于2017年11月29日审议UPC立法。❶ 当特权与豁免议定书生效时，UPC协议将会生效。这将是法国、德国、卢森堡和英国最后一次提交批准书的30天之后。CIPA认为，要使英国在脱欧后继续参与其中，就需要与参与的欧盟成员国和英国达成新的国际协议，以提供与欧盟法律的兼容性。这将是英国面临的政治挑战。但是，如果英国不再是UPC成员，则需要商定和起草过渡条款，使英国离开欧盟时的权利或正在审理的案件得到保护。"如果能就此达成坚实的法律基础"，"CIPA非常希望英国可以继续加入统一专利制度和UPC制度"❷。

总而言之，从知识产权资产公司治理的最佳实践路径角度来讲，泛欧的方法能带来更大的确定性（统一制度、统一专利、统一法院、统一续期费），因此具有中长期价值。创新公司及其利益相关者应将其视为一种积极的发展。然而，统一专利在整个欧洲都很容易受到不利的UPC决定的影响，这是创新公司和利益相关者都需要考虑的一个新风险。

最后，《2016年泰勒·韦辛全球知识产权指数》(*the Taylor Wessing Global IP Index 2016*，*GIPI16*) 对国际知识产权制度的重要性进行了全面评估。第5版指数报告使用来自行业资深人士的8500多份评估报告，包含了对43个司法

---

❶ 英国必须通过二级立法才能批准UPC协议，并将批准书交存布鲁塞尔。

❸ Arnold R，Bently LA F，Derclaye E. 和 Dinwoodie G B. The Legal Consequences of Brexit Through the Lens of IP Law (15 February 2017) 101 (2) Judicature；Oxford Legal Studies Research Paper No. 15/2017；University of Cambridge Faculty of Law Research Paper No. 21/2017 available at SSRN：https：//ssrn. com/abstract = 2917219.

❶ 参见 https：//calendar. parliament. uk/calendar/Commons/All/2017/11/29/Daily. 英国于2020年7月20日撤回了对该议定书的批准。——编辑注

❷ The Impact of Brexit on Intellecmal Property (23 February 2017) Chartered Institute of Patent Attorneys at www. cipa. org. uk/policy – and – news/briefing – papers/the – impact – ofbrexit – on – intellectual – property/.

管辖区的制度评估，并结合了 61 个客观因素。每一个司法管辖区会根据获得、实施、使用 5 项关键知识产权进行评级，其中包括专利、商标、版权、设计和数据保护。英国知识产权制度中的专利制度排名第一，荷兰位居前列，德国（GIPI3）和英国（GIPI1、GIPI2 和 GIPI4）紧随其后。❶ 这是对英国知识产权法律制度整体质量的一种强烈认可。英国脱欧的影响，以及随之而来的有关知识产权法律框架的不确定性可能会使英国未来的排名降低。

2.8 结论：企业治理与知识产权

所有企业都需要一个管理机构，包括公共和私营的营利性公司，如合资企业、独资企业和合伙企业，以及非营利组织，如志愿组织和社区组织、慈善机构和学术机构，以及政府企业。公司治理不同于公司管理，公司的行政管理是负责公司的运营，但是公司治理机构确保公司按正确方向运行、运作良好，并确保公司遵守良好的公司治理规范。现代增长型产业与知识产权丰富型、知识产权密集型产业有着内在的联系。当商业成功逐渐对公司知识产权资产的有效保护、管理以及战略应用产生依赖时，公司治理应对此作出回应。许多人认为因为知识产权系统和专利生态系统有太多的变量需要考虑，所以过于复杂。PESTL 分析是一个被广泛使用的工具，它将提供公司实体在政治、经济、社会文化、技术和法律环境方面所面临的更全面的情况。它展示了公司知识产权系统与专利生态系统的"状态"。它展现出系统关注的领域与薄弱之处，以协助公司治理，为其他股东应对预测变化提供支持，并对未来的知识产权系统进行政策设计。将弱点和限制最小化有利于提高知识产权作为资产类别的确定性。在理论方面，由于英国的知识产权系统相对发达，因此这应该会使企业获得创新融资和知识产权抵押债务融资的机会有所改善。在政治层面上，英国政府需要更有效地证实机构、部长级人员正在协调与创新公司、知识产权、金融和公司监管有关的政策，与此同时，UKIPO、BEIS 和公司注册处也发挥协同作用。在知识产权融资的讨论中，公司注册处和公司监管机构似乎并没有出现。从经济角度来看，在企业更容易获得知识产权抵押债务融资之前，政府应确保公共资金仍然是可用的。从社会因素的影响来看，当知识产权作为资产类别时，投资者和金融家需要对知识产权有更高层次的信任。有人认为，对定量、定性和战略性知识产权信息进行三角分析，可以提高企业知识产权定量分析和专利资

---

❶ Taylor Wessing Global IP Index 2016 at https：//united－kingdom. taylorwessing. com/en/taylor－wessing－launches－fifth－gipi－report.

产价值的有效性、可靠性和准确性（从而提高可预测性、减少波动）。对提高授予专利权的法律确定性来说，解决专利申请日益复杂的高技术性，减少专利积压十分重要，甚至比专利申请更重要。引入 TRL 系统，对关键技术要素的成熟程度进行评价，有助于投资者、股东、金融家和其他利益相关者对技术风险进行评估、估值。

不断发展的泛欧专利法律制度应创造更大的法律确定性（统一制度、统一专利、统一法院、统一续期费），从而在中长期内创造"价值"，并成为一种积极的发展。将行为经济学分析引入知识产权抵押债务融资交易是一种新的思维方式，可以使企业改善在未来获得创新融资的机会。如果知识产权组合包含国际权利，则可以逐国进行 PESTL 分析。

总之，公司治理是一个古老的理念。莎士比亚（1564～1616）认为公司治理至关重要。在他的著名戏剧《威尼斯商人》（*The Merchant of Venice*）中，商人安东尼奥看着自己的船驶出视线，看着财产被托付给他人时，十分痛苦。[122] 亚当·斯密（Adam Smith）在 1776 年出版的《国富论》（*The Wealth of Nations*）中也指出："公司董事，是他人资金的管理者，而不是自己资金的管理者，无法指望他们像看着自己资金一样，急切地、警惕地看着他人的资金。"[123] 19 世纪的公司概念至今仍是公司治理实践的基础。[124] 现在，公司治理须对公司知识产权资产的新类别作出回应并逐步向前发展。对于影响知识产权丰富型和密集型创新公司在英国蓬勃发展的因素，本章中 PESTL 分析对其进行了重要概述。这一分析使许多公司董事会和相关决策者需要解决的障碍得以明确，以促进知识产权的商业模式发展。股东和其他利益相关者会对传统财务报表中关于公司知识产权资产（特别是专利）价值，以及其在企业价值创造中发挥作用的可靠性表示质疑。从历史上看，公司的有限责任是社会赋予公司的一项特权，而不是一项权利。对于日益增加的知识产权丰富型公司来说，它的管理或治理方式必须符合公司治理原则，并符合社会的期望。为处理公司知识产权资产，在开发令人满意的公司治理模型之前，需要解决一个基本问题：社会认为企业公开披露的知识产权资产信息应该达到何种水平？专利垄断的 PESTL 背景与 19 世纪第一次出现有限公司时的情况大不相同。对价值创造来说，企业知识产权资产的规模和意义是不同的。这些宝贵的资产不是偶然发生

---

[122]　Tricker B. Re – inventing the Limited Liability Company（July 2011）19（4）International Review.

[123]　Smith A. The Wealth of Nations,（1776）revised edition. , George J. Steigler（Ed.）, University of Chicago Press, Chicago.

[124]　同脚注[119]。

的——它们是经过深思熟虑的计划和负责的管理得到的结果。对日益增长的利益相关者披露公司知识产权信息和战略的需求，应如何从公司治理原则层面作出回应？公司应如何披露这些信息，以及应于何时何地披露这些信息？在19世纪初，为了获得投资，同时不会使外部投资者面临破产威胁，出现了有限责任公司。这种公司形式遍布全球，给工业经济带来巨大的增长。伯利（Berle）和米恩斯（Means）在1932年指出，高管和股东之间权力的日益分离，以及20世纪80年代的公司倒闭，都表明了有效公司治理的必要性。知识产权丰富型公司和知识产权密集型公司的出现，是公司治理的新角度，也是披露和透明度核心原则的新角度。公司在新闻中占据主要地位。它们是历史上最成功的法律制度，也是最常见的商业组织形式。它们的活动渗透到我们社会的方方面面。一切以公司名义做的事情都必须由自然人来完成。然而，企业股票虽然容易买卖，但却存在主要的缺点。它使人们分散了对股票价值取决于公司自身价值这一重要事实的注意力。随着投资者、股东和利益相关者对知识产权逐渐了解，那些希望公司在知识产权资产上获得良好回报的知识产权拥有人股东，也会越来越希望公司对知识产权资产的投资可以用作融资担保，为公司运营提供资金。公司董事和审计师需要仔细考虑、处理公司知识产权资产评估问题。然而，全球各个学界对公司知识产权透明度和披露问题的反应是不一致的，这是公司法的基本原则，是知识产权丰富型公司获得融资和创造价值的基础。

第3章解释了为什么债务融资对于创新公司的商业成功至关重要，并给出了用于公司融资的选择范围，将为公司报告、传统财务报告以及无形资产和知识产权资产估值等相关的公司治理问题奠定基础。股东和其他利益相关者可以以此来决定是否与创新公司合作。

第二部分

知识产权融资：
公司治理与透明度

第 *3* 章
公司融资与公司治理差距的弥合

所谓困难，其不在于产生新思想，而在于摆脱旧思想。

约翰·梅纳德·凯恩斯（John Maynard Keynes）（1883—1946）
（20 世纪最有影响力的经济学家之一）

介 绍

所有公司都需要具备为公司运营融资的资本。公司治理可以在规范公司管理人员与董事的行为方面发挥作用。大多数公司法和公司治理原则都鼓励公司在汇报公司信息和财务信息时保持透明度，包括商业模式和总体财务战略。本章以创新型中小企业在获得融资时所面临的困难为例，进而阐述企业知识产权资产透明度存在的问题。

公司融资是指公司的资金来源和资本结构，以及董事和管理者为增加公司的价值而采取的行动。公司筹集资金并将其用于生产，例如对创新的研发与商业化。公司有很多选择，关键是选择筹集股权资本（出售股份）还是筹集债务资本（借款）。公司作出的任何融资决定，包括资金的使用，都需要依据公司治理原则，这些原则涉及成员（股东）和债权人责任的性质和范围。在本章中，笔者重点阐述了传统商业生命周期的早期阶段，该阶段介于创新型中小企业最初的启动期和关键的早期成长阶段之间。此时正是需要增加获得债务融资的机会的时候。本章旨在通过引入现代企业知识产权资产维度，弥合公司融资与公司治理之间的差距。

在债务融资方面，银行主要根据借款方的资产负债表、财务历史、现金流以及可用担保来提供资金来决定是否放贷。人们很少使用知识产权债务融资的原因之一是，贷款方通过分析传统的财务报表以确定借款方的信誉度（资产图），而这些报表与"无形资产"并不很吻合（包括知识产权的会计术语）。简单地讲，公司财务报表中知识产权和其他无形资产公开的汇报方式给用户带来了困扰，这属于公司治理的问题。

尽管企业融资有很多公共和私人渠道，但债务融资是创新型中小企业融资最主要的方法。其原因有四点：第一，公共财政资金池有限；第二，债务融资营运资本可产生巨大的财务回报；第三，债务融资的成本低于股权融资的成本；第四，债务融资是一种更具战略性的融资方式，因为它不涉及稀释公司股权、出售专利或失去对专利的控制权的问题。英国的创新公司需要有关债务融资的银行服务，以满足目前尚未满足的需求。❶ 因为在风险评估方面银行是传统的、保守的、由风险评估过程驱动的；它们认为知识产权的价值是不确定的、不稳定的，因此无法享受合理的风险溢价。我们将更细致地审视这一观点，因此，我们无法避免 2007 年 8 月全球金融危机所产生的影响。总而言之，这场危机影响了融资渠道的获得。❷ 尽管创新型中小企业可能具有一定的运营资金，但很少有企业能通过自筹获得大量可用的资金。因此，信贷提供者在商业的早期阶段是至关重要的。

第 3.1 节解释了债务融资的回报力。第 3.2 节对知识产权抵押贷款和商业创新生命周期发展的利益相关者进行分析。第 3.3 节讨论了当前的融资环境以及较新的融资方案。第 3.4 节对 WIPO 知识产权优势数据库中的数据进行分析，以证明知识产权抵押融资并未得到充分利用。第 3.5 节探讨了银行资本充足率要求和《巴塞尔协议 3》对知识产权抵押融资的负面影响。第 3.6 节列举了贷款方的三大关注点，介绍了法律风险、专利估价的不确定性以及专利担保登记程序等问题。第 3.7 节对知识产权登记担保权益时的透明度问题进行审议。第 3.8 节反映了公司治理在获得知识产权融资方面的重要作用。

3.1 债务融资为创新公司带来的回报

从债务产生回报能力来看，债务融资至关重要。将资本投资与贷款进行比较。如果一家创新公司在其业务中投资 100 英镑资本，回报率为 10%，那么毛利润为 10 英镑。如果它投资 100 英镑，但同时以每年 5% 的利息借款 900 英

---

❶ 由英国政府支持的新英国商业银行，在未来促进以专利为基础的债务融资方面有机会发挥作用，该银行支持"挑战者"银行和英国主要贷款方选择的其他银行。

❷ The run on the Rock Fifth Report of Session 2007 – 2008 House of Commons Treasury Committee (2008) Vol. 1, House of Commons London：The Stationer Office Ltd，pp 4 – 20.

镑，那么回报将为 55 英镑［计算为 100 英镑毛利率（1000 英镑的 10%）减去 45 英镑利息］。通过金融杠杆可以将 10% 的回报率转换为 55% 的回报率。金融机构从事借贷业务：接受存款并将资金借贷出去，借贷的资本远超过法律规定的持有数量（资本充足率要求）。私人股本公司也采取类似的行动。然而，当一项资产价值下降时，杠杆将会消除股本，速度比资产价值下降的速度更快。❸ 如图 3.1 所示，创新公司在寻求公司知识产权资产开发并将其知识产权商业化时面临着借贷的消极一面。

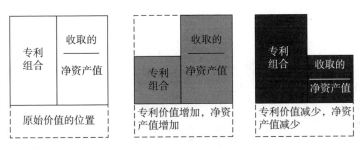

图 3.1　为专利提供资金并在一年后将其售出的资产负债表

因为债务融资的成本较低，和上述价值/权益的增加，所以债务融资通常是创新型中小企业的首选方案。借款方从承担的全部风险中受益，如果存在违约的可能性，则由债权方（贸易和金融）共同承担下行风险。我们也知道，在当前经济形势下，创新型中小企业很难获得债务融资。因此，对于为公司成长提供资金的股票来说，它们缺乏上涨的空间。接下来，我们考虑现有的创新融资模式。

3.2　企业的创新融资与商业生命周期

为了使发明商业化，通常需要各种商业活动的营运资金（钱），包括市场研究、专利和现有技术检索、原型开发、专利申请和法律费用、专业顾问（如专利律师、会计师和律师）、专利续期费，其中许多成本是发明独有的。对于创新型中小企业和任何更大的组织来说，企业融资的原则大体上是相同的。创新型中小企业有一个可预测的生命周期，笔者将使用这个词来指代那些拥有潜在可申请专利的发明的公司。简而言之，它们从一个想法（即一个可能获得专利的发明的想法）开始，寻找一种商业模式。然后，通过合法的商

---

❸ Bootle R. The Trouble with Markets：Saving Capitalism from itself（2009）Nicholas Brealey Publishing，London，p 97.

业组织形式建立一个适当的基础形式（如合伙企业或公司）。随着它们的发明被商业化并推向市场，从而产生利润。图3.2描述了典型的商业生命周期。

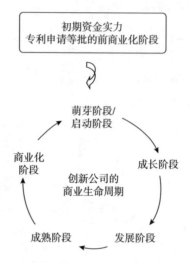

图3.2　商业生命周期：从概念到商业化的发展进程

萌芽阶段或启动阶段是指发明仅仅是一种想法或主意，具有带给人们新业务的构想的可能性。但这项发明还没有稳定的市场或客户，因此初创企业将依赖启动资本（现金），该启动资本通常由所有者/发明者、朋友和家人自筹资金组成。此时债务融资不是一个可行的选择，使用内部融资减少交易成本才是最佳的选择。在启动阶段完全依靠自筹资金❹的著名公司有苹果、谷歌和星巴克。❺虽然发明企业家可能有一些储蓄，但大量预留出来作为企业自筹资金的现有储蓄却很少，这就是信贷提供者的作用十分重要以及它们如何进入商业生命周期至关重要的原因。

3.3　融资创新：一个现有范式

当创新公司具有法律结构和商业计划时，它就应运而生了——它通常是小型的、私有的企业。在成立的第一年，进行研发和发明雏形的创建。专利申请也在进行中。此时，对希望开发和将发明商业化的创新型中小企业来说，经济

---

❹　Self – financing（18 February 2014）Trizle at www. trizle. com/tips/20 – self – financing.

❺　History of Apple：The Story of Steve Jobs and the Company he Founded available at www. mac-world. co. uk/feature/apple/history – of – apple – steve – jobs – mac – 3606104/. 苹果公司创始人史蒂夫·乔布斯（1955～2011年）以1300美元的最低个人储蓄，开创了数字时代的个人电脑。

负担特别重。因为需要承担申请专利、专利律师费和原型开发以及在产品推出前的所有必要步骤的成本。创新型中小公司刚刚开始建立市场并发展客户群。与此同时，虽然专利申请是一种有价值的商业资产，但是出于会计核算的目的，专利申请被归类为"无形资产"，因此其价值无法在公司的资产负债表上体现出来。这使申请贷款和获得有利的贷款变得艰难。第 4 章对无形资产的会计核算和估值方法进行了较为深入的探讨。不可避免地，在早期成长阶段，具有知识产权的中小企业的资产负债表是"脆弱"的。在增长阶段，创新型中小企业面临的最大挑战就是，需要处理一系列资金需求的问题。成长阶段的企业专注于以更正式的方式进行运营，改进会计系统，并雇用更多员工来处理业务活动。

3.3.1　自公司设立之日起实施创新型会计管理

所有公司都有一个设立日期，这个日期也是公司财政年度开始的日期。董事会负责根据公司的会计记录制定第一份公司年度账目。在创新型会计管理的过程中，本质上，公司账户必须符合 IAS 38 关于无形资产的规定。然而，资产负债表往往无法充分记录公司内部产生的知识产权资产，这些资产被视为资产负债表表外资产，因此利益相关者是看不见的。笔者认为，所有公司知识产权资产透明度都存在披露不足的问题，或小或大，尽管这属于公司治理的问题，但对公司财务生态系统也有一定的负面影响。因为一些人（例如贷款方和投资者）是依靠账目和年度报告来评估公司信用度的。如果对知识产权资产没有更详细的披露，无法通过对知识产权的披露来解释知识产权资产在未来价值创造中的作用，那么知识产权丰富型创新型中小企业将被"粗略地"估值。因为它们之前没有或很少有金融交易，因此，对于它们的价值评估主要集中在有形资产与现金流上。因为资产负债表只对有交易历史的公司有价值，所以，创新型中小企业的财务估值将受到相关业务部门规范的严重影响（如医疗、制药、航空等）。

因此，对于创新型中小企业来说，在账目中将知识产权资产作为一个附加项目进行识别和记录是至关重要的。即使它们是表外项目，但随着企业的成熟，毫无疑问它们将变得更加重要、更有价值。此外，为确保账目的完整，知识产权资产的财务价值应从管理账目中所记载的公司设立之日开始。增加和改进对账目附注的使用，将有助于提供更多相关的知识产权资产信息及其在资本内部的历史进程。因此，这是一个很好的公司治理问题，财务总监对研发、知识产权和商业战略的了解是有意义的。然后，这些财务信息既可供内部管理层用来确定战略，也可在未来作为向公众准确披露公司信息的基础，以抵消知识产权资产处于资产负债表之外的负面影响。如果从公司设立之日起，就将公司的知识产权资产记录在账目之中，那么这一信息将为公司整个商业生命周期的透明度和未来公司的信息披露提供基础。

总之，笔者认为，对于知识产权丰富型企业，传统的财务账目本身很难提供真实且公平的看法。事实上，在某些情况下，这些账目甚至可能会让第三方产生误导。未来，在公司治理和会计政策方面，公司董事应考虑从公司成立之日起记录那些未在资产负债表之内的知识产权资产财务信息，以确保财务会计信息的可追溯性和完整性。这些会计管理记录为董事战略报告提供支持，该报告还应包含对公司知识产权资产和战略信息的一致性叙述，以便真实且公平地了解公司的财务状况。本书的后续章节将更详细地讨论公司对知识产权资产的披露以及公司内部的知识产权资产被视为资产负债表之外的原因。

3.3.2 创新资金的来源

其他资金来源包括留存利润、供应商、客户、政府赠款以及合作伙伴关系提供公共资金（如创意英格兰商业贷款基金、创业贷款等）❻、银行、私人投资者、风险投资和投资基金。❼

然而，每种类型的资金都有优缺点，都存在可用性以及可及性问题。创新型中小企业通常有很高的融资需求，但因为它们没有足够的传统有形资产来为贷款方提供担保，所以它们筹集债务融资的能力十分有限。拥有住房并通过偿还抵押贷款而拥有资产的创新型中小企业的董事，可以为过去的抵押贷款再融资或为企业获得住房抵押贷款，这是一种低成本的融资方法。然而，对于那些有家庭的人来说，以家庭住房作为担保是最不受欢迎的创新融资方法。❽ 世界著名的英国发明家詹姆斯·戴森爵士（Sir James Dyson），为资助刚起步的业务，除了自行筹资，他别无他选。❾ 戴森是一位工业设计师，因发明双重旋风式无袋吸尘器（该吸尘器基于旋风分离原理）而享有盛名。根据《星期日泰

---

❻ 英国的赠与计划包括催化剂、合作研究与开发、企业投资计划（EIS）增长凭证、未来智力资本、创新凭证、启动板、种子企业投资计划、小型企业研究计划和 SMART。

❼ A Guide to Funding Innovation (2013 – 2014) Oxford Innovation Ltd.

❽ 詹姆斯·戴森爵士，英国二等勋位爵士（CBE），英国皇家协会会员（FRS），法国人，1974年5月2日出生。

❾ 其妻子用艺术教师的薪水为戴森提供了部分经济支持，经过5年和令人难以置信的5127个研发雏形后，戴森于1983年推出了"G - Force"吸尘器。但是，在英国，没有制造商或分销商会接受该产品，因为它被认为是一种"破坏性技术"，会干扰可更换集尘袋的宝贵市场。对戴森创新融资经验的叙述主要是根据詹姆斯·戴森的自传 *Against the Odds*（1997）。

《晤士报》2017 年富豪榜，他目前的净资产为 78 亿英镑。❿ 柯达希（Kirdahy）在一篇题为《成功人士共担最大风险》⓫（*Big Achievers Share the Greatest Risks They Ever Took*）的文章中采访了戴森，戴森表示：

> 每年我的负债都越来越重。最后，我欠了大约 400 万美元，房子被我抵押了两三次。⓬ 如果失败，我所拥有的一切都将归银行所有。每个人都以为我真的是疯了。结果我在产品销售后大约四五个月内就偿还了银行贷款。而银行一直用我做广告，作为它们贷款的成功例子。

可见，戴森只能使用自己的房屋（传统的有形担保）获得商业贷款，而不是使用他公司新兴的专利组合作为担保去获得商业贷款。

有些人可能会倾向于使用信用卡（特别是那些介绍零免息期的信用卡）。但这是最后一种融资方法，因为信用卡最终收取的利率通常超过 16%，可能高达 30%。每月支付的高额利息将会是现金流的一大消耗。获得债务融资的障碍经常会导致创新型中小企业去寻求替代性融资。在这个关头，它们面临着一个融资战略选择——它们应该追求债务、股权还是两者兼而有之？

3.3.3　债务融资：简单的商业贷款合同

债务融资涉及银行的预付款项，该款项将在约定的期限内或通过滚动排序偿还利息，例如透支。银行通过收取利息在贷款交易中获利。债务融资不仅只包含简单的贷款，但出于本文目的，笔者的讨论范围将限于简单的贷款。从法律上讲，这是公司与贷款方之间的一种合同，借款方据此支付预先确定的利息，该利息与公司运营绩效无关。但在会计标准中被视为税务费用，因此可以享受免税。债务的期限是固定的，对经营期和破产期的现金流都有优先请求权。这是因为利息是在债权持有人（例如股东）请求之前支付的，并且如果公司拖欠利息，且有抵押贷款，那么贷款方可将抵押的资产出售，并在向股权持有人支付款项之前偿还所欠的款项（请参见第 3.7 节）。

在发放贷款之前，贷款方想要知道借款公司将如何处理预付款，以及其在发展业务时打算如何分配资金。借款方需要明确告诉贷款方：（1）这笔钱的用途是什么；（2）这笔钱的使用将持续多久；（3）企业将以多少收入来支付

❿ Watts, Robert（7 May 2017）Brexit brings bonanza for billionaires, The Sunday Times, pp 1 - 2. 詹姆斯·戴森爵士的财富从去年的 50 亿英镑增加到 78 亿英镑。

⓫ Lee J. Big Achievers Share the Greatest Risks They Ever Took（3 July 2011）.

⓬ 为了资助旋风式真空发明的发展，戴森筹集了 25000 英镑的自筹资金，并从朋友杰里米·弗莱（Jeremy Fry）那里筹集了 25000 英镑，并把家庭住宅的一小块土地（菜园）卖掉，筹集到 8000 英镑。

还款费用。在传统的商业贷款中，贷款方进行仔细的分析，以确保借款方在偿还贷款时是以产生正现金流的业务为基础的。并且在大多数情况下，银行希望获得贷款所提供的担保，在还款违约时，银行可以持有并出售这些担保。众所周知，对于创新型中小企业而言，这尤其困难，因为这些中小企业的关键资产是具有专利潜力的无形发明资产。此外，大多数贷款方不会为初创企业提供启动资金，它们更希望看到的是，良好的收入记录和稳固的还款记录（信用记录）。几乎在所有情况下，贷款方都需要借贷人以个人财物作为贷款的附加担保（例如不动产、股票、共同基金等）。贷款方通常会要求其提供个人资产和负债表。理想情况下，它们更希望对个人资产（如公司董事的房子）收取固定费用。❸ 随着越来越多的英国人努力成为房主，商业贷款传统上的有形个人担保形式将会减少。而在知识产权融资方面，作者指出，"传统的固定资产已经不复存在"。❹ 笔者预测，在数字经济中随着千禧一代创业者参与度的持续增长，固定资产将持续缺乏下去。不可避免地，这将导致贷款方考虑对现代无形的个人财产进行放贷，包括知识产权在内。标准债务融资业务贷款的成本包括利息、行政"交易"成本、法律费用和贷款计划对公司税务状况的影响。

3.3.4 债务融资：透支贷款计划

另一种常见的债务融资或贷款融资方式是附在公司银行账户上的无担保透支贷款。❺ 一些中小企业将通过更换银行，获得更大的无担保贷款。之所以将其称为"融资手段"，是因为借款方可以自行决定是否进行这项安排，即是否以及何时"提取"预授权资金。这是一种"循环融资"，因为在贷款期限内，借款方可以偿还所借的款项，并可提取更多款项。当公司账户透支时，银行将成为公司的债权人，公司成为债务人。至少，透支贷款的条款应说明公司在任何时间点（时间限制）允许欠银行的最高金额、应付利率以及银行要求公司偿还借款/透支金额的情况。

虽然贷款方会提供一般商业建议，但它们不会直接参与公司管理。随着2008~2009年全球金融危机情况的恶化，获得债务融资的可能性下降，借贷成本上升。❻ 2014年，情况并没有明显的改善，纳巴罗有限责任公司（Nabarro LLPO）金融部门集团负责人阿里斯代尔·斯蒂尔（Alisdair Steele）证实：

---

❸ 关于作为担保手段的固定费用，以及法律特征的详细讨论，见第3.7节。

❹ Brassell M, King K. Banking on IP? The role of Intellectual Property and Intangible Assets in Facilitating Business Finance Final Report (6 November 2013) Indenpendent report commissioned by the UKIPO, p 13.

❺ McLaughlin S. Unlocking Company Law (2013) Routledge, p 141.

❻ Eccles L. How bank lending fell by £ 365 billion in five years (7 September).

众所周知，银行已不再能满足企业的融资需求，尤其是中小企业。融资缺口规模巨大，仅中小企业融资就估计达到 290 亿英镑至 590 亿英镑。为什么会发生这种情况（以及如何扭转这种情况），虽然争论仍在持续，但是小企业仍需要充足的资金来实现增长和就业。❼

下一节将分析几种类型的融资：股权融资、混合融资、夹层融资、在线人群融资和养老金主导的融资，并解释相对于专利抵押债务融资，上述融资类型的优缺点。

3.3.5　私募股权融资与风险投资

当传统的银行贷款无法用于创新项目（贷款方称为"投机性"的创新项目）时，许多创新型中小企业将从私募股权投资者那里寻求其他的资金来源，而这些投资者将从企业的高增长速度中获得回报。创新型中小企业需要证明其有可行的商业计划，该发明是一个具有高商业潜力的发明。股权融资的一种形式是以资金和专业知识进行交换，让股东持有部分股权。另一种形式是通过发行私人有限公司（即非上市公司）（可能是一家附带特殊目的公司）的股份出售部分业务，以此来换取资金。虽然投资者可以从持股中获得股息，但在业务的早期阶段，为了商业发展，公司通常会保留大部分利润。对于股权投资者来说，重要的回报是，创新型中小企业的成功可以使他们将股票以可观的价格出售。作为回报，个人投资者将要求持有大部分股份。资本成本通常在 20% ~ 40%。与商业贷款机构一样，相比于初创公司或早期成长阶段的公司，股权投资者通常对有商业交易记录的大公司更感兴趣。投资者通常会通过其业务网络促进联系，提供商业经验，或者通过在创新型中小企业董事会担任非执行董事的方式，在提供资金的基础上增加价值，但也并非总是如此。

3.3.6　风险投资

风险投资是私募股权投资的一种形式，是 20 世纪 80 年代创新融资的重要组成部分。但是，提供资金的数额和得到这种资金支持的公司数量持续下降。❽ 风险投资是例外，而非常态。❾ 在 20 世纪 80 年代，风险投资的模式主

❼ Davis A. Seeds of Change：Emerging Sources of Non - bank Funding for Britain's SMEs（2012）Centre for the Study of Financial Innovation，p 1.

❽ 从 2014 年第二季度起欧洲风险资本融资开始下降，但其设法超过 2013 年第三季度的水平。参见 "Europe 3Q 2014"（2014）Dow Jones Venture Source，p 2.

❾ Mulcahy D. Six Myths About Venture Capital Offer Dose of Reality to Start - ups（16 April 2013）.

要由富人向企业投资。因此，投资者能够在十年或更长时间的投资内保持耐心，期待获得可观的投资回报。然而，随着机构成为风险投资主体的现象变得越来越普遍，它们通过联合积累了更多的资金。基于更大投资集团的投资，它们的关注点从扶持增长改为提高费用。为了满足股东的需求，风险投资基金的目标是最大限度地提高流动性，相比于长期投资，其更追求通过过早的"退出"投资来得到早期回报。❷ 此外，由于风险投资在信息技术方面的投资要求较低，因此风险投资公司更倾向于对这类技术进行投资。这种倾向在英国存在问题，因为与美国相比，英国通常只有信息技术硬件可以申请专利。除非专利具有技术效果，否则不得授予商业方法、❷ 计算机程序或软件［1977 年专利法第 1（2）（c）条］。这种技术效果或技术特征不是对计算机的简单操作，而有比正常的计算机操作更深入的技术效果，涉及计算机实施发明。风险投资的一个结果是，为了吸引资本，考虑到投资者在风险投资中早期退出的倾向，创新型中小企业会选择尽早申请专利。与美国相比，英国专利申请法律规定在获得风险投资方面可能会有一些不足之处。据预测，在未来，在引导资本进入初创企业方面，❷ 英国和国外的风险投资将继续发挥重要但是较小的作用。并且新的混合筹资方式将变得更加普遍。最终，创新型中小企业追求的融资类型很大程度上取决于图 3.3 中所述问题的答案。

债务融资	公司是否有可以作为商业贷款担保的有形或无形资产？
	公司是否有可能在业务减少或失败时失去担保资产？
	公司是否有一定的现金流来偿还所需的贷款和利息？
	（如果需要个人担保）公司及其董事是否有良好的信用记录或可以用作担保的个人资产？
股权融资	对公司决策的控制有多重要的影响？
	公司愿意用公司的部分股票来换取资金吗？
	公司的成员、董事或员工是否有向潜在投资者推销商业模式的技巧？
	公司是否愿意披露重要信息，使投资者能够决定是否对该公司股票进行投资？
	新投资者（股东）在公司的地位如何？
	注：通常来说，没有还款义务，也没有应付给股权投资者的利息。如果公司资不抵债，股票投资者将遭受损失

图 3.3　资金来源：选择债务或资本融资

---

❷　Schramm C, Bradley H. How Venture Capital Lost Its Way（2009）Business Week at www.kauffinann.org.

❷　参见 T 931/95 PBS Partnership/Controlling Pension Benefits System［2002］EPOR 522 and T 258/03 HITACH/IAuction method［2004］EPOR 548，EPO 上诉委员会的决定。

❷　Mulcahy D. Six Myths About Venture Capital Offer Dose of Reality to Startups（16 April 2013）.

3.3.7　夹层融资

　　夹层融资将债务融资和股权投资（混合融资）的要素结合，其可以为具有风险要素的早期成长阶段中小企业提供相对来说不昂贵的融资选择。[23] 夹层融资不是启动资金的来源途径，现在可以从那些承认"资金缺口"和需要调整传统贷款模式以适应不寻常的创新动态的贷款方那里获得。其中一个是桑坦德股份有限公司（Santander plc），[24] 其是一家由西班牙桑坦德集团（Santander Group）全资拥有的英国银行。虽然并非普遍情况，但夹层融资者通常设立资本投资要素，并将其作为融资交易的一部分，以此来获得公司的股份增长情况。图 3.4 表示了在商业生命周期的不同阶段可用的融资等级（占比表示融资的成本占借款金额的百分比）。

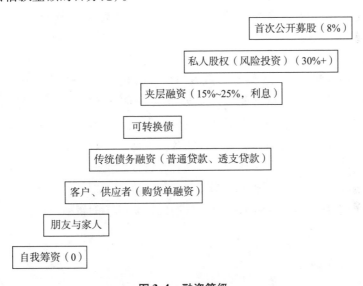

首次公开募股（8%）

私人股权（风险投资）（30%+）

夹层融资（15%～25%，利息）

可转换债

传统债务融资（普通贷款、透支贷款）

客户、供应者（购货单融资）

朋友与家人

自我筹资（0）

图 3.4　融资等级

　　这一部分股权意味着夹层融资的提供者对风险是更为放心的。股权成本较低，在 15%～25%，虽比传统的风险投资成本低，但比商业银行贷款成本高。夹层融资介于传统债务融资和私人股本之间，可能更"有利于资金流动"。与要求按期偿还的定期贷款不同，按月或按季度的定期贷款会减少公司可用现

---

[23]　参见 www.santanderbreakthrough.co.uk/advice/finance/funding-options-mezzanine-finance.

[24]　该银行于 2010 年 1 月 11 日成立，当 Abbey National plc 更名为 Santander UK plc 时，它也包括了 Bradford & Bingley plc 的储蓄业务和分支机构，Alliance & Leicester plc 于 2010 年 5 月被并入更名后的业务之中。

金，而夹层融资贷款通常每年偿还一次。夹层融资贷款的计划是，在贷款协议到期时，将偿还大部分资金。这一融资策略使创新型中小企业在实施成长战略时只需要支付较低的还款数额，因此，贷款前期对现金流的影响较小。但是，桑坦德认为，"这可能是一把双刃剑，因为对于一家无法实现增长保护的公司，其在贷款期结束时仍将面临巨额还款压力。"[25]创新型中小企业面临的问题是，大多数夹层融资提供者都是在较大的市场中运作的，很少有人提供低于 1000 万英镑的贷款。因此，尽管夹层融资有优势，但对大多数处于商业生命周期初期的创新型中小企业来说，目前夹层融资并不是一个可行的选择。

3.3.8 联合贷款债务融资

联合贷款一种复杂的债务融资方式。中国国家开发银行（China Development Bank）采用了这融资方式，它设立了一个贷款方财团，为全林纸业（Quanlin Paper）提供资金，这是迄今为止世界上最大的专利贷款。公司与一个或多个贷款方签订贷款合同，这些贷款方被称为贷款方的"财团"或"银行财团"。通常贷款量大，各个贷款方与借款公司之间的合同安排可能也很复杂，需要专业的法律顾问。贷款的主要贷款方或"承销商"通常是提供最大比例资金的银行。联合贷款主要是通过分担借款方不能偿还大量借款的风险来降低贷款方的风险。考虑到需要涉及的各方主体，贷款交易成本会更高，这使只有在借款数额巨大时，此类贷款才具有可行性。伦敦仍然是约定联合贷款最活跃的地区之一。[26]考虑到各个贷款方风险的降低，对于获得专利贷款来说，此类贷款似乎具有很大的潜力，但在早期成长阶段，创新型中小企业所涉及的交易成本可能很高。

3.3.9 可转换债

可转换债是另一种混合融资的形式，将贷款转换为股权（企业股份），无须偿还。通常可以获得更好的利率。但是，如果没有偿还贷款，就会丢失公司的股权。在 Facebook 公司商业生命周期的初期阶段，美国金融家彼得·蒂尔（Peter Thiel）与企业家马克·扎克伯格（Mark Zuckerberg）就达成了一项可转换债融资协议。[27]

---

[25] 参见 www. santanderbreakthrough. co. uk/advice/finance/funding – options – mezzanine – finance.

[26] Rhodes T, Campbell M. Syndicated Lending: Practice and Documentation（2009）Fifth edition, Euromoney Institutional Investor, Inc. Foreword by Sir Andrew Large.

[27] Kirkpatrick D, Facebook Effect: The Real Inside Story of Mark Zuckerberg and the World's Fastest Growing Company（2012）The Random House Group.

3.3.10　成长阶段之外的融资选择

扩张型公司是指那些成功地吸引客户并建立市场地位的公司。除了所有者资本和银行债务之外，它们很可能由私人资本和/或风险投资提供资金。换句话说，其是多种资金来源的组合。收入增长迅速的快速成长型公司可能会寻求公开交易股票，例如伦敦证券交易所（LSE）或另类投资市场（AIM）。公司以股票和其他金融工具的形式发行股票，被称为首次公开发行。但是，一个新公司在运转中涉及大量的费用和收费问题，以及与各种专业顾问有关的额外费用。公司加入交易所中的每一个市场都要支付入场费，之后还要支付年费。[28]实际上，很少有中小企业有机会在 AIM 上市或在 LSE 的主要市场上实现全面上市。公开上市是企业在商业生命周期的扩张阶段更现实的融资选择，在本书中，我们关注的是初创期和初期的中小企业。成熟型的公司通常通过内部融资、债务和股权的组合方式来为商业活动融资。

3.3.11　新融资模式：众筹[29]、P2P 借贷及养老金主导的基金

如果传统的贷款方不能与时俱进，其过时的借贷模式将被线上"众筹"和"P2P 借贷"等方式取代。[30] 这些都是通过互联网平台进行的融资模式，知识产权所有人可以在此平台上提出自己的想法，向公众说明发明研发及经营所需资金的确切数额，请求出借（债务众筹）或购买少量股份（股权众筹）。随后将募集的资金用作启动资金。

为保护投资者，英国金融服务管理局（FSA）监管了众多线上平台，基于此，众筹模式迅速发展。2011 年 7 月，FSA 开始对 Abundance Generation 平台进行监管，这是首个被监管的债务融资线上借贷平台。线上私募股权平台采用的是以股票持有人名义持有公司股份并代表投资者进行管理的模式。公众无需通过传统的证券交易所（如 LSE），就可以对未上市企业进行少量投资（最低10 英镑，通常没有上限）。这种网站创建的公共市场免去了在证券交易所上市时所需的一些传统市场控制机制，是吸引投资的低成本选择。为避免出售公司股票，公司采用了"折扣"和"奖励"免费商品的形式吸引投资者，由此融资成本进一步降低。据 FSA 所言，大多数众筹平台都要求在筹款期间达到特

---

[28]　参见 www. londonstockexchan ge. com/companies – and – advisors/listing/fees/fees. htm.

[29]　另见众包、众贷和众投。

[30]　一种众筹形式，包括使用线上信用检查工具，以无担保个人贷款的形式将资金借给不相关的个人（不经过银行等传统金融中介）。

定目标，然后再将资金转入业务；如果未达到目标，则向投资者返还资金——"满载而归或一无所有"模式。[31] 2013 年 2 月，FSA 授权 CrowdCube 提供更多的电子平台，由此能够直接接触庞大的投资者群体，用比私募股权或借贷方式更低的价格吸引投资者。

3.3.11.1 众筹和知识产权问题

尽管英国金融服务业和 FSA 对这种新型融资模式予以了肯定，[32] 但专利制度的特征及对"绝对新颖性"的要求使得拥有丰富专利的创新型中小企业的优势无法体现。根据 1977 年专利法第 2 条的规定：发明必须具备新颖性，如果专利申请不满足此条件，UKIPO 将不会授予专利权。在此，我们需要先了解专利法的另一个基本概念，否则无法完全理解这部法律的要求。专利申请日是用来判断是否属于"现有技术"的日期，[33] 通常是提交申请的日期。"现有技术"系申请日前已公开的所有技术方案，[34] 包括世界各地有关此发明主题的所有内容。有如下任何一种情形则丧失新颖性：该内容属于公知常识；或是在先发明人通过公开文件或口头交流等形式披露了信息。在提交专利申请之前，企业必须对可能获得专利权的发明绝对保密。当公司要通过线上募集平台筹集资金时，需要向公众公开发明。因此，关键问题是可专利性的发明内容可能会因向公众公开而进入公共领域或成为公知常识的一部分，从而破坏新颖性，无法获得专利垄断权及具有创造价值的潜力资产。解决这一问题的可行做法是在进入众筹平台之前完成所有的专利申请。

如果创新型中小企业意外地（或）在不知情的情况下，未经许可将他人的知识产权纳入生产中，则会产生另一个法律问题，从而导致侵权索赔。潜在的知识产权侵权风险可能导致业务、收入、声誉和竞争优势的损失。但如果是获得许可而使用的话，则可以筹集更多的资金。[35] 只是目前，许多创新型中小企业对专利法规则知之甚少。[36] 那些了解专利法原理的人最有资格获得资金且不损害其现有或未来的专利权。此外，如果需要资金支付专利申请费和专利代理费，当通过线上披露的方式破坏了"新颖性"后，该创新型中小企业有可

---

[31] 参见 www. fra. gov. uk/consumerinformation/product_news/saving_investments/crowdfunding.

[32] Berges A, Guillen M F, Moreno J P, Ontiveros E. A New Era in Banking: The Landscape After the Battle (2014) Bibliomotion, Inc.

[33] 1977 年专利法第 5 条第 1 款。

[34] 1977 年专利法第 2 条第 2 款。

[35] 《版权和公共领域的价值：一项经验评估》（2015 年 2 月）由英国知识产权局委托 CREATe 完成的独立报告第 5 页。

[36] Pitkethly R. Intellectual Property Awareness and SMEs: UK IP Awareness Survey 2010 (2010) UKIPO，其结论是英国 2006 年公司法实际上并不了解知识产权制度。

能面临无法为发明申请专利的风险。尽管如此，众筹是一个具有巨大潜力的新选择。迄今为止，英国尚无有关创新型中小企业通过受监管的平台获得资助的数据。在美国，丹·普罗沃斯特（Dan Provost）和他的合伙人托马斯·格哈特（Thomas Gerhardt）在 2010 年通过 Kickstarter 平台❼筹集了 13.7 万美元（尽管他们最初只要求 1 万美元），用于设计简单但精湛的 GLIF iPhone 4 三脚架安装和支架发明，这是一个通过平台获得资助的成功案例。他们通过销售股份和预购原型产品的方式获得了 5000 多名投资者的支持，将原型进行商业化。❽ 毫无疑问，未来将会有更多众筹平台协助发明家和创新型中小企业的成功案例。支持这种资助方式的人断言：（1）通过"群体的智慧"筹集资金的途径是传统金融家不愿尝试的；（2）市场有待确定。❾ 但创新型中小企业在通过众筹平台筹集资金之前，需要通过咨询与专利法相关的法律来保护自己的发明。

3.3.11.2 养老金主导的基金

鉴于银行贷款的壁垒，许多企业正在考虑非银行借贷融资方案。养老金主导的基金模式将养老金所有者已积累的养老金投资于自己的创新型中小企业或大型公司。它使拥有大笔养老金的所有者（通常是董事/股东）能够从养老金基金池中获得资金，本质上是从养老金基金获得商业贷款，而不必向贷款方提供个人担保（例如，抵押房屋或其他个人资产），以确保贷款的安全。一旦专利资产价值得以确定，养老金基金的受托人将同意借钱给以专利资产作抵押的公司，或购买部分或全部专利。创新型中小企业业务活动中产生的收入流将用于偿还养老金。它适用于董事和/或高级管理人员的累积养老金，在贷款不被偿还的情况下，只有那些养老金有风险，不影响员工退休金的安全。因此，养老金主导的基金模式将业务风险转移给了个人董事/高级管理人员。

如果创新型中小企业违约，养老金将会受到外部债权人的保护。但是，作为企业的债权人本身，养老金基金会受到损失或被全部注销。有观点认为，与传统的银行贷款相比，创新型中小企业采用养老金基金主导模式风险要小得多，前者只有在贷款方愿意提供资金的情况下才行得通。有了养老金主导的基金，董事可以成为受托人并拥有更多的控制权。此外，尽管起草养老金贷款文件会产生法律费用，但不需要支付银行费用。如果养老金基金的成员退休，知识产权的价值可能会受到不利的影响，但这取决于该成员在企业中的地位。这

---

❼ 世界上最大的创意项目融资平台 www.kickstarter.com.

❽ 参见 http://blog.crowdfunder.co.uk/2010/11/08/147/.

❾ Surowiecki J. The Wisdom of Crowds：Why the Many are Smarter than the Few （2005） Abacus，New York.

种非银行贷款的模式仅对养老金丰富的创新型中小企业具有可行性。

3.3.12 企业融资创新的发展趋势

企业融资的方式不是一成不变的。相反，融资模型会随着时间发生变化，以应对商业周期、不同融资类型的相对成本，以及它们对企业控制权或所有权带来的影响。融资金额取决于业务需求，而融资类型的选择在很大程度上取决于不同融资类型的相对成本。假设公司的主要目标是实现利润最大化，那么企业将首选成本最低的融资方式，并且不会放弃其对企业的控制权或所有权。目前，债务融资可用于经营良好、营利较好的任何规模的公司，但前提是它们将传统资产产生的定期现金流作为担保，例如不动产、机器、其他资产、现金、股票及应收账款等。创新型中小企业的问题在于，它们只能提供无形资产作为担保。而一项发明的商业化是一个漫长的过程，通过获得采购订单或许可收入流建立定期的现金流对这类公司来说是一项挑战。受全球金融危机的影响，❹贷款方对它们的商业贷款规模和作为担保的资产质量的选择会更加谨慎。❹ 2013 年 4 月，国际货币基金组织（IMF）指出，英国财政政策持续存在问题：由于缺乏债务融资，私营部门的增长仍受到一定阻碍：

> 在欧元区，预计今年实际国内生产总值将收缩约 25%，然后在 2014 年将再次增长。信贷渠道没有传递到金融状况更好的企业和家庭，是因为银行仍然受到低利润和低资本的阻碍。❷

大型创新中心❸开发了 QuantIPly，这是一个投资和贸易融资平台（包括实体和数字形式），可通过关键的增长阶段为高增长的公司提供资金。❹ 一系列知名的银行、企业孵化中心、大学、跨国公司、其他金融提供商、风险投资、天使投资人和政府机构都有参与。下一部分将介绍由 WIPO 调查获得的、实际用于研究与开发发明创造并将其推向市场的公司的创新资金类型。

---

❹ The rum on the Rock Fifth Report of Session 2007 – 2008 House of Commons Treasury Committee (2008) Vol. 1, House of Commons London: The Stationer Office Ltd, pp 4 – 20.

❹ Fraser S. The Impact of the Financial Crisis of Bank Lending to SMEs: Economic Analysis from the EU Survey of SME Finances (July 2012) University of Warwick, Report prepared for the Breedon Review of Business Finance for the Department of Business Innovation and Skills at pp 4 – 6.

❷ 参见 www. imf. org/external/pubs/ft/survey/so/2013/RES041613A. htm.

❸ 参见 www. biginnovationcentre. com/entrepreneurial – finance – hub.

❹ QuantIPly 帮助那些商业模式主要由创新和技术驱动，并且具有高增长愿望的公司。公司可能会寻找第一轮 25 万英镑的第三方融资，或是 500 万英镑的 B 轮融资。我们是部门不可知论者。QuantI-Ply 可以自由加入。Quantiply 在公司资金到位时收取成功费。参见 www. biginnovationcentre. com/enterpriseum – finance – hub.

3.4　WIPO 知识产权优势数据库分析

WIPO 在 2010 年启动了知识产权优势数据库[45]，该数据库涵盖了 48 个国家和地区的 100 多个案例研究，概述了发明者、创造者、企业家和研究人员的经验——笔者能够确定的是，此类数据库是唯一涵盖大多数创新融资要素的数据库。它提供了一个直观的界面，使人们能够根据知识产权类型和关键词（例如研究与开发、融资）进行搜索。此外，案例研究还为分析创新型中小企业如何获得资金并使其发明商业化提供了难得的机会，因此知识产权优势数据库是一种宝贵而独特的资源。通过数据库检索，选择"专利"和"融资"为关键词，得出 19 个案例研究进行评估，其中包括 4 个英国的案例。该数据集记录了最近一批创新型中小企业的融资经验。这些案例研究的基本观点是，鉴于贷款方明显不愿接受专利作为抵押，专利抵押的债务融资很少（如果有的话）作为一种融资方法。图 3.5 包含总结知识产权优势结果的表格。每个条目都列出了国家、公司名称和行业部门，然后是使用的融资方法：自筹资金、公共资金、私人资金或债务融资。

试点研究提供了量化数据，这些数据是遵守 TRIPS 的 WIPO 成员国国际创新型中小企业成功获取的融资类型。[46] 总结如图 3.6 所示。

在 19 个案例研究中有 12 个案例表明以津贴和财务援助的形式提供公共资金对支持研发和其他业务支出的重要性。紧随其后的是私人资金，共有 9 个案例；然后占比较小的是自筹资金，仅有 4 个案例；最后，只有 1 个案例获得了债务融资。这种模式符合传统观点，即早期成长阶段的企业主要依靠公共资金，债务融资类型很少（如预期的那样）。但在大多数情况下，企业会进行组合性融资。图 3.7 描述了企业获得组合融资的统计数据。

---

[45]　知识产权优势数据库是基于日本政府的一项提议和资金，是 2009 年底成员商定的知识产权组织发展议程项目首批具体交付项目之一。法语和西班牙语版本正在开发中。参见 www. WIPO. int/pressroom/en/articles/2010/article_0037. html。

[46]　TRIPS 是 1994 年 4 月 15 日在摩洛哥马拉喀什签署的《马拉喀什建立世界贸易组织协定》的附件 1C，英国是该协定的成员。

国家	名称/部门	融资类型
阿根廷	Descorjet SA/耐用家用产品	私人资金
澳大利亚	ITL Limited/保健设备和服务	自筹资金 公共资金
巴西	FK Biotecnologia S.A/制药和生物技术	私人资金（风险投资）
智利/美国	Florencio Lazo Barra/农业、渔业与工程	公共资金
哥伦比亚	Ecoflora S.A.S Corporation Colombia	N/A
丹麦	Borean Pharma A/S/制药和生物技术	公共资金 私人融资（风险投资 集团）
印度/美国	Dr Ashok Gadgil/耐用家用产品	公共资金
印度尼西亚	Indonesian Planters Association for R&D (IPARD), Dept.of Agriculture/制药和生物技术系	公共资金
意大利	GEOX S.P.A./服装，鞋类	债务融资
日本	Tefco Aomori Co. Ltd./化学、服装和配件	私人资金
日本	Yamanashi Hitachi Construction Machinery Co. Ltd.	私人资金
尼日利亚	EAT-SET Industries/卫生保健设备和服务	自筹资金 公共资金 私人资金
尼日利亚/美国	Bioresources Development and Conservation Programme/制药和生物技术	公共资金 私人资金
新加坡	iTwin Ptd. Ltd/The Institute for Infocomm Research （I2R）/技术硬件和设备	公共资金 私人资金（风险投资）
英国	Surface Processing Limited/化学品	公共资金
英国	Faveo Ltd/服装及配件	公共资金 债务融资被拒绝
英国	Junkk.com Ltd/包装	公共资金
英国	MakMarine/工业工程	自筹资金 公共资金
津巴布韦	Algorhythm Private Limited/工业工程	自筹资金 包括私人资金 （风险投资）

图 3.5　WIPO 知识产权优势数据库案例研究的评价侧重于专利和融资

资料来源：WIPO 知识产权优势数据库。

融资类型	公司数量/家	百分比/%
公共资金	12	71%
私人资金	9	53%
自筹资金	4	24%
债务融资	1	6%

图 3.6　对所用融资类型的统计分析

资金的组合	公司数量/家	百分比/%
只有自筹资金	无	0
只有公共资金	5	29%
只有债务融资	1	6%
只有私人资金	4	23%
自筹资金和公共资金	2	12%
公共资金和私人资金	3	18%
自筹资金和私人资金	1	6%
自筹资金、公共资金和私人资金	1	6%

图 3.7　案例研究中使用的融资组合类型

　　数据显示，这 19 家公司中有 2 家申请了银行贷款。在这两个案例中，只有一个案例，即意大利 GEOX 公司成功获得了债务融资。这一数据强有力地论证了笔者的观点，即债务融资未被充分利用。更为重要的是，尽管 Faveo 有限责任公司有作出努力，但是所研究的英国案例中仍然没有一例成功获得债务融资。因此，笔者建议 UKIPO/BEIS 收集类似的创新型中小企业案例，以进一步了解英国债务融资的情况。笔者认为，参与 WIPO 知识产权优势数据库的公司，很可能在被要求报告其"创新融资经验"时，描述了获得银行贷款的积极和消极尝试。数据库分析的进一步结果表明，债务融资甚至没有作为融资组合的一种，也没有作为专利抵押债务融资的单一实例予以记录。而这些恰恰是与知识产权优势案例研究、创新型中小企业以及专利抵押债务融资相关的最重要的部分。知识产权优势数据库的分析结果极具说服力，阐述了创新型中小企业面临的融资惨淡环境。这是一个初步证据，表明改革是必要的，且迫切需要调整创新型中小企业与贷款方之间的关系。资金对于创新型中小企业的生存而言至关重要，因为它们面临其他创新型企业所不存在的独特管理费用问题。此外，发明创造通常需要几个原型才能推向市场，这一过程可能需要数年时间。如果新技术"扰乱"现有市场，商业化将需要更长的时间。但正是颠覆性技术能对社会产生长期最积极的影响和最大的回报。这些管理费用是专利创新所特有的,其他类型的创新型企业不需要这些管理费用。上述情况导致融资环境对创新型中小企业不太有利。

在过去的十年中,人们对中小企业的资金缺口以及如何促使创新型公司获得其成长所必需的专利抵押债务融资的兴趣日益浓厚。知识产权优势数据库分析的证据证实,对于创新型中小企业而言,银行不是重要的信贷来源。大型金融机构的运营成本很高,它们的目标是满足客户的需求,业务量足以体现创新型中小企业无形(专利)资产和偿还能力等信息的成本。即便有人断言,信誉成本不是借款方规模和经营年限的递减函数,中小企业每英镑贷款给银行带来的成本依旧比大型企业高。对创新型中小企业而言,困难可能更大。笔者认为债务融资对创新型中小企业和贷款方都有巨大的未开发潜力,尽管样本量很小,但是该研究试点对决策者、贷款方和借款方都有显著的影响。创新型中小企业需要额外的公共财政支持,以获得私人债务融资。商业银行的确向拥有大量专利组合和其他资产的大型企业提供了专利抵押贷款,但这种贷款需要流向创新型中小企业。其他需要克服的障碍涉及适用于无形资产的银行资本充足率要求,及其对知识产权担保贷款的影响。

3.5 《巴塞尔协议3》的银行资本充足要求:对知识产权融资的不利影响

研究表明,全球金融危机[17]实际上与传统银行业务、商业贷款或破产业务无关。在2008~2009年,因债务过多而处于劣势的银行也只是大幅削减了贷款数额。造成严重信贷紧缩的原因是银行过度借贷,从而背负了太多债务,加上"证券化"贷款的兴衰,且缺乏透明度。银行将这类贷款随后重新打包出售。[18]对此,银行监管机构施加了更严格的限制。资本监管要求一家银行的投资或资产有足够份额由非借贷资产组成。这类似于购房者在购买房屋时要求支付最低首付。将非借贷资产与总资产的比率降到最低是限制借款所占资产份额的一种方式。由于非借贷资产没有承诺在特定时间支付特定款项,因此拥有更

---

[17] The run on the Rock Fifth Report of Session 2007 – 2008 House of Commons Treasury Committee (2008) Vol. 1, House of Commons London: The Stationer Office Ltd, pp 4 – 20.

[18] Final Report of the National Commission on the Causes of the Financial and Economic Crisis of in the U-nited States (January 2011) The Financial Crisis Inquiry Commission Pursuant to Public Law 111 – 121, Washington, DC at p xvii, Ferguson, N. The Ascent of Money (2012); Admati A, Hellwig M. The Banker's New clothes: What's wrong with Banking and What to Do about It (2013) Princeton University Press, p 4.

多资产可以增强银行吸收资产损失的能力。❹

《巴塞尔协议 3》规定了银行在对无形资产放贷时需要遵守的资本充足率要求。《巴塞尔协议 3》是巴塞尔银行监督委员会的 27 个成员国制定的一系列全面改革措施中的第三协议，旨在加强对全球银行业的监管、监督和风险管理。它包括一项针对资本充足率的银行全球自愿监管标准，源于为应对全球金融危机期间出现的银行监管缺陷的回应。❺ 其目的是通过增加银行必须承受亏损的资本准备金规模，使银行有更强的能力来长期吸收金融冲击。❺ 在新的改革下，银行必须在 2019 年前逐步达到 7% 的最低偿付能力比率。偿付能力比率是通过将监管资本除以风险加权资产计算得出的。在《巴塞尔协议 3》之前，偿付能力比率为 2%。新的 7% 最低偿付能力比率正在逐步实施，实施期限延长到了 2018 年 3 月 31 日。❺ 根据《巴塞尔协议 3》，无形资产被视为高风险资产类型，并被定义为较低安全质量的证券。上述无形资产的定义意味着必须从监管资本中扣除无形资产（例如专利）。因此，无形资产通常不被计入贷款担保类型，这是因为这些无形（知识产权）资产的价值难以评估。❺ 根据巴塞尔银行监管委员会的规定，以下是适用于普通股一级监管资本的监管调整：

> 商誉和其他无形资产（抵押服务权除外）。商誉和所有其他无形资产必须在普通股一级资本的计算中扣除，包括超出监管范围的银行、金融和保险实体资本重大投资的估值中包含的任何商誉。除抵押服务权外，如果无形资产按照相关会计准则会减值或不予承认的话，那么所有相关的递延税项负债将被全额扣除。❺

《巴塞尔协议 3》包括一项自愿性银行贷款评级标准，该标准指出了及时支付所评级银行信贷的风险程度。该准则还要求银行根据认可的信用评估机构指定的信用等级提供借贷资金。《巴塞尔协议 3》对知识产权抵押融资的影响是，与零风险的现金或货币等其他形式的资产相比，适用于无形资产的风险加

---

❹　Admati A，Hellwig M. The Bankers' New clothes：What's wrong with Banking and What to Do about It（2013）Princeton University Press，pp 5–6.

❺　The run on the Rock Fifth Report of Session 2007–2008 House of Commons Treasury Committee（2008）Vol. 1，House of Commons London：The Stationer Office Ltd，pp 4–20.

❺　International Regulatory Framework for Banks（Basel III）：Capital（June 2011）Basel Committee for Banking Supervision，Bank for International Settlements.

❺　Basel III：A Global Regulatory Framework for more Resilient Banks and Banking Systems（December 2010，Revised June 2011）Basel Committee for Banking Supervision，Bank for International Settlements，pp 6–23.

❺　Using Patents as Collateral Can Free Up Funds for Growing Businesses at www. ipnav. com/blog.

❺　International Regulatory Framework for Banks（Basel II）：Capital（June 2011）Basel Committee for Banking Supervision，Bank for International Settlements，pp 21–22.

权水平更高。如果贷款以无形资产（例如专利）进行抵押，则银行必须提供适当的资本充足准备金进行配套。这对促进专利抵押贷款的发展显然是无益的。简单地说，《巴塞尔协议3》认为无形资产是"有毒"资产，应谨慎对待。[55]

银行认为，《巴塞尔协议3》的资本监管是英国创新型融资和知识产权抵押贷款发展的主要障碍。毕马威（KPMG）英国银行业务主管查德·麦卡锡（Richard McCarthy）表示："我们必须记住，银行业务需要冒险，但在急于根除历史问题的情况下，银行和监管机构都忽视了这一点。"[56] 有必要对资本充足率要求、无形资产风险权重以及利益相关者之间的关系作出更好的解读。关于《巴塞尔协议3》对无形资产和商业贷款的影响，应该由多学科专家小组未来研究来解决，不属于本书讨论范围。

3.6　贷款方关注的三要素：不确定性、风险和流动性

知识产权在公开账本上越可视化，其价值就越容易实现。这将为贷款方带来更多的机会以及更高风险的后果。

——马丁·布拉塞尔（Martin Brassell）、凯尔文·金（Kelvin King）

《知识产权能融资吗?》（2013 年）[57]

如图 3.8 所示，贷款方进行信贷时会对三个问题进行评估：（1）估值的不确定性；（2）法律风险；（3）流动性。

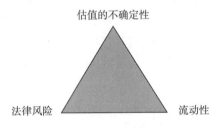

图 3.8　贷款方的三个关注点

本书着重于信用评估的初始阶段，先识别出创新型中小企业的专利资产，

---

[55]　Definition of Basel III, Financial Times Lexicon at http：//lexicon. fr. com/term? term = basel – iii.

[56]　Eccles L. How bank lending fell by E365 Billion in five years（7 September 2014）Daily Mail.

[57]　Brassell M, King K. Banking on IP? The role of Intellectual Property and Intangible Assets in Facilitating Business Finance Final Report（6 November 2013）Independent report commissioned by the UKIPO, p 15.

然后对其进行定性和定量评估。简单的专利抵押债务融资交易的机制如图 3.9 所示。

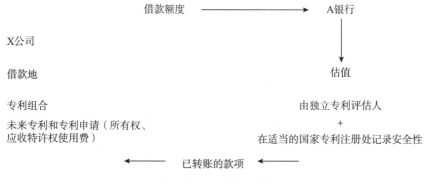

图 3.9　涉及专利组合的担保交易示例

从贷款方的角度来看，在信用评估开始时，一个关键的不确定领域是没有任何东西可以快速告诉贷款方如何对专利或小型专利组合进行估值。这是由于公司披露和透明度存在问题，以至于估值不确定，因此影响了法律风险的评定。判断是否提供贷款的决定性因素是担保的可用性，特别是在创新型中小企业不具有良好记录的情况下尤为重要。[58] 此外，小企业最有可能破产，资产回收价值最低，[59] 这证实了可用性的重要。知识产权是一种可以抵押和许可的财产。贷款方需要更多有关的创新型中小企业专利信息，以及可能产生收入流的准确信息，以便审慎和适当地放贷。如果估值情况是可观的，在使用抵押专利贷款的情况下，有效的担保权益便是首先需要考虑的问题。

3.7　专利的透明度和注册的担保权益

专利资产中担保权益的透明度可以被简化。本节研究了英国现有的法律框架，并概述了使用专利和/或专利申请作为担保时特定的法律问题和风险。有担保贷款和无担保贷款之间的区别很重要，因为相对于无担保债权人而言，有担保债权人享有更优先的法律权利。起点是 1977 年专利法将专利视为个人财产，[60] 可注册的权利可以用作担保。1977 年专利法和 2007 年专利规则

---

[58]　Finance for Small Firms （1999） Bank of England Sixth Report，p 25.

[59]　Corporate insolvency in the UK：A Decade of Change （2002） Association of Business Recovery Professionals Tenth Report，p 9.

[60]　1977 年专利法第 30 （1） 条.

（SI2007/3291）也适用于英国专利的担保权益自愿注册制度，该制度规定可在专门的英国专利注册处进行注册。专利注册处由 UKIPO 的专利、外观设计和商标处管理。

银行不愿在无抵押担保的情况下向小公司提供大额贷款。一般而言，担保交易的关键概念是：（1）建立担保权益；（2）注册；（3）优先权。"建立"是贷款方通过制订记录条款和条件的担保协议，从债务人资产中获得担保权益的过程。"注册"是指贷款方通过发出通知，确保其担保权益将对第三方（特别是对破产管理人或债务人的其他债权人）有效的过程。"优先权"是指对债务人资产享有担保权益的债权人相对于对同一资产拥有债权的其他债权人的相对优势。[61]

3.7.1 有担保与无担保交易

贷款方考虑与创新型中小企业贷款交易时将采取某些措施来保护其作为债权人的地位。有担保的债权人除了享有向创新型中小企业追回欠款的起诉权外，还拥有将借款方公司财产中一项或多项财产权益作为信贷担保的权利。[62]通常的担保方式包括：留置权、质权、抵押权和按揭费用。[63]实际上，关于知识产权和专利：

> 建立按揭费用既不需要转移作为担保的［专利］的所有权，也不需要转移占有……相反，它是抵押物上的"瑕疵"，直到债务被履行或担保得以实现时去除。该法律工具具有线性结构，并且在可以使用的财产类型以及可以提供给贷款方的权利和救济方面具有极大的灵活性。在实践中，创建的担保协议可以作为一项合同草案，向有担保的贷款方提供出售权和在发生违约时由贷款方指定接管人的权利。出于这些原因，按揭费用与知识产权兼容，并且似乎是英国法律中最有效的担保方式。[64]

建立按揭费用是在涉及专利和创新型中小企业的专利抵押担保交易中，保

---

[61] Flack J H. Secured Transactions：Practical Things Every Business Law Should Know About UCC Article 9（March 2011）American Bar Association Newsletter.

[62] Mclaughlin S. Unlocking Company Law（2015）Third edition, Routledge, p 442.

[63] Registration of Security Interests：Company Charges and Property other than Land（2002）Law Commission Consultation Paper No 164 at paras 2.6 - 2.19.

[64] Tosato A. Security Interests over Intellectual Property（2011）6（2）Journal of Intellectual Property Law and Practice 95.

护贷款方最有效的担保手段。❻ 贷款方应在创新型中小企业资产中享有担保权益的主要原因是，如果创新型中小企业破产，贷款方将优先于其他债权人。此外，专利的担保权益还可以使贷款方拥有出售或许可专利以及将收益用于偿还债务的宝贵权利，尽管该权利可能会因创新型中小企业破产而自动中止，贷款方需要从中寻求救济。但是，这将取决于所涉破产程序。如果清算，有担保债权人有权对自己的财产行使权利。❻ 如果进行管理，则有担保的债权人无法采取措施强制执行担保，除非管理者同意或法院给予许可。❻ 关键是，如果贷款方已经在创新型中小企业专利资产中注册了担保权益，那么与无担保的债权人相比，它可以更有利地收回款项以偿还贷款。但是，仅确保债权人的优先权并不是唯一重要的问题：

> 担保提供的控制权对金融家而言非常重要，尤其在涉及技术驱动型中小企业时，因为股权和债务融资之间的界限可能会变得模糊。当创新型中小企业陷入财务困境时，债权人会担心因管理能力问题或企业过度扩张造成的威胁。担保权益使债权人在这些决定中有发言权。❻

因此，创新型中小企业提供专利资产作为担保更容易获得贷款，贷款方对该专利资产享有担保权益，二者可以形成双赢。

3.7.2　注册担保权益：专利、公司和破产法的结合

知识产权作为一种资产类别（已注册的知识产权资产，例如专利、商标和外观设计）的问题核心在于如何进行知识产权安全注册。目前有两个担保注册处用于记录用作担保的专利资产的财产权益。然而，这可能会引起"优先权困境"。首先，担保权益应根据1977年专利法第33条在专利注册处注册。其次，创新型中小企业作为一家公司，担保权益也应按照英国2006年公司法第859A～Q条的规定在公司注册处注册。❻ 问题是，专门的专利注册处（一个外部法律因素）不能被视为一站式的信息来源。当贷款方从专利注册处发现

---

❻　国际专利的情况可能有所不同，因为有关管辖区可能不允许公平收费，只允许抵押，或可能有其他担保手段制度。

❻　Re David Lloyd Company (1977) 6 CH D 339；Re Aro Company Ltd［1980］CH 1986.

❻　Paragraph 43, Schedule B1 Insolvency Act 1986.

❻　Davies I R. Secured Financing of Intellectual Property Assets and the Reform of English Personal Property Security Law (Autumn 2006) 26 (3) Oxford Journal of Legal Studies 559 – 583, 563.

❻　英国2006年公司法第859A (7) 条对押记进行了定义，注册需要详细说明（第859D条）。登记是自愿的：不登记不受刑事制裁（c.f.旧制度），可由押记人或承押记人实施，但如果未实施，则对公司管理人、清算人或债权人的押记无效。

竞争权益并注册其自身担保权益时，会带来一定程度上的法律不确定性。优先权的一般规则是，第一个注册的债权人获得担保物（抵押物）的优先权。但在英国，与专利或专利申请相关的担保权益的优先性需要根据它们在专利注册处注册的日期进行考虑，而不管担保是否完成公司注册处的注册。[70] 这对于英国的贷款方来说很重要，因为它们需要参与两个注册系统，即专利注册处和公司注册处。在其他辖区可能并非如此。双重注册制度是英国制度的弱点，需要进行完善。

3.7.3 当存在利益冲突时

为了保护贷款方，在进行信用评估尽职调查时，贷款方应核实是否存在任何竞争权益。如果在任意一个注册处搜索都显示出较早的竞争权益，贷款方还会继续进行交易吗？笔者与桑德拉·弗里斯比（Sandra Frisby）博士[71]在讨论后认为，这取决于专利的估值以及第一贷款方和第二贷款方之间是否可以达成协议，以将贷款一方的担保权换成贷款两方的担保。在适当的情况下，如果专利具有足够的价值以支付全体贷款方的贷款时是有可能的。但是，对第二贷款方而言，在先存在的担保权益会带来问题，并增加其风险。但是，如果贷款方只对专利收取浮动费用，那么还应当结合固定费用担保考虑提供贷款的风险。无论如何，对贷款方而言，获得优先权的稳定地位至关重要，而专利注册处在这方面起着决定性的作用。[72]

3.7.4 登记专利申请或已授权专利的费用

建议贷款方首先在 UKIPO 登记费用。因为根据英国 1977 年专利法第 33 条规定，对英国专利或专利申请进行担保是一项需要注册的"交易、文书或事件"。如果未能在 UKIPO 上登记固定费用，则意味着随后的专利受让人、被许可人或被抵押人如果不了解固定费用，将免费获得该专利。根据 1977 年专利法第 32（2）条和第 33（3）条，有关专利或专利申请的担保权益可以使用表格 21 在专利注册处登记。虽然这是自愿的且没有时间限制的，但是实践表

---

[70] Bezant M, Punt R. The Use of Intellectual Property as Security for Debt Finance (1997) Intellectual Property Quarterly 297；HENRY M. How Effective is Your Security over Intellectual Property? (1991) Journal Business Law 507.

[71] 诺丁汉大学公司法和破产法副教授。

[72] Tosato A. Security Interests over Intellectual Property (2011) 6 (2) Journal of Intellectual Property Law and Practice 97.

明，贷款方应当尽快完成登记。[73] 登记担保权益最重要的结果是在相互冲突的担保权益间获得优先权。因此，在专利注册簿上登记的担保权益将约束之后获得同一专利担保权益的任何一方。如果未登记担保权益，那么它将不对另一个有担保债权人具有约束力，后一担保债权人在不知道现有未登记担保权益的情况下将优先获得利益冲突的担保权益。[74] 在专利注册处登记还有一些管理上的好处，该担保会流向抵押权人——抵押权人通过担保成为专利所有人（例如，通过担保的方式获得）。抵押权人将收到专利更新通知[75]和有关该专利的诉讼通知。[76] 此外，抵押权人（专利的注册所有人）将有权在诉讼中获得赔偿费用。[77] 但是如果抵押权人未在专利注册处登记的话，只有在下列情况才有权在侵犯专利的诉讼中获得赔偿费用：

- 在担保合同成立之日起 6 个月内无法进行登记的；或者
- 如果法院或专利局局长同意在 6 个月的期限结束前无法进行注册，但此后在可行范围内尽快完成登记的。

3.7.5　公司注册

在英国（英格兰和威尔士），公司注册处负责注册公司信息并向公众公开。由英国公司创建的担保注册制度受英国 2006 年公司法的约束，虽然第 25 部分是可选的，但不注册的后果是对破产造成严重影响。该注册由公司登记处的公司注册部门负责。[78] 英国 2006 年公司法第 859DE（ii）条明确规定，任何无形或无体财产（如知识产权）的抵押都可以进行注册。这包括与任何此类权利相关的任何专利（或专利许可）。例如，一家英国公司创建专利权担保时，可以在创建之日起 21 天内到公司登记处进行注册以完善担保。注册过程只需要提交规定的表格以及经认证的担保协议（收费文件）副本，这些可以通过公司登记处的门户网站在线上完成。[79] 未能及时以正确的方式在公司登记处完成专利权担保注册，意味着该担保对担保提供者的清算人、管理人或债权

---

[73]　SI 2007/3291 第 44（6）条专利规则还规定，任何担保权益的通知应在担保权益授予后尽快记入专利注册簿。

[74]　1977 年专利法第 33（1）条。

[75]　SI 2007/3291，第 39 条。

[76]　SI 2007/3291，第 77 条。

[77]　1977 年专利法第 68 条。

[78]　As amended by CA 2006（Amendment of Part 25）Regulations 2013，SI 2013/600.

[79]　Denoncourt J. Reform to the UK Company Registration of Charges Scheme，CA 2006（amendment of Part 25）Regulations 2013（SI 2013/600），(2013) 22 Nottingham Law Journal 138 – 140.

人无效。⑧⓪

就专利抵押而言，两个注册处之间的关系旨在实现每个注册簿不同的目的。如果创建了专利抵押，则在专利注册处进行注册可以维护这一担保的优先权，在公司注册处进行注册则可以进一步完善担保。这样可以确保在创新型中小企业破产的情况下担保是有效的。⑧① 在创新型中小企业破产的情况下，未在专利注册处进行注册不会使担保权益无效，只是使担保权益在不知存在现有担保的情况下处于不利地位，将与其他无担保的债权人处于同一地位。⑧② 但是，未能在公司注册处进行担保注册则会严重损害该担保的实际价值，因为未在公司注册处进行担保注册在创新型中小企业的清算人、管理人或债权人看来是无效的。⑧③

在两个注册处登记担保费用在实践中是一种简单的做法。但是，如果贷款方必须确认是否存在竞争权益，可能会因为专利注册处不能被视为一站式的信息来源，存在一定程度的法律不确定性。⑧④ 这意味着贷款方需要进行初步的尽职调查，随后在整个谈判过程中要同时监督两个注册处。一旦与创新型中小企业的担保协议最终确定，贷款方必须在专利注册处和公司登记处中完成记录。搜索两个注册处和登记担保通知的有关费用将迅速增加。专利资产的额外成本是大多数其他资产所不具备的，尤其是当贷款方需要处理大量英国专利和专利申请时。此外，由于该程序不是常规程序，因此贷款方可能需要专业的法律建议。贷款方及其法律顾问在登记知识产权资产上的担保权益时并不轻松。最新的 2014 年知识产权法没能解决协调专家知识产权安全登记处⑧⑤或使管理知识产权担保权益法律框架现代化的问题。目前，UKIPO、公司注册处、BEIS 或英国银行协会（BBA）等政府机构均未发布有关注册专利或其他知识产权担保权益通知的实用且全面的用户指南。毫无疑问，金融界的利益相关者将会发现这样的指南是非常必要的。

总之，如果没有能力提供有价值的担保，创新型中小企业将很难借到资

---

⑧⓪　Perfecting Security over Intellectual Property Rights and Registering Security at an Intellectual Property Register' Lexis PSL Banking & Finance；section 859H CA 2006.

⑧①　Graham P. Registration of Company Charges'［2014］Journal of Business Law 175.

⑧②　完善证券的优先权总是由一般的优先权规则决定的。

⑧③　Section 859H CA 2006；同脚注⑧① p 361.

⑧④　Tosato A. Security Interests over Intellectual Property（2011）6（2）Journal of Intellectual Property Law and Practice 99.

⑧⑤　注册商标和外观设计也有专门注册簿。

金。提供专利等知识产权作为担保，应确保贷款条款优于无担保贷款。[86] 然而，如果知识产权抵押的债务融资要以经济高效的方式蓬勃发展，英国知识产权法、个人财产安全法、公司法和破产法之间需要进一步衔接。笔者认为，为了增加获得公司知识产权担保融资的机会，改革担保交易法，允许通过单一的个人财产担保登记处提交专利担保权益的通知，这一点的重要性同样不容低估。"效率原则"认为，人类的天性便是希望以最少的工作量获得最大的结果。理论上，贷款方会根据成本最小化作出选择。这可以看作是需要完成的任务（注册担保）与为完成它们而开发的工具之间的交互。[87] 笔者认为，最好仅由公司注册处完成注册。这将简化、精简并最终使该系统对专利抵押担保交易中的所有利益相关者来说更高效、更便捷且成本更低。创新型中小企业及其会计师、贷款方、法律顾问都习惯与公司登记处而非 UKIPO 及其专业注册和立法打交道。简化安全登记程序并不妨碍采用新的或专门的规则来涵盖专利、商标或外观设计。笔者同意贝赞特（Bezant）[88] 和戴维斯（Davies）[89] 的观点，他们主张采用单一的登记"通知归档系统"，该系统包含知识产权，以便于使用、降低风险，增强确定性，再者，这些优势降低了贷款交易成本（转嫁给了借款方），超过了灵活性损失的劣势，同时认为个人财产证券法（PPSA）制度存在执行问题。PPSA 制度存在于澳大利亚、美国和加拿大以及许多其他司法管辖区。担保交易法改革委员会正在审议英国在知识产权资产担保领域的法律改革。

然而，其他技术的发展或许也有助于帮助创新型中小企业。通过亚马逊（Amazon）、贝宝（PayPal）和阿里巴巴（Alibaba）等线上平台进行传统银行业务以外的新金融模式逐渐形成。这些数字平台通过审查电子商务销售或发货时间而非抵押物的方式，对贷款风险进行不同程度的评估，但贷款方强调，这对创新型中小企业来说仍然存在问题。[90]

---

[86]　Phillips J. Intellectual Property as Security for Debt Finance – A Time to Advance? (1997) EIPR 276.

[87]　Zipf G K. Human Behavior and the Principle of Least Effort (1949) Addison – Wesley.

[88]　Bezant M, Punt R. The Use of Intellectual Property as Security for Debt Finance (1997) Intellectual Property Quarterly 297; Henry M. How Effective is Your Security over Intellectual Property? (1991) Journal Business Law 507.

[89]　Davies I R. Secured Financing of Intellectual Property Assets and the Reform of English Personal Property Security Law (Autumn 2006) 26 (3) Oxford Journal of Legal Studies 559 – 583.

[90]　Palma S. Is technology enough to plug the SME financing gap? (2 October 2017) The Banker at www. the banker. com/Transactions – Technology/Is – technology – enough – to – plug – the – SME – financing – gap.

3.8 公司治理在获取知识产权融资中的作用

本章以知识产权融资为研究对象，以创新型中小企业在获得债务融资方面面临的困难为例，阐述了企业知识产权资产透明度问题。公司治理在规范作为公司资产管理人的董事的行为以及就公司融资方案作出决定方面可以发挥作用。在管理创新会计的过程中，笔者明确了为什么对于初创企业和创新型中小企业来说，在会计电子表格中将企业知识产权资产作为一个额外项目进行识别和记录是至关重要的，即使会计人员将其视为资产负债表表外项目，随着企业的成熟，它们无疑会变得更加重要且有价值。从公司治理的角度来看，确保传统财务账目的完整性是公司存在的一个关键问题（不仅是根据 IAS 38 规定的无形资产标准，将公司知识产权确认为资产负债表上的资产时）。重要的是，知识产权资产的财务价值应追溯到公司成立之日，以便查证。增加和改进账户"票据"的使用也将有助于创新企业提供更多相关的企业知识产权资产信息。财务总监也可以跟踪实体内知识产权资产的历史记录。可更新 IAS 38 无形资产部分，以纳入获取企业知识产权资产财务信息的方法。笔者说明了为什么尽管有其他融资选择，但债务融资对于创新企业，特别是创新型中小企业而言仍然至关重要。笔者采用了行为经济学的方法来确定贷款方需要提高对公司知识产权资产作为一个类别的认识和信任，从而在信用评估阶段提高风险容忍度。然后，研究了阻碍贷款方接受知识产权抵押的债务融资的两个重要障碍：（1）银行对无形资产的资本充足率要求；（2）潜在的专利利益竞争和在专利中登记担保权益所存在的法律风险，即透明度问题。这些都是严重的问题，但其根源在于银行监管和担保交易法，而不是享有专利权的实用性、排他性或经济价值的固有功能存在的问题，这些法律是可以加以完善的。似乎没有利益相关者认真审查银行资本充足率要求的改革以及贷款环境对无形资产和知识产权资产（如专利）的负面影响。这是一个可以进一步研究的成熟领域。事实上，笔者主张进行系统变革，并为知识产权融资制定一个新的全球框架。尤其是，不同国家的实证表明，银行必须成为知识产权资产和战略的"信息需求者"，这是知识产权融资系统化的第一步。❾ 英国和国际环境需要集体反

---

❾ Kono T. （Ed.）Security Interests in Intellectual Property：Perspectives in Law，Business and Innovation（2017）Springer Verlag Singapore. See Denoncourt J. IP Debt Finance and SMEs：Revealing the Evolving Conceptual Framework Drawing on Initiatives from Around the World in Kono T. （Ed.）Security Interests in Intellectual Property：Perspectives in Law Business and Innovation（2017）1－38.

思未充分利用的知识产权融资方法，并通过将系统性思维与改革目标结合起来，使其作为一种更具可行性的融资选择。至于在知识产权上登记担保权益一事，目前正在进行一项更为普遍的担保贷款改革议程，这可能会改善贷款方的处境。然而，笔者重申，政府有必要为贷款方制订一份"知识产权担保指南"，以促进创新融资、知识产权和专利抵押贷款。

第 4 章重点介绍会计学科和专利价值评估的不确定性问题。这种不确定性导致传统的公司定量报告缺乏公司透明度。然而，必须强调的是，专利难以估值并不意味着不具有价值。这是一个会计问题，而且，知识产权资产缺乏透明度日益成为公司治理问题。

第三部分

知识产权评估：
公司知识产权资产与透明度

第4章
真实且公平的专利评估：公司治理问题？

关于"真实且公平的观点"目的和意义的争论，与会计中两个众所周知的二分法有关：原则与规则、实质重于形式。❶

介 绍

本章探析公司治理背景下"真实且公平的"知识产权信息披露的法律性质，以保护股东并协助公司董事履行英国公司法规定的现有义务。英国法律发展了"真实且公平"的概念，几十年来这一概念一直是英国会计和审计实践的核心，也是英国和欧盟法律的共同要求。❷ 英国2006年公司法（CA 2006）第393条规定，公司董事不得批准账目，除非其可以确信真实且公平的观点。但是，法律没有对"真实且公平"作出明确定义。然而，在相关的英国会计准则中，真实且公平的要求仍具有重要作用。英国FRC表示，"公司董事必须全面考虑他们批准的财务报表是否适当。同样，审计师在发表审计意见前也必须进行专业判断。"❸ 会计是企业知识产权资产评估的主导。因此，就公司财务报告的完整性而言，会计准则是一项重要的宏观经济工具。因此，会计准则如何处理公司知识产权资产是公司治理的问题。回归对专利的关注，第4.1节开始分析适用于专利资产财务记录和最终财务评估的会计原则和标准，目的在

---

❶ Albu C N, Albu N, Alexander D J A. The True and Fair View Concept：A Case Study of Concept Transferability（14 April 2009）p 3 at SSRN：http：//ssrn. com/abstract – 177000.

❷ 公司和合并账目提供真实和公平意见的要求在第4号公司法指令第2（3）条和欧盟委员会发布的第7号公司法指令第16（3）条中得到确认。尽管这两条不适用于按照IAS条例认可的国际财务报告准则（IFRS）进行真实且公平列报所需的账目，IAS第3（2）条明确承认了这些准则所依据的真实和公平原则。如果国际财务报告准则与这些条款中规定的原则相冲突，则不能认可这些准则。

❸ True and Fair（2014）Financial Reporting Council.

于解释为什么企业、股东、企业监管机构和其他利益相关者忽视、低估或减少使用企业知识产权资产。

会计和财务报表是投资者、股东、金融家和与公司有业务往来的供应商的一种内部控制。然而，虽然构成传统会计基础的借贷制度的演变对现代经济的效率和物质繁荣不可或缺，但无形资产会计需要金融创新，尤其是内部开发的"表外"企业知识产权资产。笔者分析了为什么传统的会计方法在某些方面不足以处理这些资产。例如，专利价值为何难以估量以至于难以在财务报表中体现的问题。

第4.2节批判性地分析了为何将无形资产作为公司资产进行评估的方法对专利而言是不充分且无益的。衡量知识产权和专利资产的客观价值和主观质量是非常有必要的。因为，只有当创新企业能够获得信贷，且信贷机构能够将专利的全部价值和质量理解为一种货币形式、记账单位或价值储存时，知识产权权利人才能获得研发和商业化其发明所需的资金，并将发明创造的内容与世界共享。因此，专利价值估值和发明商品化是创新企业的基本公司治理问题。

会计准则及影响专利和其他知识产权记录和评估的国际会计准则，是阻碍创新企业获得资金增长的一个关键因素。第4.3节以"股东价值"为主题，探讨了IAS 38的要求、合法专利垄断的特征与"股东价值"准则下公司治理理念变化之间的交叉关系。特别是，根据英国长期的法律要求，公司的财务账户必须提供"真实且公平"的观点，对是否有偏离IAS 38的余地进行传统的法律分析。对这些基本问题的深入探讨使我们能够批判地分析可能采取的措施，以减少专利资产（申请和授权专利）的记录、评估和公司报告中固有的不确定性，从而提高债务融资人和其他利益相关方可获得的信息质量。

4.1 资产负债表上知识产权和专利价值的不可视性

2006年公司法第386条要求每家公司保持"充分"的会计记录。充分的会计记录：第一，必须足以显示和解释公司的每一项交易；第二，在任何时候都以合理的准确性来披露公司当时的财务状况；第三，使董事能够确保他们需要准备的账目遵守法律的相关要求。尤其是，会计记录必须包含公司每天所有的收支款项（及其相关事项），以及公司资产和负债。

会计报表提供的信息呈现出企业的经营状况。然而，会计准则传统上依赖于两个固有的假设，第一，有形资产（而非无形资产）有助于企业绩效；第二，企业在很大程度上取决于买卖双方自愿的公平交易。而这些假设都不符合专利的性质，知识产权是一种无形的、有保护期的垄断性权利。❹ 知识产权不是为了并入英国境内的财务账目而单独确定和评估的。❺ 因此，本节解释了专利资产在财务报表中的列表方式，并强调了在核算无形资产时所涉及的问题。

然而根本问题在于，尽管过去十年专利资产的潜在价值飙升，但如果专利发明是在内部研发的，而不是从第三方获得（购买）的，金融界依旧难以看到这种增值。通过引入的方式，在英国和其他许多国家，无形资产（如专利、商标、客户关系、信息技术和技能）如果是内部产生的，则以一种方式计算入报表；如果是收购的（购买的），则以另一种方式计算入账。❻ 虽然无形资产的定义各不相同，但这些定义的共同点是，这些资产提供了无形的潜在利益。内部研发的发明专利和其他无形资产的无形性使它们难以被准确计量，这也是为什么专利资产价值被记录在资产负债表外，而未构成财务报表的一部分。这意味着，如果发明专利是由创新公司内部研发的，则不在公司的资产负债表中记录，也不在公司的财务报表中体现。相反，它是即时支出的，因此显示为成本，而非收入。此外，这些费用只在一个时间点报告。因此，内部产生的专利资产的价值略高于专利代理费和专利申请费，因为研发是作为支出扣除的，而未将其资本化。相比之下，购买的专利资产使用购买价格按公允价值入账，并相应摊销。

无形（专利）资产在现代经济中占据主导地位，也是支持和投资新技术的新动力。但需要质疑的是，为什么在英国企业中，无论是小企业还是大企业，公司内部研发的专利资产依旧是表外项目？作为一个公司治理问题，这值得详细审查。图 4.1 表明知识产权带来的财务价值增长。

iPhone 展示了创意和专利发明的价值是如何稳步增长的。尽管 iPhone（一项有形产品）全部在中国完成组装，但这一活动只带来28%的利润。事实上，原材料和劳动力投入的价值只占了 iPhone 的28%。技术和商标权利人［无形（知识产权）资产］占了利润的72%。

---

❹ Ghafele R. Accounting for Intangibles（2010）5（7）Journal of Intellectual Property Law & Practice 521–530.

❺ Bezant M，Punt R. The Use of Intellectual Property as Security for Debt Finance（1997）Intellectual Property Quarterly 297；Henry M. How Effective is Your Security over Intellectual Property?（1991）Journal Business Law 507. 20世纪60年代以前的企业资产主要包括借款方财务报表中列出的有形资产。通过查看资产、检查应收账款和审查债务工具进行了核实。

❻ 相反，对于银行而言，它的贷款被视为资产，并记录在资产负债表上。

	在 iPhone 销售中的利润份额
技术及品牌：苹果	58%
技术投入：美国、欧盟、中国台湾、日本、韩国等	14%
材料	22%
劳动力，非中国	4%
劳动力，中国	2%

图 4.1　2013 年苹果 iPhone 的价值分布

资料来源：Kramer G.，Linden G. 和 Dedrick J. 《在全球网络中获取价值：苹果 iPad 和 iPhone》（2011 年）和《澳大利亚知识产权报告》（2013 年）。

　　将公司自行研发的无形资产再以"成本"计价已不具有意义，因为研发是作为支出扣除的，而以公平交易方式购买的资产则以"收入"入账。这种会计处理方法导致的不一致性，使比较公司财务的专利研发和专利获取变得非常困难。例如，不一致的会计处理方式意味着 X 公司研发的专利卖给了 Y 公司后，一夜之间就可以从非常低的估值变成很高的估值，可能价值数十万甚至数百万英镑。如亚伯拉罕·布里洛夫（Abraham Briloff）教授❼所言，这中间的差异可能导致市场行为的扭曲，诱使公司购买专利而不是自行研发。❽事实上，正是这种会计做法为非专利实体（NPE）的行为铺平了道路。笔者认为，如果资产负债表上看不到内部开发的无形资产，则应更充分地记录反映研发成本和专利组合对企业价值的金额，最好从第 3 章中讨论的公司成立之日开始追踪（第 3.3.1 节"自公司设立之日起实施创新型会计管理"）。财务报告的目标是在特定的时间点对实体的财务状况提出"真实且公平"的观点，按照详细的会计准则实施。最终，由法律评估什么是"真实且公平"。然而，这两种方法尚未被会计准则制定机构接受，尽管人们对无形资产会计改革越来越感兴趣，甚至一些国家允许自愿提交智力资本声明（ICS）。会计创造了货币对价，但反过来，这将使企业专利资产能够更有效和更普遍地用作贷款担保。

　　从事研发和申请专利的公司拥有大量的无形资产，但这些无形资产实质上记为表外资产和负债。❾原因在于"表内"和"表外"项目之间的正式会计区别。一般来说，如果一项资产或负债是公司拥有或负有法律责任的，应出现在公司资产负债表上。通过确认专利局保存的记录，用法律术语证明专利所有权

---

❼　美国巴鲁克学院会计荣誉退休教授。

❽　这一因素在很大程度上推动了专利运营公司，也被称为"专利蟑螂"。"专利蟑螂"是一个贬义词，指一家公司获得一项或多项专利的权利，以便通过许可或诉讼而不是生产自己的产品或服务获利。

❾　总部位于伦敦的 Mediafinance 集团报告称，银行拒绝为电影项目提供大笔贷款，因为驱动因素（版权）出现在利润和收益表上，即 Mediafinance CEO 在特许注册会计师公会以及 2009 年 3 月 12 日在伦敦举行的创意和创新经济圆桌讨论会披露的亏损。

是一件相当简单的事情。但是，由于内部开发的专利资产的价值被认为是"不确定的"，按照传统会计准则规定，为了在资产负债表上进行记录，专利资产还必须满足下列条件：

（1）可实施的；

（2）可衡量的；

（3）有意义的。

这是评估企业专利资产的困难症结所在。迄今为止，人们认为内部产生的专利难以评估，因此，这部分专利的价值在现代用途上没有充分的财务记录，导致财务透明度不足。从贷款方的角度来看，这种无形性造成了一个关键问题，即财务报表（它们熟悉的文件）上没有任何内容可以快速告诉贷款方如何对公司内部研发的专利申请或专利组合进行估值。因此，从贷款方的角度来看，不确定性是一个可怕的障碍，阻碍其作出有利的放贷决定。为了提供适当的贷款，贷款方需要相关准确信息来评估作为担保形式的公司专利组合。在英国，银行遵守由伦敦证券交易所（LSB）独立监控的贷款准则❿。在评估"微型企业"⓫（即非常小的创新型中小企业）的贷款申请方面，有需要满足的确定标准。贷款方将评估微型企业是否有偿贷能力，根据准则，审查内容可以包括：

- 申请人借款的原因；
- 业务计划和账目；
- 企业的现金流、营利能力和现有财务承诺；
- 可能影响业务的任何个人财务承诺；
- 申请人过去处理财务的方式；
- 由信用调查机构提供的信息及可能还有房东持有的信息。

贷款方还将贯彻执行类似于信用评分的信用评估技术，并结合借款方提供的担保进行考量。不幸的是，贷款方评估作为担保的公司专利资产时，公司资产负债表上缺乏（或大部分为不可视的）相关的有用财务信息。公司专利战略的细化应围绕知识产权和技能展开，而非借款方公司年度报表和业务审查。⓬目前，在会计领域，潜在的20年专利垄断的未来价值主要在于不确定性，而不是可计量的风险，也不是不确定的损害价值。然而，目前会计专业人

---

❿ 贷款代码（2011年3月，2015年9月28日修订），www.lendingstandardsboard.org.uk/wp－content/uploads/2016/06/The－Lending－Code－Mar－2011－revised－2015－1.pdf.

⓫ 微型企业是小型企业，年营业额不超过200万欧元，雇员不足10人。

⓬ 英国2006年公司法第854条要求每家公司向公司注册处提交年度报表。这提供了公司在特定日期、返回日期以及每年的基本信息。

士有权在适用公司财务报表的会计准则中界定专利和其他无形（知识产权）资产。下一节将探讨评估方式以及为什么这会给贷款方带来不确定性。

4.2 公司债务融资的不确定性：专利价值和影响

任何有关借款方还贷能力的不确定性都是非常不可取的。对于贷款方来说，不确定性是一个与风险完全不同的概念，因为如果没有某种程度的确定性，就无法开始精确计算风险。1921 年，弗兰克·奈特（Frank Knight）认为：

> 在某种意义上，不确定性必须从根本上区别于熟悉的风险概念，因为它从未恰当地被分离出来过……可测量的不确定性，或适当的"风险"……与"无法确定"是完全不同的概念，它实际上根本不是一个不确定性。[13]

1937 年，约翰·梅纳德·凯恩斯[14]（John Maynard Keynes）也提出了与弗格森（Ferguson）类似的观点。关于"不确定性"，凯恩斯写道：

> 我所用的这一术语，意指欧洲战争的前景或说……20 年后的利率……是不确定的，关于这些问题，没有任何科学依据可以形成可计算的概率。我们根本无从知晓。[15]

继续我们关于不确定性概念的讨论，彼得·伯恩斯坦[16]（Peter Bernstein）解释道：

> 我们输入过去的数据……但是过去的数据……构成一系列事件，而不是一组独立的观察数据，后者才是概率定律的要求。历史只为我们提供了一个资本市场的样本，而不是数千个独立且随机分布的数字。[17]

专利现在和未来的价值是否注定会因无法衡量而不确定？定性与定量专利

---

[13] Knight F H. (1911) as quoted in Ferguson N. The Ascent of Money: A Financial History of the World (2012) Penguin Books, p 344.

[14] John Maynard Keynes, 1st Baron Keynes (5 June 1883 – 21 April 1946) was a British economist who is widely considered to be one of the founders of modern macroeconomics and the most influential economist of the 20th century.

[15] Keynes J M. The General Theory of Employment (1937) 51 (2) Economic Journal 214.

[16] Peter L Bernstein (22 January 1919 – 5 June 2009), a well-known American financial historian, economist and educator developed the efficient market hypothesis.

[17] Bernstein P L. Capital Ideas Evolving (2007) John Wiley & Sons, New York.

评估的技术和惯例中仍然存在的不确定性因素是阻碍知识产权和专利抵押贷款发展的主要障碍。贷款方的核心职能是收集信息，以减少借款方还贷能力的不确定性。金融家需要的是一种可靠的"测量"和记录专利价值的方法。专利评估是一项复杂的任务，因为要考虑的变量很多。因此，传统观点认为，每一项专利都是完全独特的，缺乏其他类似专利或是专利数量相对匮乏，无法构成价值推断的基础。

4.2.1 了解如何核算无形资产以及改革会计实务的必要性 *

2005 年，WIPO 认识到，现行会计准则没有能力处理企业知识产权资产业务方面的问题，并发表了以下声明：

> 显然，与确定内部持有的知识产权价值相关的各种挑战，加上与某些形式的知识产权价值有关的固有波动，是会计部门不愿意报告内部产生的知识产权的主要原因，因为这会被视为太主观和太冒险。此外，会计总是不愿意预测未来收益，高估资产价值，或将价值波动较大的资产列入资产负债表。 ⑱

法国经济学者罗亚·加菲勒（Roya Ghafele）博士研究了可以适用于知识产权和特定无形资产的会计语言和术语。她总结道：

> 会计构成了一种非常特殊的语言形式，它具有高度标准化、数学化的性质，力求统一、系统地描述事件……在资产负债表上，知识产权经历了一种特殊的授权形式。在会计讨论中，无形资产是一个与日益明显的"市场与账面价值之间差距"相关联的不精确术语，而现行会计制度是以有形资产为基础来确定的，几乎没有余地记录知识产权与企业业绩之间的关系。因此，可以认为会计是对知识产权丰富型公司构成重大挑战现状的守门人，面临着围绕会计通用语进行交流的挑战，或者在目前的会计报表中，接受它们无法充分记录知识产权与其经营业绩的关系。⑲

简要讨论复式簿记的历史可以解释传统会计准则不适用于确定和评估无形资产的原因。通过此研究可以对专利资产及 IAS 38 无形资产部分导致不确定性的实际原因有更深入的了解。

---

* 原著此处只有一节三级标题，无后续标题。为保持原著体例，此处未做更改。——编辑注

⑱ Ghafele R. Getting a Grip on Accounting and Intellectual Property（2005）WIPO SME Newsletter at www. wipo. int/sme.

⑲ Ghafele R. Accounting for IP?（2010）5（7）Journal of Intellectual Property Law & Practice 521 – 530.

4.2.1.1 复式簿记的历史及其对无形资产会计的影响

意大利文艺复兴时期的数学家斐波纳契·列奥纳多（Leonardo of Fibonacci）在他 1202 年出版的开创性著作《计算之书》（*The Book of Calculation*）中介绍了一些欧洲的计算和计算资产方式的革新思想，他在书中介绍了欧洲十进制，并说明了如何将其应用于商业记账。他的思想最终导致 13 世纪末银行业的诞生。[20] 斐波纳契还引入了现值（未来收入流的折现值）的概念。[21] 历史上，复式簿记系统形成了现代会计原则的基础，并为全球所接受，这是跟踪和记录有形物品交换和防止盗用的有效工具。会计人员使用的财务业务信息的编制和显示方法——复式簿记系统如图 4.2 所示，解释了现代复式簿记的债务系统。

账户类型	借款方	贷款方
资产	增加	减少
负债	减少	增加
收入	减少	增加
开支	增加	减少
资本	减少	增加

图 4.2　复式簿记系统

资料来源：改编自 Atrill, P. 和 McLaney, E. 的《非专业人员的会计与财务》（2012），第 8 版，培生集团。

在复式簿记中，账户中的所有交易都分两次录入：一次作为借款方，一次作为贷款方。借款方增加资产账户和支出账户，减少负债账户、收入账户和资本账户的余额。借款方增加负债账户、收入账户和资本账户的余额，减少资产账户和支出账户的余额。会计的黄金法则建立在会计等式上：

$$所有者权益 = 资产 - 负债$$

账户的借款方的总体数额如果不能与贷款方相抵消，则表示发生了错误。因此，借款方和贷款方价值之和的数额必须相等。从本质上讲，会计等式是一种"错误检测工具"，它记录了历史交易。万一出现错误，每个借款方和贷款方都可以追溯到日记账和交易源文档，从而保留审计跟踪。复式簿记系统最初的设计是为了防止威尼斯文艺复兴时期商人雇员的欺诈和挪用。[22] 广义而言，问题的根源在于现代会计难以适用于无形资产中，因为这些资产不符合会计的

---

[20] 现代的部分准备金银行允许创造信贷和货币。

[21] Goetzmann W N. Fibonacci and the Financial Revolution（March 2004）NBER Working Paper 10352.

[22] Ferguson N. The Ascent of Money：A Financial History of the World（2012）Penguin Books.

社会历史演变。这是因为当一项专利被申请时，它就变成了一种财产形式（创新企业的资产，从而成为一种货币形式）。在这一阶段，如果专利申请是在内部研发，而不是从第三方购买的，那么将很少有历史市场交易记录在账户中。专利申请未作为公司资产计入余额。然而，内部研发创新到专利申请阶段的支出是被记录了的。因此，从知识产权资产的角度来看，资产负债表中似乎缺少部分等式。可以说，账户的完整性存在一个基本问题。然而，复式簿记包括借款方费用、贷款方债权人（如果提供了信贷）或银行现金（如果购买并支付）。因此从会计角度看，资产负债表受交易影响较大，而且是负面影响较大。

　　会计史上的下一个重大发展是基于记录交易的"权责发生制"。收入项目在获得收入时记录，扣除项目在产生支出时记录。因此，现代权责发生制会计仍然要求在发生金融交易时进行记录，从而准确记录所有历史交易。这一历史信息也主要用于确认销售和现金流趋势。创新的性质使得后期专利申请和授权的交易记录与权责发生制不太"相符"。然而，尽管专利是有价值的商业资产，但这一价值并不是从公司的财务报表中获得的。同样，这也凸显了有关账户完整性的另一个问题。

　　从本质上讲，权责发生制依赖于一套基本假设和原则，这些假设和原则已成为公认会计准则（GAAP）。因此，基本会计原则形成了对无形资产的一种非常特殊的认识，而无形资产反过来又束缚了企业知识产权和专利资产作为贷款担保的充分利用。对于那些在商业背景下从事专利工作的人来说，了解这些会计原则是很重要的，因为财务术语和惯例渗透到了专利发明的研发和商业化（商业术语中称为"创新"）中。GAAP 的基本知识为任何内部研发专利的交易提供了背景和启发。以下简要概述了与笔者讨论相关的主要原则，这些原则是现代会计规则、标准和惯例的基础，并已被财务会计准则委员会（FASB）采纳，构成了在财务报表中如何处理无形资产的基础。❷

　　第一，收入原则或变现原则规定，在销售时获得收入，通常是在提供商品或服务时。与有形资产出售有关的收入原则的一个关键要素是，当资产的合法所有权从卖方转移到买方时，即获得收入。

　　第二，支出原则规定，当企业使用商品或接受服务时产生支出。企业在收到货物或接受服务时产生支出。

　　第三，匹配原理与收支原理相关。它规定，在确认收入时，应与收入相关的支出相匹配。权责发生制为基础的会计包含了三大原则的应用。基本上，这意味着销售时记录收入，使用商品或接受服务时记录支出。

---

❷　Nelson S. L Understanding the Basic Principles of Accounting（2011）Quickbooks.

第四，成本原则规定，应使用历史成本账目中记录的数字进行量化（测算）。例如，如果一家公司拥有一辆汽车，汽车的成本是购买价格，而不是汽车的当前公平市场价值。账户中记录的车辆价值不因公平市场价值的变化而调整。

第五，客观原则规定会计计量和会计报告应当使用客观、真实、可验证的数据。这意味着会计人员、会计系统和会计报告应依赖客观数据，而不是主观数据。这就是为什么会计师总是使用客观数据（即使它不能很好地反映专利的全部商业价值），而不是关于专利未来潜力的主观定性数据。㉔

第六，谨慎原则（也称为保守或中性概念），确保资产和收入不被高估，负债和支出不被低估。会计交易和其他事项往往是不确定的，但要及时报告，会计人员需要运用专业判断进行评估，以应对不确定性。有些责任取决于将来发生或不发生的事件（例如，专利的授予或专利诉讼的结果）。会计师判断该事件发生的可能性，如果该事件高于 50%，则应以最有可能发生的金额记录为负债，并支付相应的支出。以这种方式，IAS 38 无形资产中的审慎原则可防止负债和支出被低估。应定期对资产进行评估，以确保其账面价值不超过预期收益。㉕ 在过去的两个世纪里，审慎原则通过在财务报表中保守地陈述量化结果，使会计实践减少了投机行为——这对公司知识产权资产而言可能是个问题。莫尔特比（Maltby）说道：

> 谨慎会计代表着会计行业对一种独特能力（确定可分配利润）的阐述，这种能力使它能够成为大投资者和管理层打击"投机者"的盟友和顾问，从而确保同等资本获得同等回报。谨慎对于会计界调节资本的社会关系至关重要。㉖

然而，在会计界，"国际财务报告准则（IFRS）作为关键的全球准则，其是否应包括谨慎（原则），以及是否应当在概念框架中说明其重要性，存在相当大的争论。"㉗ 反对在 IFRS 中纳入谨慎原则的主要论点是财务报表的中立性

㉔ 参见 www. qfinance. com/accountancy – checklists/the – ten – accounting – principles.

㉕ Prudence and IFRS（August 2014）The Association of Chartered Certified Accountants at www. accaglobal. com/content/dam/acca/global/PDF – technical/financial – reporting/tech – tp – prudence. pdf and Obaidullah（ACA，CFA）Prudence Concept at http：//accounting explained. com/financial/principles/prudence［Accessed 5 September 2017］.

㉖ Maltby J. The Origins of Prudence in Accounting（2000）Critical Perspectives on Accounting 11，51 – 70 at p 1 DOI：10. 1006/cpac. 1998. 0283.

㉗ Prudence 和 IFRS（2014 年 8 月）特许注册会计师协会从第 3 页开始讨论了赞成和反对将谨慎原则纳入内部收益率的论点。越来越普遍的潜在有价值知识产权资产组合对财务报表的影响，是标准制定者在评估辩论中应考虑的一个重要因素。

和可比性。笔者支持这种观点：在对不确定性进行估值时（如进行知识产权估值），对假设变化进行了说明，则将适当的叙述性披露视为谨慎。此外，谨慎的含义并不是固定不变的，在过去两个世纪里逐渐发生了变化。[28] 鉴于知识产权资产对现代企业资产负债表的重要性，谨慎原则的应用需要不断发展，并可借鉴第 2 章中讨论的已建立的技术成熟度（TRL）[29] 作为衡量标准。会计不仅是经济决策的中性技术，而且影响特定的财富分配，并使得特定的社会关系合法化。[30]

　　这六个概念提供了一个基本的理解，但对于会计师准备财务报表处理资产（包括有形的和无形的）是非常重要的。企业财务的利益相关者对会计学科进行了逻辑性的划分。财务会计旨在加强对第三方（如贷款方）的外部报告。相比之下，管理会计则是为内部管理整理信息。财务会计更广泛的目标是一系列第三方，包括股东和贷款方，它们不控制财务报表和报告的实际准备，也无法获得基本细节。理解和信任报告的可行性直接取决于制作报告所采用的会计原则和惯例的标准化。如果没有这种标准化，不同公司的财务报表将很难被理解，甚至难以比较。

　　知识产权法正在发展，但我们对于知识产权对会计和公司治理等其他学科影响的认识仍有很大差距，反之亦然。这便是问题的根源，我们对知识产权强化的后果缺乏了解。如果公司财务和公司治理要适合于管理动态的知识产权资产，这些学科可能必须对应用于公司知识产权资产的会计概念提出新的期望。接下来的问题是：公司治理和会计概念应如何演变以适应无形的知识产权？

4.2.1.2　信用评估师对借款方财务报表的处理方法

　　获得知识产权抵押融资依赖于良好的信用评估。信用评估师对公司传统财务报表的使用不同于会计师。他们希望企业的财务报表能够帮助其评估公司偿还贷款本息的能力。信用评估师对潜在借款方的传统财务报表、资产负债表和损益表的处理方法解释如下：

　　　　资产负债表是一个存量的概念，而损益表是一个流量的概念。前者表

---

[28] 同脚注[26]，第 67 页。

[29] TRL 系统最初由美国国家航空航天局于 1974 年构思，1989 年正式确定。TRL 系统是一种估算项目关键技术要素的技术成熟度的方法。它们是在技术准备评估期间确定的，该评估审查方案概念、技术要求和演示的技术能力。TRL 系统基于从 1 到 9 的范围，其中 9 项是最成熟的技术。TRL 系统的使用使得对不同类型技术的技术成熟度进行一致、统一的讨论成为可能。欧洲研究和技术组织协会发表了一份关于 TRL 系统的全面讨论。目前的 TRL 系统倾向于忽略消极因素和过时因素，有人建议将这些因素纳入评估，从会计角度看，这将有利于作出判断。

[30] 同脚注[26]，第 68 页。

示企业在某一特定时期的经营状况，后者则告诉我们当前的状况是如何形成的。这两者最终告诉我们，资金是如何在给特定期间内通过企业流动的。会计制度首先发展出资产负债表，很久之后才发展出了损益表。事实上，企业的资产负债表从来不是一成不变的，尽管它被贴上了这样的标签。资产负债表是一个整体概念，损益表是一个局部概念……资产负债表之所以受到贷款方的如此关注，是因为评估师不仅要看贷款是否有担保，还要审查企业的价值是否在上升。损益表更多地反映了企业的经营管理情况，资产负债表则反映了财务管理的效率。通过计算存量变量（资产负债表）和流量变量（损益表）之间的比值，可以估算企业的整体效率。[31]

因此，信用评估师对潜在借款方财务状况的评估，不仅要看贷款是否有担保，还要审查企业的价值是否在上升。有关公司知识产权和专利资产的补充定性信息将有助于回答贷款方的第二个问题。这正是公司治理原则和提高公司知识产权资产信息和战略叙述性报告水平的重要性所在。此外，贷款给企业的资金可能被用于未经同意的用途。会计信息还用于审查资金是否以适当的方式正确使用，以及企业是否遵守了贷款协议条款。[32]财务报表中包含的信息应当减少企业财务状况和业绩的不确定性。话虽如此，会计和知识产权法一样，是一门正在发展的学科，我们仍有很多需要了解的用户需求，特别是贷款方的需求。根据公司法的规定，符合条件的中小企业只需提交"简略账目"，即资产负债表，而无需提交损益表，这就给贷款方造成了巨大的"信息差"。[33]接下来对英国公司报告中适用于财务报表的法律要求和会计准则进行了分析。

4.3 会计与公司法的交集：对公司财务和治理之间差距的弥合

20世纪70年代，欧盟颁布了两项协调会计准则的指令，即第4号指令和第7号指令，[34]明确指出会计是公司法的核心，因此，对于公司律师、监管者和公司董事而言，会计是最重要的领域。然而，协调会计准则的另一个推动力是IAS的引入，其中包括IAS 38，该准则确定了包括专利在内的无形（知识产权）资产的会计处理方式。在第4.3.1～4.3.5节中，笔者介绍了IAS在英国

[31] Bhattacharya H. Banking Strategy, Credit Appraisal and Lending Decision: A Risk – Return Framework (2010) Oxford University Press, p 256.

[32] Atrill P. , McLaney E. Accounting & Finance for Non Specialists (2002) Third edition, Pearson, p 3.

[33] 英国2006年公司法第447（1）条。

[34] See Medhurst D. A Brief and Practical Guide to EC Law (1994) 145 – 147 detailing the harmonisation directives.

公司法体系内的运作方式。在第 4.3.6 节中，研究了 IAS 38 的详细规定，并考虑其对专利的影响。第 4.3.7 节介绍了英国公司法的财务报告要求和"真实且公平"观点的概念。第 4.3.8 节讨论根据 IAS 38 编制的财务报表是否给出了法律要求的"真实且公平"的观点，如果没有，是否有违背 IAS 38 的可能。

4.3.1　欧洲和英国会计准则

在英国，GAAP 是伞形监管的主体，规定了英国公司应当如何编制公司账目。该准则包括会计准则和英国公司法。实际上，GAAP 是英国税法中的一个法定术语。英国管理财务报告的主要立法是 2006 年公司法，该法案引入了欧洲法律的要求，并规定了英国注册公司的最低公司报告要求。例如，该法案要求有限公司向公司注册员提交账目，由注册员将账目公开（贷款方可以使用）。这意味着每一家英国公司（非常小的公司除外）❸❺ 都需要编制提交给公司注册处的账目。2006 年公司法第 386 条要求每家公司必须置备充分的会计记录以显示和解释公司的交易，董事必须为公司编制每个财务年度的账目。❸❻公司的个别账目包括资产负债表（截至财务年度最后一天）和损益表。2006年公司法第 396 条和第 494 条规定，年度账目必须对财务年度结束时的公司事务状况以及财务年度内的公司损益情况给出"真实且公平"的观点。在遵守2006 年公司法时，编制账目的会计师还需遵守英国公认会计准则或惯例，因此有必要在第 4.2 节中简要概述基本会计概念。会计准则有许多来源。在英国，会计准则委员会（ASB）是准则的主要制定者，它发布的准则被称为财务报告准则（FRS）。ASB 是独立监管机构 FRC 的下属部门。

4.3.2　IAS 与新 GAAP：在英国的法律效力

跨境贸易使 IAS 成为必要。❸❼ IAS 又被称为 IFRS，尽管实务中使用 IAS 一词。自 2005 年以来，法律要求所有欧洲上市公司❸❽必须根据 IFRS 进行报告。❸❾在英国，非上市公司仍然可以选择根据 IFRS 或 GAAP 进行报告。英国 2004 年金融法第 50 条重新定义了"公认的准则"，使其自 2005 年 1 月 1 日起（欧共

---

❸❺　英国 2006 年公司法第 447（1）条。

❸❻　英国 2006 年公司法第 394 条。

❸❼　Grossfeld B. Global Accounting：Where Internet Meets Geography（2000）48（2）The American Journal of Comparative Law 268（contemplating the effect that Internet globalisation will have on global accounting standards）.

❸❽　在英国注册的公司，其证券获准在欧盟受管制市场上交易。

❸❾　Adopted by EC 1725/2003.

体条例中规定的日期），包含欧共体采用的 IAS 和 GAAP。将国际会计准则引入欧共体的是第 1606/2002 号条例（"IAS 条例"），该条例规定了适用 IAS 的程序，并列出了必须适用 IAS 的财务报表。❹ 一般而言，获准在受管制市场上进行证券交易的上市公司的综合账目必须使用 IAS。作为英国国家标准的基础，IAS 仍然具有影响力。近年来，这两套标准（GAAP 和 IAS）之间的差异已经大大缩小。

2013 年 3 月，FRC（负责发布英国会计准则的机构）发布了适用于英国的财务报告准则《财务报告准则第 102 号》（FRS 102）。在此之前，FRC 于 2012 年 11 月发布了《财务报告准则第 100 号——财务报告规范的应用》（FRS 100）和《财务报告准则第 101 号——简化披露框架》（FRS 101）。这些准则共同构成英国新公认会计准则，对于自 2015 年 1 月 1 日起或之后的会计期间具有强制约束力。❹

4.3.3　中小企业和微企业的 IFRS

在 2003 年 9 月的会议上，国际会计准则理事会（IASB）决定制定适合中小企业的会计准则，而 IASB 中小企业准则的制定首先应该从 IASB 概念框架❹中提取出基本概念，并且从 IFRS 和相关解释中提取出原则和相关强制性指导。为此，IASB 于 2009 年 7 月 9 日发布了中小企业的 IFRS。❹ 2012 年 7 月 26 日，IASB 宣布其工作人员将与中小企业实施小组一起制定中小企业和微企业对于 IFRS 的适用指南。2013 年 6 月 27 日，IASB 发布了该指南，该指南附在中小企业的 IFRS 中，但并非其组成部分。本质上，该指南只摘录了中小企业的 IF-RS 中典型微企业所必须的要求，而没有改变资产、债务、收入和费用的确认和计量原则。IASB 认为，遵守该指南将导致遵守中小企业的 IFRS。该指南无疑将非常有助于微企业编制符合 IFRS 的账目。但是，对内部产生的无形资产区别处理的问题仍然存在，从而会继续阻碍创新型中小企业获得专利抵押融资。图 4.3 表示在编制和提交公司财务报表时必须适用的 IAS 38 和 FRS 102。

---

❹　Moore QC, M. 为 FRC 撰写的名为"重新审视真实且公平要求"的意见书。

❹　Crowe Clarke Whitehall LLP Corporate Business Newsletter FRS 102 "The New Accounting Standard for the UK".

❹　财务报告的概念框架：暂定决定摘要，（2017）IFRS Foundation at www. ifrs. org/ - /media/project/conceptual - framework/current - stage/summary - of - tentative - decisions - june - 2017. pdf.

❹　中小企业国际财务报告准则（IFRS for SMEs）（2015）IFRS Foundation at www. iacsa. co. za/wp - content/uploads/2016/11/IFRS - for - SMES - 2015. pdf（自 2017 年 1 月 1 日起生效，允许提前应用）。

主　题	IFRS	UK FRS
商誉和无形资产	IAS 38	FRS 102

图4.3　无形资产财务报告准则

英国2006年公司法第397条要求有限公司（包括中小企业）向公司注册处❹提交个别账目时，必须在账目附注中载明该账目已经根据IAS进行编制。此外，审计报告（如果英国2006年公司法要求）还必须明确说明审计师是否认为年度账目已经按照公司法的规定编制，以及账目是否真实且公平地反映了公司的财务状况。在创新会计管理方面，笔者在第3章中明确了为什么对于初创企业和创新型中小企业来说，在会计表中将公司知识产权资产作为附加项目进行识别并记录下来是至关重要的，即使会计师将其视为表外项目。这是因为随着企业的成熟，它们无疑会变得更加重要和富有价值。从公司治理的角度来看，确保传统财务账目的完整性是关键问题。重要的是，知识产权资产的财务价值应该能够追溯到公司成立之日。IASB应当考虑是否修订中小企业的IFRS，以纳入这种获取关键公司知识产权资产财务信息的方法。

本章第4.4节将讨论英国2006年公司法中"真实且公平"的要求。下一节，笔者将讨论会计准则的法律地位。

4.3.4　会计准则的法律地位

会计准则本身并不是法律。IAS和GAAP不是由议会制定的，而是由通常有政府支持的私人组织制定的。❺例如，国际会计准则委员会（IASC）是一个独立的私营机构，它成立于1973年并于2000年5月进行重组，目的是协调全球企业使用的会计准则。IASC成员目前在104个国家拥有143个专业会计机构，代表全世界200多万名会计师。会计准则和原则可以等同于公司的行为准则。然而，它们作为"法律"的地位是脆弱的，因为它们没有正式颁布并且处于不断变化的状态，同时又难以捉摸和理解。❻多年来，无形资产的报告以及会计原则、实务和准则之间的关系一直是会计师们激烈讨论的话题。然而，就知识产权作为公司资产的潜力而言，我们如何才能提高自身的适配性？

---

❹　英格兰、威尔士、北爱尔兰和苏格兰的所有有限公司都在BEIS的执行机构公司注册处注册。在英国注册的有限公司超过300万家，每年新注册的公司超过40万家。

❺　Grossfeld B. Lawyers and Accountants A Semiotic Competition（2001）36 Wake Forest Law Review 167 – 186 at http：//wakeforestlawreview.com/.

❻　Ebke W. Maerkte machen Rechtauch Gesellschafts – und Unternehmensrecht！（2000）Festschrift Utter 12.

4.3.5 IAS 38 无形资产

IAS 38 无形资产是企业知识产权所有者面临的核心问题，它们希望确保其专利资产以一种对贷款方和其他利益相关者（如股东、监管者）既可见又有用的方式进行财务记录。在经过漫长而有争议的酝酿期之后（包括发布两份征求意见稿），1995 年颁布的 IAS 38，首次对无形资产的会计处理进行了全面探讨。IAS 38 是一项综合性的准则，取代了以前仅处理研发支出的准则。总而言之，IAS 38 概述了无形资产的会计要求并且对无形资产作出了定义，无形资产是指没有实物形态但可辨认的非货币资产（可分离或由合同或其他法律权利产生）。符合相关确认条件的无形资产按成本进行初始计量，按成本或使用重估模型进行后续计量，并在其使用寿命内进行系统摊销（除非该资产的使用寿命不确定，在这种情况下不进行摊销）。[47] 在处理无形资产方面，IAS 38 遵循了美国 GAAP 的保守路线。它似乎没有"潜在未来价值"标准，也没有获取或评估此类信息。在涉及公司知识产权资产时，这是否是会计准则中需要解决的弱点或缺陷？由于知识产权在不同的商业领域有不同的用途，因此不可能存在放之四海而皆准的"潜在未来价值"解决方案。

4.3.6 IAS 38 如何使专利所有人传达无形资产和专利的财务价值?

IAS 38 确立了无形资产的确认标准、计量基础和披露要求，又进一步详细分析每个部分。此外，IAS 38 还对无形资产进行定期减值测试[48]。这是为了确保仅具有可收回金额的资产才能资本化并结转至未来期间。

IASC 认为，IAS 38 的制定存在争议，并引起了对两个重要问题的争辩。第一，内部产生的无形资产是否应该在财务报表中确认？现行的 IAS 38 确认了这一点，但前提是必须满足非常严格的标准。第二，无形资产的使用寿命是否应该有上限？在这方面存在一个假定，即无形资产的使用寿命不超过 20 年。对专利而言这不是问题。商标、外观设计和版权等其他无形资产更关注这个问题。因此，在本书中，笔者将重点放在第一个问题上。

IASB[49] 于 2012 年 1 月 1 日发布了 IAS 38 无形资产，为讨论相关会计要求提供了依据。笔者将从知识产权或专利资产的角度对相关条款进行批判性分析：

---

[47] Deloitte See www. iasplus. com/en/standards/ias/ias38.

[48] 资产减值测试旨在确保企业资产的账面金额不超过其可收回金额（即公允价值减去处置成本和使用价值的较高值）。

[49] 参见 www. ifrs. org/IFRSs/Pages/IFRS. aspx.

IAS 38 无形资产——确认和计量

将某项目确认为无形资产时要求企业能证明该项目满足以下条件：

（a）无形资产的定义；

（b）确认条件。

该要求适用于最初为获取或内部产生无形（专利）资产而产生的成本，以及随后为增加、替换或服务该资产而产生的成本。

会计师将无形资产分为可辨认资产和不可辨认资产（如商誉）两类：

（a）是可分离的，即能够从主体中分离或者划分出来，并被出售、转移、授予许可、租赁或者交换，无论单独还是与相关合同、资产或负债一同；或

（b）源自合同性权利或其他法定权利，无论这些权利是否可以从主体或其他权利或义务中转移或分离。

因此，专利被确认为可辨认的无形资产。专利可以具有某种有形形式，因为可能有实际的证据证明它的存在，例如，表明专利已经被授权的证书或专利申请文件，但这些并不是资产本身。另外，如果不出售其他资产和/或进行商业运作，则无法将商誉有意义地转让给新的所有人。❺⓿ 其他可辨认资产可由研发活动产生，例如样品或模型，但这是次要的，知识或发明才是研发活动的主要成果。对发明（专利资产）进行辨认和分类，将其与商誉区分开来，是相当直接的做法。其次，专利资产必须被确认：

确认测试

当且仅当满足以下条件时，无形资产应予确认：

（1）归属于该资产的未来经济利益很可能流入企业；

（2）该资产的成本可以被可靠地计量。

IAS 38 确认测试的这两个子项构成了准则中与内部产生的发明相关的具有挑战性的方面。但购买或获得专利资产时不存在这种困难，因为 IAS 38 明确指出：

---

❺⓿ 英国财务报告准则第 10 号认为，收购产生的商誉（收购成本减去被收购企业可辨认资产和负债的公允价值之和）既不是一种资产，也不是直接价值损失。相反，它在收购方自身财务报表中显示为资产的投资成本与合并财务报表中归属于所购资产和负债的价值之间形成了桥梁。尽管购买的商誉本身不是一项资产，但将其纳入报告企业的资产中而不是从股东权益中扣除，确认了商誉是更大资产的一部分，而管理层对该投资仍负有责任。参见 https：//frc. org. uk/Our－Work/Codes－Standards/Accotmting－and－Reporting－Policy/Standards－in－Issue/FRS－10－Goodwill－and－Intangible－Assets. aspx.

对于单独获得或企业合并获得的无形资产，通常认为符合可辨认条件。

无形资产应以成本进行初始计量。

单独获得的无形资产的成本包括：

（a）购买价格，含进口税和不能退还购进税；

（b）可直接归属于使资产达到预定使用状态的支出。

根据 IFRS 3 企业合并的规定，如果无形资产是在企业合并中获得的，那么该无形资产的成本为其在购买日的公允价值。如果在企业合并中获得的资产是可分离的或者源自合同性权利或其他法定权利，则存在足够的信息来可靠地计量资产的公允价值。

根据该准则和 IFRS 3（于 2008 年修订）的规定，购买方需要在购买日确认被购买方独立于商誉之外的无形资产，无论该资产在企业合并前是否已经被购买方确认。这意味着，如果正在进行的研发项目符合无形资产的定义，那么购买方会将该项目确认为独立于商誉之外的资产。

因此，获得的专利资产可以资本化，而不是在资产负债表上被列为支出，导致与"内部专利开发者"相比，"专利获得者"具有更加良好的财务状况。回到内部产生的专利资产，IAS 38 继续规定：

内部产生的无形资产

内部产生的商誉不应被确认为资产。

研究（或内部项目的研究阶段）不会产生应予确认的无形资产。研究（或内部项目的研究阶段）的支出应在其发生时确认为支出。

当且仅当企业可证明以下所有各项时，开发（或内部项目的开发阶段）产生的无形资产应予确认：

（a）使用或销售，完成该无形资产在技术上可行；

（b）有意完成该无形资产并使用或销售它；

（c）有能力使用或销售该无形资产；

（d）该无形资产可以产生未来经济利益。其中，企业应证明存在无形资产输出的市场或无形资产本身的市场；如果该无形资产将在内部使用，那么应证明该无形资产的有用性；

（e）为完成该无形资产开发，并使用或销售该无形资产，有足够的技术、财务资源和其他资源的支持；

（f）对归因于该无形资产开发阶段的支出，可以可靠地计量。

TRL 系统可用于满足"技术可行性"的要求。根据 IAS 38 第 51～67 条的规定，内部产生的无形资产的成本是自该无形资产首次满足上述确认标准之日起发生的支出之和。IAS 38 禁止重述以前确认为费用的支出。

换言之，无形资产项目的支出应在发生时确认为费用，除非其构成符合确认标准的无形资产成本的一部分；或该项目是在企业合并中取得的，并且不能被确认为一项无形资产。在这种情况下，该支出应构成在购买日确认为商誉的金额的一部分（参见 IFRS 3）。除商誉以外的内部产生的无形资产（例如专利），必须证明专利符合上文（a）～（f）项中列出的每一项要求。哪怕缺少一个条件都不能确认。上述（d）项对未来经济利益的要求是一个重要问题。根据 IAS 38 的规定，只有与无形资产相关的未来经济利益很可能流入企业且该资产的成本能够被可靠地计量时，才可以确认该无形资产。无形资产的确认标准源自 IASC 框架，与有形资产（不动产、厂房和设备等）的确认标准类似。该准则所设想的"未来经济利益"可能包括销售产品或提供劳务的收入、成本"节约"或企业使用该无形资产产生的其他利益。在笔者看来，如果无法获得这些类型的未来经济利益，就无法确认此类专利资产，导致公司的资产负债表对其经济资源评估值过低——而这对任何贷款决策都会产生负面影响。

无形资产确认测试的另一个重要因素（f）项也存在问题，因为必须客观地显示是否有"财务或其他资源"来完成开发、使用或出售无形资产。很少有初创企业和创新型中小企业能够做到这一点，这也是它们寻求债务融资的原因。这只会导致一场"先有鸡还是先有蛋"式的争论。换言之，无法确定循环因果关系中的在先情况（如财务资源）。如何满足（f）项的要求是创新型中小企业面临的障碍。

简而言之，IAS 38 第 51～67 条规定最初需要运用成本法对内部产生的专利无形资产进行评估。当内部产生的专利资产符合确认标准时，采用与获得有形资产相同的原则确定成本。成本包括直接归属于创造、生产并使其达到预定使用状态的所有支出。关于可被视为资产一部分的成本要素，IAS 38 严格遵循了 IAS 16 不动产、厂房和设备。这意味着初始确认时的账面价值是从发明专利的开发阶段开始之日起发生的支出总额。因此，内部开发的专利将按创造成本确认，不包括类似于研究的成本。根据英国公司必须适用 IAS 38 的规定，专利评估必须采用成本法。在上述确认过程之后，IAS 38 的下一部分将讨论无形资产的财务计量概念。

确认后的计量
企业应当选择成本模式或者重估模式作为会计政策。如果使用重估模式对无形资产进行会计处理，则该类别中的所有其他资产也应使用相同的模式进行会计处理，除非这些资产没有活跃的市场。

成本模式：无形资产在初始确认后，以其成本减去累计摊销和累计减值损失后计入。

重估模式：初始确认后，无形资产应以重估价作为其账面价值，即其重估日的公允价值减去任何后续累计摊销和随后发生的累计减值损失后的余额。为进行重估，公允价值参考活跃的市场予以确定。应当频繁进行重估，以使账面价值不会严重地背离资产负债表运用公允价值确定的账面价值。活跃的市场指满足以下所有条件的市场：

（a）市场交易的项目是同质的；

（b）通常可在任何时候找到自愿的买方和卖方；

（c）价格公开。

如果无形资产的账面价值因重估而增加，则该增值应在其他综合收益中确认，并在重估盈余项下累计计入权益。但是，如果该增值是同一资产以前被确认为费用的重估减值后的恢复，那么该重估增值应在损益表中确认。无形资产的账面价值因重估而减少的，该减值应当在损益表中确认。但是，如果该减值没有超过重估盈余的贷款方余额，那么该重估减值应在其他综合收益中确认。

专利无形资产在初始确认后，应以其成本减去累计摊销额和累计减值损失后的余额进行入账。允许使用"重估"作为替代方法。与 IAS 16 中的厂房、不动产和设备资产一样，无形资产的准则允许在原始收购后对其进行重估并以公允价值入账。由于没有活跃的规范市场（例如 LSB），因此 IAS 38 规定的"活跃市场"要求在专利和其他知识产权领域存在很大问题。这样的市场尚不存在。

传统会计的状况是，当可比市场交易不频繁或不存在，以及无法计算其他公允价值时，报告企业将无法"可靠地"（客观地而非主观地）确定专利资产的公允价值。这是制度上的一个漏洞，它涉及专利和其他知识产权资产，导致公司资产方面缺乏财务透明度。

创新型公司面临的另一个问题是，根据 IAS 38 的规定，如果最初没有确认专利无形资产（即将其作为支出而不是资本化），则以后将无法以公允价值对其进行确认。因此，重估选择不太可能适用，尤其是对小企业。尽管 IAS 38 包含其他要求，但出于本书的目的，没有必要对这些方面进行讨论。

在 1999 年 2 月于布鲁塞尔举行的题为"无形资产的管理和核算"的研讨会的报告中，IASC 无形资产指导委员会主席吉尔伯特·吉拉德（Gilbert

Gelard）指出："IAS 38 是朝着单独确认无形资产方向迈出的重要一步，有助于使用者更好地了解无形资产投资的财务报表。"⑤ 然而，IASC 前秘书长布赖恩·卡斯伯格（Bryan Carsberg）先生⑥澄清道：

> 有关无形资产的知识，特别是如何对其进行评估，仍处于起步阶段。IAS 38 反映了这一学科当前的局限性，即侧重于报告无形资产的成本。利用财务和非财务指标进一步了解无形资产价值的需求越来越高，尽管这些指标也许不能作为财务报表的一部分。关于这个问题的争议非常大。IASC 将关注这方面的发展，在今后编制者和使用者在无形资产的价值方面获得更多的经验时，可以做更多的工作。⑥

IAS 38 的批评者认为布赖恩·卡斯伯格的声明并未增加无形资产资本化的可能性，反而限制了这种可能性，其对于无形资产问题的解决方式仍过于保守。根据隆德大学的乌尔夫·约翰逊（Ulf Johanson）教授和瑞典乌普萨拉大学的简·埃里克·格罗杰（Jan Erik Grojer）教授（已故）的说法：

> 必须指出的是，IASC 从未解决如何分类和标注无形资产的费用问题；也从未解决无形资产的定性信息问题……IASC 和其他国家准则制定机构的保守做法并不令人惊讶。准则制定机构不会在无形资产的会计问题上发挥带头作用；在复杂的问题上应当采取制定最佳实践的立场。⑥

从公司治理原则的角度看，传统公司账目中的知识产权资产披露目前尚无最佳实践。但重点在于，披露的内容比披露的形式更重要。因此，需要披露更多的公司知识产权资产和战略信息。披露和透明度将有助于促进更广泛的信任，使人们相信知识产权作为企业资产的潜在价值以及如何将这些知识产权用于支持商业目的。

加菲勒博士在评论 IAS 38 和会计术语时指出，无形资产引发了市场与账面价值之间的差距，换句话说，它没有充分地传达知识产权的价值。⑤

---

⑤ Gröjer J. E, Johansson U.（1999）Voluntary Guidelines on the Disclosure of Intangibles：A Bridge over Troubled Water?（February, 1999）Working paper presented at the Workshop Manage and Account for Intangibles 15 – 16, Brussels. Intellectual Capital Management Gathering（1999）.

⑥ 1995～2001 年，曼彻斯特维多利亚大学（Victoria University of Manchester）前会计和商科教授布赖恩·卡斯伯格爵士（Sir Bryan Carsberg）担任国际会计准则理事会秘书长。

⑥ 参见 www. ll – a. fr/intangibles/international accoutningh. htm.

⑥ In their report of a workshop entitled, To Manage and Account for Intangibles held in February 1999, Brussels as quoted at www. ll – a. fr/intangibles/international accounting. htm.

⑤ Ghafele R. Accounting for IP?（2010）5（7）Journal of Intellectual Property Law& Practice 521 – 530.

尽管存在这些观点，但似乎无形资产由会计处理的现行理念将基本延续，内部产生的专利资产的会计问题仍然存在。然而，从法律和技术的角度来看，IAS 38 规定的标准是不合适的。笔者认为，内部产生的专利与第三方购买的专利在法律或技术上没有实质的区别，不应在账目中予以区别对待。就创新型中小企业而言，专利对于其商业模式的价值要比在商业生命周期的早期他人愿意为其支付的价格高得多。换句话说，IAS 38 对处于业务早期阶段的创新型中小企业的负面影响要大于那些拥有强大贸易历史的大型成熟企业。创新型中小企业脆弱的资产负债表使它们处于弱势地位，2014 年英国知识产权评估报告证实了这一点：

> 专家组报告称，在何时以及如何将知识产权资产的价值列入公司资产负债表方面存在限制。从会计角度来看，知识产权的复杂性导致了其报告中存在问题，这可能导致以知识产权为基础的企业的脆弱性。[56]

他们发现，向中小型企业和初创企业提供贷款的方式与向拥有强大交易历史的大型企业提供贷款的方式相比存在显著差异。[57]

图 4.4 显示了内部产生的专利与获得的（购买的）专利相比报告价值的潜在差异。内部开发的专利 GB123456 与外部获得的专利 GB123456 在法律上和技术上完全相同。发明人、产生合法垄断的权利要求、专利权的期限和质量都是一样的。然而，就会计目的而言，专利 GB123456 的价值并不一致。这只是一个简单的说明，但它确实表明从法律和技术的角度来看，这种做法是不合理的。需要有一种方法使 X 公司的专利价值更接近 Y 公司的专利价值，从而使得制度对于专利开发者和专利收购者而言是公平的。

专利 GB123456 X 公司内部产生 发明人：史蒂夫·琼斯 权利要求：A、B 和 C 授权日期：2013 年 9 月 5 日	专利 GB123456 2013 年 9 月 6 日，Y 公司以 100000 英镑的价格从 X 公司收购 发明人：史蒂夫·琼斯 权利要求：A、B 和 C 授权日期：2013 年 9 月 5 日
开发成本 25000 英镑	购买价格 100000 英镑
财务报告专利价值：25000 英镑	财务报告专利价值：100000 英镑

图 4.4　内部产生的专利 GB123456 与获得的专利 GB123456

---

[56] Final Report from the Expert Group on Intellectual Property Valuation（2014）p 6.
[57] 同脚注[56]。

自 1999 年以来，一直有人认为对下列各项的要求不应存在区别：（a）从外部获得的无形资产；（b）内部产生的资产，无论它们是来自开发活动还是其他类型的活动。[58] 就专利抵押贷款而言，在获得的专利与内部产生的专利之间存在两个主要的不同之处，即按成本初始确认和计量公允价值。利奥（Leo）认为：

> 从严格意义上讲，获得的无形资产和内部产生的无形资产应当被同等对待，都是按成本确认的。然而，尽管这些资产在实质上是相同的，但允许对获得的无形资产以公允价值进行初始确认，却不允许对内部产生的无形资产进行初始确认。收购者可以获得内部产生资产的人无法获得的优势。[59]

IAS 38 建议在资产负债表的附注中显示智力资本。然而，此类附注非常简短，只是为了阐明和解释财务报表中的个别项目，通常来讲并不全面（见第 7 章）。但是，正如第 3 章第 3.3.1 节（"创新型会计管理"）中所建议的那样，扩大附注中有关知识产权资产定性材料的报告可能成为常态化的会计惯例。IAS 通过旨在促进国内标准（如英国和其他会计行业发达的国家）与国际标准之间长期协调的政策在全球享有很高的地位，另外，IAS 38 在国际上的影响也已经根深蒂固。按照目前的情况，IAS 38 加剧了内部产生的无形资产与获得的无形资产之间的不一致性，因为它似乎优先考虑历史成本。此外，它还限制了为贷款方和其他利益相关者开发有用的相关信息。尽管存在缺陷，但这是协调会计准则的代价。[60] 因此，知识产权和专利抵押担保业务的利益相关者可能属于进步派或改革派。专家组认为，有用的和相关的信息比传统上提供的信息更重要，传统上提供的信息客观性和可靠性高，但相关性和有用性较低。这个问题能克服吗？希格森（Higson）认为，进步派和传统派之间的区别是因为在会计框架内，对财务报表的目的缺乏明确的一致意见。如果不同的群体试图通过相同的媒介来达到不同的目的，那么冲突将不可避免。[61] 英国知识产权融资报告基本上坚持"传统派"观点。作者指出，"本报告不主张对……会计准则进行更改。揭示知识产权商业价值所需的步骤是建立在现有原则和惯例上的实际

---

[58] Leo K. Intangible Assets：Seeking Consistency（November 1999）Australian CPA, p 31.

[59] 同脚注[58]。

[60] Mathews M R, Higson A W. Potentially Dysfunctional Impacts of Harmonising Accounting Standards：The Case of Intangible Assets（2000）Massey University.

[61] Higson A W. An Alternative Basis for the Construction of a Conceptual Framework Incorporating Financial Reporting Discussion Paper Series 192. Massey University：Department of Accountancy and Business Law.

方法。"⑥ 因此，作者们接受了现状；他们不考虑通过引入其他（主观的和定性的）评估方法来衡量专利价值，从而建议对 IAS 38 进行修订。2014 年的英国知识产权评估报告也没有直接考虑会计准则或主张对其进行修改。

2001 年 6 月，美国 FASB 一致通过了第 141 号公告——企业合并和第 142 号公告——商誉和无形资产，其中，规定每个在美国开展业务的企业都必须确定其无形资产的"公平市场价值"，而不能依赖"历史"价值。⑥ 这项重要的会计政策发展要求美国公司采用更严格和可控的方法来跟踪和评估知识产权资产，从而增加公司对知识产权资产⑥的报告。这是英国的一个潜在的解决方案，将在第 5 章中进一步讨论。

从法律角度看，英国公司法在规定公司必须公开的会计报表的形式和内容方面大有作为。英国财务报表必须符合 2006 年公司法第 393～397 条和第 495 条的规定。只有在结果具有误导性，以致与相关财务报表的目的相冲突的情况下，才可以违背会计准则（无论是国内准则，还是国际准则）。在第 4.3.6 节中，笔者严格审查了 2006 年公司法第 393（1）条的要求，即公司的财务报表必须给出"真实且公平"的观点。要求账目显示出"真实且公平"的观点往往比其他任何要求都重要。⑥ 然后试图回答无形（专利）资产的传统会计处理（包括 IAS 38）是否符合这一首要的法律要求。

4.3.7 英国和国际会计准则的制定者如何与英国公司法要求相互交织

在英国，2006 年公司法第 15 条和第 16 条规定了公司账目、财务报告和审计的法律要求。就如同演员有自己的角色要扮演。关注制定新公司法的专业团队是最重要的。谁是"标准制定者"？谁是事实上的"公司法制定者"？在德国，会计师在德国国际会计准则理事会（根据德国商法典第 342 条）占据了上风，该理事会排除了对非获得性无形资产的确认。⑥ 在美国，联邦会计准则理事会是会计准则的制定者。这些强大的国家集团对会计概念的兴衰有着很大的控制权，它们大量地参与了关于 IAS 的讨论。澳大利亚政府倡议进一步研究

---

⑥ Brassell M, King K. Banking on IP? The role of Intellectual Property and Intangible Assets In Facilitating Business Finance Final Report（6 November 2013）Independent report commissioned by the UKIPO, p 16.

⑥ 参见 www. fasb. org/summary/stsum 142. shtml.

⑥ Neuhausen B, Schlank R, Pippin R. Accounting for Business Combinations, Goodwill, and Other Intangible Assets（2007）CCH Incorporated, p 246.

⑥ Atrill P, McLaney E. Accounting & Finance for Non Specialists（2002）Third edition, Pearson, p 127.

⑥ 德国商法典，由内殿上庭律师 A. F. Schuster 翻译。

无形资产问题，但该倡议没有被 IFRS 的其他成员所接受，主要是因为有部分成员担心解决这个问题会影响其成员的税务。**⑥** 全球会计准则的制定过程与英国会计准则的制定过程是相互交织的。尽管如此，通过会计来进一步确认知识产权无形资产的政治斗争仍在继续发展，而且势头日益强劲。

4.3.8　帮助知识产权所有人：违背 IAS 38 的法律依据？

有一些方法可以帮助需要应用 IAS 38 来评估其公司资产的知识产权和专利所有人。一种方法是解决传统会计客观/定量"衡量"问题，以克服由缺乏活跃的专利市场所造成的障碍。规范的专利市场将提供满足传统评估方法（客观和定量）所需要的信息输入，从而使专利资产能够进行交易，然后根据 IAS 38 进行确认。将来可能会出现专利市场，欧盟正在参与建立此类市场的倡议，**⑥** 但是它不太可能帮助创新型中小企业。与受监管的股票市场一样，只有一小部分公司完成了上市。这种方法让会计师们在自己的领域里自行其是，或者，建立完全违背 IAS 38 的法律权威，从而重申与财务报表有关的总体法律政策是其所包含信息的实质内容而不是形式。

在笔者看来，没有任何银行或贷款机构，也没有任何法律协会、公司法协会或专利律师协会积极参与关于 IAS 38 和无形资产会计处理的讨论。会计师继续控制着企业界和金融界的知识产权和专利资产财务确认的方向和增长。专利作为金融资产是会计师按照会计准则编制财务报表时公布的。如果专利资产没有反映在资产负债表上，并且完全列为支出，那么会计模型会低估公司股权的收益和账面价值。因此，贷款方对该公司的专利价值以及公司依靠这些专利创造未来财富能力的估计是有偏见（保守）的。所以，这项研究的主要目的是告知律师、专利律师和贷款方有关 IAS 38 直接导致的关键问题。这些利益相关者需要更充分地理解为什么 IAS 38 在显示英国和国际公司账目内部产生的专利资产方面通常没有帮助，因为这些资产经常被低估，从而导致潜在的不

---

⑥　Considering the effects of accounting standards: An Australian Response to the European Financial Reporting Advisory Group (2012) Institute of Public Accountants, pp 15 - 16.

⑥　Creating a financial market for IPR Final report for EU Tender No3/PP/ENT/CIP/10/A/N02S003, 5 December 2011. 在 2011 年 2 月 4 日会议的结论中，欧洲理事会邀请欧盟委员会探讨在欧洲建立知识产权评估工具的各种选择，特别是为了方便中小企业进入知识市场，并在 2011 年底向理事会提交报告。欧盟第 3/PP/ENT/CIP/10/A/N02S003 号招标文件的最后报告（2011 年 12 月 6 日）在第 10 章提出了进一步评估建立知识产权金融市场潜力的政策建议。政策建议 10 指出："在欧洲知识产权资产市场得到实质性改善以及市场参与者对该基础市场的规则清晰明了了之前，欧盟不应建立或支持知识产权金融市场。"完整报告可在 www.breese.blogs.com/files/creating - financial - market - fbr - ipr - in - europe_en.pdf 获得。

公平或不准确的信用风险评估。

这就导致了一个更严重的问题，即缺乏对创新型企业的支持从而限制了国内经济的增长——这些企业的处境比购买专利的 NPE 更糟糕。鉴于这一结果，不应低估以下法律问题的重要性。

4.3.9 根据 IAS 38 编制的财务报表是否给出 2006 年公司法第 393（1）条要求的"真实且公平的观点"？

公司的年度报表包括其财务报表，这些财务报表是可公开获取的文件。假设，如果这些财务报表向公众给出的对公司价值（股本）及其未来创造财富能力（当前收益）的估计是有偏见（保守）的，这意味着当前的会计报表无法给出对公司财务状况无偏见（真实且公平）的看法。这是一个重要的公司治理问题，因为董事会对公司的外部财务报告职能负有主要责任。2006 年公司法第 393 条规定，董事不得批准该账目，除非确信该账目对公司的资产、负债、财务状况和损益给出了"真实且公平"的观点。⁶⁹ 2006 年公司法第 393 条规定：

（1）公司董事禁止为本章之目的而批准账目，除非他们认为账目对下列对象的资产、负债、财务状况和损益给出真实且公平的观点：

（a）对于公司的个别账目；

（b）对于公司的集团账目，在牵涉公司成员的范围内，被包括在作为整体的合并中的事业。

（2）根据本法履行其与公司年度账目相关职责的公司审计师，必须将第（1）款之下的董事义务考虑在内。

2006 年公司法第 495（3）条规定，报告必须清楚载明，根据审计师的意见，年度账目是否：

（a）对下列事项给出真实且公平的观点：

（i）对于个别资产负债表，财务年度结束时公司事务的状况；

（ii）对于个别损益表，财务年度内公司的利润或亏损；

（iii）对于集团账目，在牵涉公司成员的范围内，作为整体被包括在

---

⑩ "真实且公平"一词最早出现在英国，源于 1948 年的立法。但是，先前的立法也使用了类似的用语。1844 年的公司法要求英国公司提交一份完整且公平的资产负债表，尽管这个短语的含义从未被定义。公司被要求编制完整且真实的账目。到 1900 年，审计师被要求陈述资产负债表是否编制得当，以显示真实且公平的观点。这句话一直保留到 1948 年。

合并中的事业在财务年度结束时事务的状况和财务年度的利润或亏损；

(b) 已经根据相关财务报告框架正当地编制；以及

(c) 已经根据本法（并且当可适用时，IAS 条例第 4 条）的要求编制。

编制反映"真实且公平"观点的账目是法律所规定的，具体来说，真实是事实问题，而公平则是法律问题，由法院来决定。"真实且公平"这一概念几十年来一直是英国公司法的一部分，也是会计和审计实务的核心。尽管如此，2006 年公司法和其他英国立法中都没有这一短语的法定定义。会计类的著作中也没有对"真实且公平的观点"进行定义。但是，该短语已经成为 FRC 研究和判例法将要讨论的主题。

第 393 条的实际效果是所有英国公司董事有义务确保财务报表不存在重大错报，并如实反映公司的财务业绩和状况。在较大的公司中，常务董事和首席财务官是重要的参与者，董事会通常高度依赖这些人员以确保准时和完整提供会计信息。这些公司人员负责监督内部会计制度，但是他们必须依靠会计师和审计师提供实际信息。在英国，审计师还必须考虑并在审计报告中说明公司董事是否履行了编制"真实且公正"的财务报表的义务。

合格的英国会计师和审计师通常由采用职业行为准则和道德、技术行为和能力标准的会计机构的成员担任。会计协会通常要求其成员遵守 IAS 和 IFRS 制定的会计准则。这意味着，为了避免职业过失，会计师必须遵守 IAS 38。相反，如果他们在履行会计职责时适用了 IAS 38，即使财务报表没有给出对知识产权和专利资产"真实且公平"的观点，他们也不会有过失。

在公司治理和公司法方面，提供会计信息是投资人和股东监督董事的关键环节。财务报告流程中的缺陷会导致公司治理效果的不完善。公司法披露要求在很大程度上得到了发展，从而保护了股东和债权人。公共政策的长期目的是提高透明度，从而在很大程度上防止由公司高估资产而导致的欺诈案件。2006 年公司法第 10 部分第 2 章第 171～177 条规定了董事的义务，旨在修订和编纂判例法，使其符合现代商业的预期。这些条款还试图阐明公司应当为谁的利益而经营。广义上讲，判例法中的董事义务旨在防止董事疏忽大意，并确保他们将公司利益置于自身利益之上。成文的法定义务具有相同的目的。第 172 条包括促进公司成功的义务。规定：

(1) 公司董事必须以其认为最有可能为公司成员的整体权益而促进公司成功的方式行事，并在这样做时考虑（与其他事项一起）：

(a) 任何决定最终可能的后果；

（b）公司雇员的利益；

（c）有必要促进公司与供应商、客户和其他人的业务关系；

（d）公司运作与社会和环境的冲突；

（e）公司维护高标准商业行为之声誉的愿望；

（f）在公司成员之间公平行事的需要。

该条编纂了判例法，旨在推行"合理的股东价值"（ESV）这一概念。时任英国贸易和工业部长的玛格丽特·霍奇（Margaret Hodge）议员在其关于董事改革的部长声明中明确指出，2006年公司法引入的义务包括：

> 可以从两种角度来看待董事义务法定声明：一方面，它只是将公司董事现有的判例法义务编纂成法典；另一方面，特别是第172条：为公司利益行事的义务，它标志着在阐明对公司有益与对整个社会有益之间的联系时出现了根本偏离。❼⓿

她指的是公司法中引入的ESV概念，即公司应追求股东的长期财富，确保基于更广泛利益相关者的利益的可持续增长和收益。根据麦克劳林（McLaughlin）❼❶的观点，尽管明确"什么对公司有益与什么对整个社会有益之间的联系"可能是激进的一步，但ESV不是。她认为它保留了股东利益在公司治理结构中的核心作用。由于董事是受托人，他们应该以诚信的态度行事以促进公司的成功。受托人是指自己与一方或多方（个人或团体）之间拥有法律或道德信任关系的人。通常，受托人为他人理财。董事与向公司投资的股东之间存在信托关系。

尽管上述义务与主要和核心的信托义务——善意地为公司最大利益行事——有着明确的联系，但是因为它没有明确的先例，所以董事对这一具有挑战性的新义务充满了担忧。❼❷在现阶段，该义务的性质和范围很难解释，因为与2006年公司法第10部分第2章规定的其他义务相比，它与先前的义务并不一致，而且在现有判例法和学术观点的指导下，所有解释都是推测。❼❸

然而，与董事促进公司成功必须考虑的事项，最相关的规定是第172（1）

---

❼⓿ McLaughlin S. Unlocking Company Law（2013）Routledge，p 320.

❼❶ McLaughlin S. Unlocking Company Law（2013）Routledge.

❼❷ Keay A. The Duty to Promote the Success of the Company：Is it Fit for Purpose? at//www. law. leeds. ac. uk/assets/files/research/events/directors – duties/keay – the – duty – to – promote – the – success. pdf pp 3 – 4. 这意味着想要成功，董事必须管理风险。董事对他们如何处理公司事务负责。诚信不仅包括狭义的审慎义务和忠诚义务，还包括必须指导受托人（董事）促进公司福利。

❼❸ 同脚注❼❷，第4页。

（a）条，从长远来看，任何决定可能导致的后果；第 172（1）（b）条，公司雇员的利益。董事需要确保公司有适当的资金来开展业务。如果公司运营的核心活动涉及内部产生的知识产权和/或专利，那么董事的核心事务应当是努力确保公司账目真实且公平地体现出知识产权的价值，为商业化所需的融资提供便利，为股东创造利润。资金不足将对公司的长期成功、利润和员工的工作保障（如果有）产生不利影响。第 172（1）条规定的董事必须考虑的事项并不详尽。

　　试想一下：如果内部产生的专利被系统地低估了，导致一家公司因无力为其经营活动提供资金而无法发挥成功的潜力，那该怎么办？董事们是否履行了对公司的职责？董事们是否以他们认为最有可能促进公司成功并使股东受益的方式行事？对只有一项内部产生的专利而没有其他资产的微公司的董事而言，承担促进公司成功的责任，IAS 38 所要求的会计处理问题，特别是在对股东和员工的责任方面，可能会受到董事的关注。如果一家内部产生专利资产的公司的董事在履行第 172 条规定的职责时，确实认为该公司因遵守 IAS 38 而处于不利地位，该怎么办？换言之，对其专利资产适用 IAS 38 规定的会计处理方法，不会得出"真实且公平"的观点吗？如果他们因为不相信这些账目真实且公平地反映了公司的无形资产而拒绝在第 393 条规定的账目上签字，那会如何？回答这些问题需要进行批判性的分析，即创新型中小企业的董事是否违反了 IAS 38 规定的法律，并对其内部产生的专利资产采用不同的会计处理方式（如第 6 章中讨论的 GSK 内部收益率）。这导致对在司法上审议"真实且公平"财务报表概念方面的法律研究进行评价。

　　从表面上看，"真实"一词在这里的意思是财务报表是真实准确的，是根据适用的报告框架（如 IFRS）编制的，不包含任何可能误导使用者的重大错报。公允价值主要是一个法律概念，旨在评估公平、合理或公正（法律术语）的金额。它不一定是为了反映可能的成本、市场或收益的评估方法。从法律角度看，公允价值的本质在于希望各方平等。对专利或其他知识产权的公平评估，是指在既无自愿买方也无自愿卖方的情况下，对被剥夺专利财产权的所有人给予公平补偿的数额。但是，英国 FRC 于 2012 年公布了其政策立场并解释了"真实且公平"的观点。

4.3.10　FRC 研究"真实且公平"观点的含义

　　FRC 宣布，对"真实且公平"最权威的解释是霍夫曼法官（Lord Hoffmann）和玛丽·阿登爵士（Dame Mary Arden）于 1983 年和 1984 年撰写的法律意见书，以及玛丽·阿登爵士于 1993 年撰写的法律意见书（以下简称"意见书")。此后，会计准则和公司法发生了重大变化，导致一些人质疑意见书中表达的观点是否仍然适用。FRC 委托马丁·摩尔（Martin Moore）提出进一步的法律意见（2008 年），以确定意见书中所采取的"真实且公平"的方法是否需要修改。FRC 报告：

> 摩尔先生在其意见书中赞同霍夫曼法官和玛丽·阿登爵士意见书中的分析，并明确英国在编制财务报表时，无论是按照国际会计准则还是英国会计准则编制，真实且公平的要求都是至关重要的。董事必须全面考虑他们批准的财务报表是否适当。同样，审计师在发表审计意见之前也必须作出专业判断。因此，该意见书明确，仅仅因为财务报表是按照适用的会计准则（重点补充）编制的，董事或审计师就得出结论是不充分的。

> FRC 认为该意见书是对英国财务报告完整性的关键贡献者的重要确认。❼

在 2011 年 7 月出版的 6 页的报告《真实且公平》❽ 中，FRC 明确证实了"真实且公平"概念的相关性。此外，根据 FRC 发布的第 338 号新闻公告，会计准则委员会和审计事务委员会重申了"真实且公平"的观点在英国 GAAP 和 IFRS 中的重要性。《真实且公平》（2011）第一页写道：

> 在本说明中，我们讨论了真实且公平要求的首要地位，以及其与编制者、管理者和审计师的相关性。

> 编制账目

> 马丁·摩尔在意见书中指出，随着时间的推移逐渐转向更详细的会计准则，"这并不意味着……现阶段财务报表的编制过程可以简化为遵循相关标准的机械编制，而无须运用客观的专业判断来确保这些报表能够给出真实且公平的观点或实现公平陈述。"

> 这种专业判断非常重要。

这一页还特别提到，这适用于"对评估作出判断，目的是给出真实且公平的观点"，以及"在账目流程的最后，确保账目总体上确实给出真实且公平的观点"。随后，FRC 就"真实且公平"和会计准则发表了以下警告声明，警

---

❼ The FRC at www. frc. org. uk/Our – Work/Codes – Standards/Accounting – and – Reporting – Policy/True – and – Fair. aspx.

❽ 参见 www. frc. org. uk/getattachment/55214e7d – 6e34 – 4c11 – af51 – 1b0533ec0c95/Paper – True – and – Fair1. pdf. ; The FRC has since published True and Fair（June 2014）available at www. frc. org. uk/getattachment/f08eecd2 – 6e3a – 46d9 – a3f8 – 73f82c09f624/True – and – fair – June – 2014. pdf.

告仅在极少数情况下可以违背准则：

> 真实且公平不仅是会计准则的单独附加。相反，准则的全部实质是以反映经济现实的方式对财务报告的具体方面作出确认、计量、列报和披露，从而给出真实且公平的观点。

> 会计准则是经过广泛协商和充分正当程序制定的。因此，在绝大多数情况下，遵守会计准则会得到真实且公平的观点，而与某一特定准则的分歧本身并不构成违背会计准则的理由。实际上，根据英国 GAAP 可知，过去几乎所有对"真实且公平"的推翻都是基于法律而非标准。

> 如果会计准则明确解决了某个问题，但是在特定情况下，解决问题的方案似乎与常识不符，那么解决办法通常是适当披露。

> 然而，在极少数情况下，如果董事和审计师认为遵循特定的会计政策不能给出真实且公平的观点，那么法律要求他们必须适用更加合适的政策，即使这样做会违背准则。正如 IAS 1 所述，企业不能通过披露来纠正不适当的会计政策。尤其当相关标准没有涵盖到具体情况时，更有可能出现这些情况。

> 如果公司为了给出真实且公平的观点而违背准则，并对违背准则的原因及其影响作出了适当解释，财务报告审查组将不会用自己的判断代替公司董事会的判断，除非不满意董事会采取的合理行为。在英国国内外，有许多事例已经根据 IFRS 使用了替代方式。⑦⑥

《真实且公平》报告（2011）仅涉及一般原则，未讨论任何特定的会计准则，也未提及无形资产或内部产生的专利资产。报告所依据的摩尔意见书⑦⑦也没有提及。在报告的结尾，作者向编制者、董事和审计师提出以下建议，以确保英国的账目继续提供高质量的信息：

- 始终保持中立并确保整个账目确实给出了真实且公平的观点；
- 尽管在极为罕见的情况下，做好准备考虑使用真实且公平的否决权；
- 确保他们在审议和记录中明确考虑到这些事项。⑦⑧

---

⑦⑥ True and Fair, FRC, July 2011 www. frc. org. uk/getattachment/55214e7d – 6e34 – 4c11 – af51 – 1b0533ec0c95/Paper – True – and – Fairl. pdf.

⑦⑦ Moore QC M. Opinion（2008）entitled "The True and Fair Requirement Revisited for the FRC. Moore QC, wrote a further opinion for the FRC entitled," International Accounting Standards and the True and Fair View dated 8 October 2013, available at www. frc. org. uk/getattachment/5d0b34be – 5742 – 41d8 – a442 – 6ad22d2b878e/Martin – Moore – QC – Opinion – 3 – October – 2013 – sig. pdf, in which he reiterated at paragraph 76 that accounts which are not useful to readers will not be true and fair.

⑦⑧ 参见 www. frc. org. uk/FRC – Documents/FRC/Paper – True – and – Fair. aspx at p 4.

2013 年 10 月 3 日，FRC 主席霍格男爵夫人（Baroness Hogg）报告称，管理报告（使管理层承担责任）应作为财务报告的主要目标而不是作为提供决策有用信息的子集纳入概念框架。[79] 在该法律分析中作者认为，在现代创新经济中，内部产生的专利资产并不是极为罕见的而是司空见惯的。此外，IAS 38 明确规定了无形资产的会计处理，但笔者认为，适用 IAS 38 的结果（由于本章前面详述的原因）似乎并不符合常识。在这种情况下，根据 FRC 的观点，解决方案是适当披露。这意味着要进行额外的叙述性披露。内部产生专利的公司可以自愿准备新的智力资本声明，这是相当一部分会计专业人士所提倡的，而且在丹麦已经被强制实施。或者，可以使用另一种形式的公司叙述性报告来补充公司的传统财务报表。智力资本声明的格式将在第 5 章讨论。

然而，摩尔在给 FRC 的意见书中明确指出，"真实且公平"的要求是一个总体概念，并不等于遵守会计准则。因此，即使公司遵守了会计准则，如果账目未能给出"真实且公平的观点"，那么它们就是不充分的。这是会计师的问题，还是公司律师和法院的问题？摩尔指出，争论违规的财务报表给出了"真实且公平"的观点或给出了公平的陈述的范围是非常有限的（第 38~40 段）。在确定一家公司的账目是否显示了"真实且公平"的观点时，法院在很大程度上依赖于专业会计师的常规做法［第 8（c）段］。在这一点上，会计师似乎在 IAS 38 上占据了主导地位。摩尔认为：

8（C）……这是因为这些实践反映了经验和良好专业实践的积累，并塑造了账目用户对信息数量和质量的充分性和实用性的期望。[80]

进一步，

（D）遵守标准会计惯例相关声明中规定的公认会计准则，是符合真实且公平标准的初步证据，反之亦然。

（E）这一概念的应用涉及对程度问题的判断。商人和会计师对准确性或全面性的认识程度可能不同，对采用真实且公正的观点所使用的方法可能存在差异并且对财务状况可能会有多种看法，其中任何一种观点都可以被称为真实且公平的。

然而，摩尔接下来说明的，是支持内部产生专利的公司的一个重要论点：

（F）这一概念是动态的、不断发展和不断再生的。因此，公司法附

---

[79] Accounting Standards are part of Legally Binding Corporate Reporting Framework（3 October 2013）FRC available at：https：//frc. org. uk/news/october – 2013/accounting – standards – are – part – of – legally – binding – c.

[80] Moore QC M. Opinion（2008）entitled, True and Fair Requirement Revisited for the FRC, p 38.

表的详细条款必须服从编制账目的首要要求，即给出真实且公平的观点。

几乎没有判例法专门解决账目是否显示出"真实且公平"观点的问题，也没有判例法专门解决内部产生的专利资产与获得的专利资产处理不一致的问题。然而，在 HMRC 诉 William Grant & Sons Distillers Limited❸ 案中，涉及是否按照"商业会计的正确原则"计算损益的收入问题，以及是否确实显示了真实且公平的观点。2000 年，巴塞尔银行监管委员会得出结论，在缺乏活跃市场的情况下，很难获得或计算以成本价持有的某些非市场金融工具的可靠公允价值。委员会的结论是："对所有金融资产和负债规定完全公允价值会计准则的时机尚不成熟"。❷ 但是笔者认为，现在时机已经成熟。鉴于会计界和其他机构的兴趣和支持与日俱增，需要修改 IAS 38 以包括和处理有关无形资产的定性信息。这需要具备相关法律和技术知识的法律专业人士和专利律师的参与。法院可以评估给出真实且公平信息财务报表总体概念的重要性，而不是当前的情况——财务报表提供客观但不一致、不完整的无形（专利）资产信息。

IASB 的财务报表编制和列报框架（"框架"）规定了会计惯例所依据的概念。它的范围与 ASB 于 1999 年发表的财务报告原则声明相似。该声明明确提及"真实且公平"的要求，并规定：

> 12. 真实且公平概念的本质是，除非财务报表所包含的信息在数量和质量上足以满足读者的合理预期，否则不会给出真实且公平的观点。这种预期会随着时间的推移发生变化，董事会试图通过其会计准则和其他权威公告对这些预期作出回应并施加影响。因此，原则声明有助于这一概念的发展。

> 13. 然而，原则声明并没有界定真实且公平的含义——它通常是详细的法律要求、会计准则以及（在没有这些要求的情况下）公认会计惯例本身的其他证据决定财务报表的内容。然而，由于该声明旨在帮助制定标准的高位阶会计准则，它以具有真实且公平的观点为基础。它坚持把相关性和可靠性作为衡量财务信息质量的主要指标只是其中的一个例子。

正如我们所知，吸收了 IAS 38 的英国 GAAP 将确定从 2015 年 1 月 1 日起为公司年度收益的财务报告要素确认和计量无形资产，导致 IAS 对无形资产的

---

❸　[2007] UKHL 15. See also See *Balloon Promotions Limited v Wilson*（*Inspector of Taxes*）3 March 2006 SPC00524；*Odeon Associated Theatres v Jones*（*Inspector of Taxes*）[1971] 1 WLR 442；*Gallagher v Jones*（*Inspector of Taxes*）[1994] Ch 107.

❷　巴塞尔银行监管委员会（2000）。向七国集团财长和中央银行行长报告国际会计准则。

机械适用。

4.4 真实、公平地了解内部产生的无形资产

现在，通过判例获得司法意见的时机已经成熟，该意见将集中讨论 IAS 38 的适用是否对公司内部产生的无形资产给出了"真实且公平"的观点。如果某一特定 IFRS 具有误导性（如 IAS 38），以致与框架中所列财务报表的目的相冲突，那么 IAS 1 允许违背 IFRS。IAS 1 的规定被 EC 1725/2003 采纳，因此，允许违背 IFRS 的能力通过这一方法被采纳。❸ 英国法院可能会考虑诸如 IAS 38 之类的会计准则，但在公司财务报表是否给出"真实且公平"的观点方面，不受这些准则的法律约束。法院在作出裁决时，可能会考虑会计师、律师、专利律师和贷款方提出的其他证据和专家证据。对于专利资产或无形资产，特别是创新型中小企业，是否有特殊情况需要制定新的财务标准？

为了回应这一问题，会计专家可能会辩称 IAS 38 仍然是适用的，因为在他们看来，使用公认的会计方法无法可靠地衡量资产的预期经济利益流向企业的可能性。此外，他们还指出，对有形资产和无形资产应该一视同仁。然而，律师们知道公平不等于平等，而平等也并不总等同于公平。区别对待不同的情况（或者就我们的目的而言，对待资产类别）可能是公平的。例如，想象一位老师把巧克力放在一个高高的书架顶部，让班上最高和最矮的学生试着去拿它，这是平等的，但却不公平。如果较矮的学生得到了帮助，这虽然不平等，但却是公平的。

假设，如果法院裁定适用 IAS 38 并没有对公司的财务状况给出"真实且公平"的观点，因此，允许在处理内部产生的无形资产（专利资产）时违背 IAS 38 的规定，那么替代方案是什么？如何放宽 IAS 38 所规定的严格标准？国际会计机构应该采用什么新的概念框架？这些问题的答案很重要，但超出了本书的范围。

董事会需要参与知识产权评估，以确保其公司知识产权资产组合可以为股东带来价值。为了评估回报率并就投资组合作出更明智的决策，他们需要关于未来价值创造潜力的更相关、更准确、更及时的信息。知识产权评估是出于各种商业原因进行的，通常是事件驱动的，而不仅是为了满足法律或监管公司治

---

❸ Moore QC M. Opinion entitled, True and Fair Requirement Revisited for the FRC, p 38.

理的要求。❽ 就知识产权评估方法而言，这就要求新的知识产权事实和战略信息输入成为知识产权评估体系的一部分，并超越既定的指标，因为企业知识产权资产的未来价值是由环境驱动的。这些输入通常可以从公司内部获得或者从公开的信息源处获得。评估方法❺需要有效地证明管理得当的公司知识产权资产可以产生价值，而不仅成为一种沉没成本（过去发生且无法收回的成本）。沉没成本与公司可能面临的未来成本不同，因为它们被排除在未来商业决策之外，但无论决策的结果如何，成本都是一样的。事实上，根据英国知识产权评估市场的最新研究，每年对知识产权进行正式评估的公司可能不到 5000 家，尽管进行此类评估所涉及的费用可能是一个障碍。❻ 考虑到当代企业对无形资产的大量投资，这一数字令人惊讶，而且从公司治理的角度来看也是一个令人担忧的问题。

　　在上文第 4.3.7 节中，我们注意到，如果内部产生的专利资产适用 IAS 38 的结果不符合常识，那么在这种情况下（根据 FRC），合适的解决方法是替代性披露公司财务。在第 5 章中，笔者将研究在现行英国公司法报告框架内，知识产权资产附加叙述性报告（披露）的可行性和智力资本报告的格式。

---

　　❽　Brassell M. and Maguire J. Hidden Value：A Study of the UKIP Valuation Market（August 2017）independent report commissioned by the UKIPO, p 64.

　　❺　知识产权评估的成本法、市场法和收益法目前已纳入相关行业标准。可以对这些标准进行修订，以提供关于特定类别知识产权评估的额外指导。

　　❻　Brassell M. and Maguire J. Hidden Value：A Study of the UK IP Valuation Market（August 2017）independent report commissioned by the UKIPO p 9. 本报告对于那些寻求更深入了解知识产权评估需求、方法和专业实践等各种目的的人来说是非常宝贵的。

第四部分

公司治理层面：在知识产权报告中制定实践规范

第 **5** 章
公司知识产权资产报告的透明度

没有透明度就无法问责。

玛丽·L. 夏皮罗（Mary L. Schapiro）

2009～2012 年美国证券交易委员会第 29 任主席

介 绍

我们对英国的公司知识产权资产披露文化和公司知识产权资产价值的理解很少。本章旨在更好地理解创新型公司如何处理知识产权信息和战略报告，以提高透明度，从而加强公司的责任感和管理。在第 4 章中，笔者证实了现行的英国公司报告和披露法律在无形资产方面依赖于 IAS 38，可以说，这些法律还不足以对创新型中小企业资产负债表内部产生专利资产给出"真实且公平"的观点。有人认为，在公司知识产权资产和价值创造战略问题上，旨在增加股东价值的现有公司治理原则要求更高的透明度和披露水平。真实且公平的观点是英国和欧盟法律的要求，并且同样适用于根据 UK GAAP 和 IFRS 编制的账目。但是，鉴于目前使用的会计方法在可预见的将来可能会继续使用，因此，建议加强知识产权信息的自愿披露以及从知识产权资产中产生未来价值的经营战略。这种披露将补充传统的财务报表，从而随着时间的推移减少信息差距，并增加公众对知识产权作为一种资产类别的信任。从公司治理的角度来看，股东和其他外部人士需要准确、相关和及时的信息，以便评估负有管理公司知识产权资产法律责任的公司董事是否确保了这些资产的合理回报。此外，此类信息的披露将有助于利益相关者确定公司知识产权资产的可预测性，并考察董事的行为是否符合公司的利益而其非自身利益。在 York Building Co. 诉 MacKenzie 案（1795 年）中，法院认为：

对于接受他人利益委托的人，不能允许他将他人利益作为自己的利益对象。由于天性的脆弱，有权力的人很容易陷入一种倾向，即利用这个机会牺牲委托人的利益为自己谋利。❶

更进一步的目的是增加知识产权资产自愿披露以支持创新融资的需要。金融家和其他利益相关者是财务报表的主要使用者。为了支持创新，作出积极而审慎的信贷决策至关重要。曾任印度管理学院金融学教授的巴塔查里亚（Bhattacharya）证实，在信用评估方面"附加信息可能有助于使用者了解企业的财务状况和流动性。鼓励披露这些信息和管理层的评论。"❷ 信用评估包括评估各种信息以便作出贷款决定。这包括公司注册处的记录、信用记录、自动化工具和评分系统。劳埃德银行集团的制造业主管理查德·霍登（Richard Holden）表示，目前中小企业债务融资市场的现状是：

> 目前，这些项目很少包括无形资产或知识产权；它们没有得到提议或要求——它们不在议程上。因此，在大多数情况下，信贷决策过程不太可能在任何程度上考虑知识产权。无论如何，目前对知识产权的关注是巨大的飞跃，至少在了解一家公司的整体状况时，它可能会在是否做某事上给予帮助。虽然即使考虑到这一点，贷款数额也不一定会增加或直接分配给知识产权，但可能会造成提供或不提供贷款之间的差别。❸

公司的无形资产与企业报告的法律要求之间存在脱节。目前，要提高向贷款方和其他融资方自愿提供的知识产权信息质量，至少在开始阶段，需要一种带有非标准形式或程序的格式文本。除非有标准化的方法，否则银行将以某种方式转嫁这一成本。❹ 至关重要的是要使贷款方尽可能容易地理解知识产权资产信息，特别是要让"看不见"的知识产权和专利价值能够"看得见"，从而为财务决策提供信息。自愿性公司叙述性报告的目的是对财务报表进行补充，通过将数字与公司董事和独立审计师签署的叙述性账目保持一致，使有关公司资产价值的信息更加透明。

在本章中，第5.1节概述英国2006年公司法规定的公司报告。第5.2节

---

❶ York Building Co v MacKenzie（1795）3 Pat 378.

❷ Bhattacharya H. Banking Strategy, Credit Appraisal mnd Lending Decisions: A Risk – Return Framework（2010）, Oxford University Press, Oxford, p 464.

❸ Brassell M. and King K. Banking on IP? The role of Intellectual Property and Intangible Assets In Facilitating Business Finance Final Report（6 November 2013）Independent report commissioned by the UK IPO, p 61.

❹ 同脚注❸，第62页。

研究英国和欧盟关于公司（中小企业和上市公司）报告水平的法律，从而回答以下问题：在目前使用的会计方法中，公司披露法是否可以涵盖无形资产？[5] 此外，"公司董事在管理和确保专利和其他知识产权资产获得合理回报方面负有什么法律责任？"如果能确定哪怕只有 5% ~ 10% 的可预测性，都将是一个重大改进，并且能够为利益相关者带来更好的结果。只要资产负债表上没有内部产生的专利、知识产权和其他无形资产的位置，公司法就需要确保这些由董事负责的潜在创造价值的公司资产不被忽视，也不对股东和公众隐瞒。如果因为会计报表无法充分记载专利和知识产权与企业绩效之间的关系，所以评估知识产权价值的传统会计方法是一个"无能的看门人"，那么，法律必须加紧面对传达这些关键信息方面的挑战。第 5.3 节讨论加强知识产权信息披露的好处，尽管会增加监管负担和成本。最后，第 5.4 节分析专利信息披露的格式。

5.1　依据英国 2006 年公司法制定的公司报告

自 1844 年首次进行公司注册和公司合并以来，公开披露一直是公司法的重要内容。关于如何在财务报表中对无形资产进行会计核算和报告的争论已经存在了一个多世纪。[6] 如今，私营微企业和中小企业以及大多数未上市的英国公司都是按照一套可供公众查阅的年度财务披露要求操作的。2006 年公司法第 854 条要求每家公司向公司注册处提交年度报表。年度报表列出了公司在每年特定日期（其报表日期）的基本信息。这种定期年度报告很少考虑到专利或其他知识产权的长期性质。[7] 鉴于 2006 年公司法通过 ESV 概念体现了组织的可持续性和长远的眼光，以及对第 172 条规定的董事义务的修改包括了促进公司成功的义务，公司必须制订一种报告无形（专利）资产的方法，以反映其在中长期内为企业提供的价值。知识产权和专利作为公司资产，有可能为企业的营利能力、潜在垄断期内的长期增长以及最终的成功作出贡献。可以说，专利是一种更容易报告的无形资产形式，原因有二，专利需要注册；而且，由于涉及成本，公司董事将意识到它们的存在。与其他无形资产（如专有技术、

---

[5]　The Perfect Storm: Corporate Disclosure, Shareholders, and the Importance of Intellectual Property, at www. ipprospective. com/portfolio – potential/the – perfect – storm – corporate – disclosure – shareholders – and – the – value – of – intellectual – property/.

[6]　Canibano L, et al. The Value Relevance and Managerial Implications of Intangibles: A Literature Review (1998) OECD, Directorate for Science, Technology and Industry, p 19.

[7]　Binctin N. and Bonnet G. Le Capital Intellectuel (2007) LexisNexis, France.

秘密信息和版权）相比，这种意识水平可能更高，因为其他无形资产都是未注册的权利，无须缴纳注册费。所有公司无论大小，都拥有知识产权资产。以下各节将讨论英国公司报告要求，无论这些企业是中小企业还是上市公司。

5.2 中小企业、上市公司和企业知识产权信息披露

每家公司都必须保留会计记录，这些记录必须在特定时间点准确地显示公司的财务状况。❽公司的年度账目包括资产负债表、损益表和董事报告，❾ 如果公司不能免于审计，还应当包括审计报告。❿

当前，小公司可以向公司注册处提交简略的账目，但仍需向股东提交完整的账目。如果满足以下三项要求中的两项，则属于 2006 年公司法第 382 条定义的"小型"公司：（1）公司的年营业额不超过 560 万英镑；（2）公司的总资产不超过 280 万英镑；（3）公司的雇员人数不超过 50 人。这意味着中小企业可以向公司注册处提交依法创建的较短的账目，因此公开的公司信息就更少了。《小型实体财务报告准则》（*The Financial Reporting Standard for Smaller Entities*）（2015 年 1 月 1 日生效）为法律要求提供了详细指导。⓫ 如第 4 章所述，董事不得批准账目，除非他们认为账目满足 2006 年公司法第 393 条的规定，对公司的资产、负债、财务状况和损益给出了"真实且公平"的观点。根据法律要求，被归类为小型实体的公司可以选择不随账目提交董事报告。小公司可以以牺牲透明度为代价，通过减少财务报表中的披露和选择不提交董事报告来合法地减轻监管公司报告负担。

5.2.1 公司年度报告和知识产权资产信息披露

年度报告的内容比以往更长、更丰富（这使公司准备年报的成本更高了），但重要的知识产权信息仍难以被识别。2012 年，全球专业会计师机构（ACCA）调查了英国、美国和加拿大三个普通法司法管辖区的 500 名年度报告用户。调查报告指出，股东（股权投资者）是年度报告的首要受众，其需求必须放在公司报告未来发展的核心位置。50% 的调查答复者表示年度报告是

---

❽ Section 386 CA 2006. Failure to keep accounting records may be punished by a fine and/or two years' in jail；section 389 CA 2006.

❾ 2006 年公司法第 415 条。

❿ 中小企业通常不需要对其账户进行正式审计。

⓫ The Financial Reporting Standard for Smaller Entities （July 2013） FRC：www. frc. org. uk/Our － Wdrk/Publications/Accounting － and － Reporting － Policy/FRSSE － （effective － January －2015）. aspx.

他们的主要信息来源；然而，超过 1/4 的样本人员（26%）认为他们很难从报告中评估一家公司的业绩。[12] 德勤会计师事务所的研究表明，其样本中2014/2015 年年度报告的平均篇幅为 135 页，但是，对 2015 年英国特许金融分析师（CFA）关于财务报告和分析的年度调查作出回应的投资者中，有 55%认为大多数年度报告忽略了有关公司财务业绩和地位的重要信息。[13]

5.2.2　董事报告和先前业务审查

2006 年 1 月，英国政府将业务审查[14]引入董事报告以进一步告知股东，[15]这一举措是基于最佳实践，而非强制性的运营和财务审查（OFR）报告标准（RSI）。[16] 业务审查旨在对公司业务进行公正的审查，并描述公司面临的主要风险和不确定性，以及其他事项。

请注意，如果公司的股票在欧盟境内的证券交易所、纽约证券交易所或美国纳斯达克证券市场公开上市，2000 年金融服务和市场法（FSMA 2000）[17] 规定的公开披露就会要求业务审查报告其他事项，包括公司业务未来发展、表现和状况的主要趋势和可能的影响因素。因此，如果专利权可能对业务产生影响，则必须披露这些权利的相关信息。FSMA 2000 还要求提供半年度财务报告以及中期管理报告。[18] 例如，在生命科学或技术公司中，专利组合的价值可能是评估公司价值的核心。必须披露与专利相关的主要风险有：（1）涉及专利组合的重大诉讼；（2）涉及对业务运营至关重要的专利的撤销程序。另一个应该披露的不太明显的风险是公司拥有的专利权到期。如果披露具有潜在的财务影响，并有助于公众评估上市公司业务的未来发展、表现和状况，换句话说，如果披露是法律规定的重大披露，则此类披露是法律强制要求的。

---

[12]　Accountancy Futures，Re‐assessing the Value of Corporate Reporting（2012）Association of Chartered Certified Accountants，p4：［2014‐10‐10］. www. accaglobal. com/content/dam/acca/global/PDF‐technical/financial‐reporting/reassessing‐value. pdf.

[13]　CFA UK Annual Survey on Financial Reporting and Analysis（21 January 2015）CFA Society UK available at https：//secure. cfkuk. org/assets/1345/Analysis_of_FRAC_survey_2015. pdf。CFA 协会是全球投资专业人士协会。它在 140 个国家/地区拥有 10 万多名成员，其中 9 万多名成员都有特许金融分析师（CFA）称号。

[14]　2006 年公司法第 417 条。

[15]　2006 年公司法第 172 条。

[16]　Yeoh P. Narrative Reporting：The UK Experience（2010）52（3）International Journal of Law Management 211.

[17]　通过金融服务管理局（FSA）依据金融服务及市场法案（FSMA 2000）发布的披露和透明度规则。

[18]　披露和透明度规则（DTR）的规则 4。

5.2.3 英国公司法：战略报告

叙述性报告（即先前业务审查所需要的信息）的改革是更广泛改革议程❿的一个部分，该议程旨在通过使公司报告"更简单、更清楚、更集中"❷，并"提高公司问责制和透明度"，来实现公司法的现代化。❷ 2012 年 10 月，英国以《2013 年〈2006 年公司法〉（战略报告和董事报告）条例》（SR 条例）的形式修订了叙述性报告结构。SR 条例引入了适用于所有公司的"战略报告"，并自 2013 年 10 月起，通过新的 2006 年公司法第 414A ~ 414D 条规定取代了上述的先前业务审查。战略报告的要求与业务审查类似（上市公司除外，上市公司必须提供定性信息，以便了解其业务模式和战略、性别多样性、人权和温室气体排放方面的发展、表现和状况）。报告的改革展现了在政府认为符合公共利益的各种主题上进行叙述性披露的重要性（对于不被列为"小型"范围的公司而言）。战略报告使公司能够从战略、业务模式以及公司面临的主要风险和挑战开始讲述其故事。❷ 对智力资本、无形资产或知识产权的报告没有特别规定。这种形式可以为创新型中小企业提供自愿展示其专利战略和业务模式的机会。这些改革表明，自愿披露专利信息和战略将被积极视为创新型中小企业与其利益相关者沟通的有力手段。FRC 在 2015 年 12 月题为"清晰简明：叙述性报告的发展"（*Clear & Concise*：*Developments in Narrative Reporting*）的报告中证实，尽管仍有进一步改进的空间，但自引入战略报告、更加注重重要性以来，公司报告的总体质量有所改善，并且一些公司在发展最佳实践方面处于领先地位。❷

5.2.4 欧洲公司报告改革

2013 年 4 月，欧盟发布了一项指令的草案，要求大型上市公司在其年度报告中列入非财务信息的额外披露，类似于战略报告中的披露要求。英国已实

---

❿ Encouraging Employers to Use Human Capital Reporting：A Literature Review of Implementation Options，（February 2013）Briefing Paper，p 8.

❷ 同上，第 17 页。

❷ The Coalition：Our Programme for Government（May 2010）HM Government. 2015 年小企业、企业和就业法案（Small Business，Enterprise and Employment Act 2015）进一步简化了小企业的法定申报要求，将年度申报表改为"检查、必要时通知变更并确认"的要求。每 12 个月至少提供一次法定资料。

❷ Better and Simpler Company Reporting（12 June 2013）：www. gov. uk/government/news/better – and – simpler – company – reporting.

❷ Clear & Concise：Developments in Narrative Reporting（December 2015）Financial Reporting Council，cil，p 1.

施新的 2017 年欧盟非财务披露指令。欧盟非财务报告条例将第 414CA 条和第 414CB 条纳入英国 2006 年公司法，补充了 2006 年公司法第 414C 条规定的现有战略报告要求。该指令适用于自 2017 年 1 月 1 日起或之后开始财务年度的公司和符合条件的合伙企业。这些新要求有可能通过要求报告公司业务模式，来增加对非财务信息的报告、多样性以及对有关 2006 年公司法第 172 条和潜在的战略知识产权信息的更好报告。❷ 这项全欧盟范围的改革突显出披露非财务信息的重要性日益增强，将有利于拥有专利的实体。

关于中小企业，欧洲议会已经通过了有关微实体的某些类型公司年度账目的第 78/660/EEC 号指令，将欧盟的会计要求合并为一项指令，放宽了对小公司的会计规则。❷ 该指令于 2013 年生效，并特别基于以下目的更新了欧盟的会计框架：

- 允许微实体编制一份非常简单的资产负债表和损益表，几乎不需要附注（指令 2012/6）。微实体是指员工人数少于 10 人、营业额不超过 70 万欧元和/或资产负债表总额不超过 35 万欧元的公司；❷
- 减少小公司在账目附注中提供的信息；
- 取消欧盟对小公司进行审计的要求（尽管成员国可以采取更适当的方法）。

英国政府于 2013 年 11 月批准了 2013 年小企业（微实体账户）条例，对微实体实行主要（但可选的）会计豁免。该指令的序言明确规定：

（10）本指令的目的是使成员国能够为微实体创造简单的财务报告环境。公允价值的使用可能导致需要进行详细披露，以解释确定某些项目公允价值的依据。鉴于微实体制度规定以账目附注形式进行非常有限的披露，微实体账目的使用者将无法获知资产负债表和损益表中所列金额是否包括公允价值。因此，为了在这方面为这些使用者提供确定性，成员国不应允许或要求利用本指令提供的任何豁免的微实体，在编制其账目时使用公允价值基础。希望或需要使用公允价值的微实体仍可在成员国允许或要求使用时，使用本指令下的其他制度。❷

---

❷ New UK Annual Report and Requirements to Disclose Human Rights, Diversity and Greenhouse Gas Emissions (20 June 2013) Linklaters UK Corporate Update.

❷ 2012 年 3 月 14 日，欧洲议会和欧盟理事会第 2012/6/EU 号指令修订了理事会第 78/660/EEC 号指令中关于微实体的特定类型的公司年度账目，参见 2012 年欧盟官方公报第 L81/3 页。

❷ 同脚注❷。

❷ 同脚注❷。

这一发展呼应了适用于英国小公司的现行法规和立法，大大降低了法定公司报告的要求。因此，在英国和欧盟，创新型中小企业报告专利信息的情况并不常见，甚至不会在账目附注中报告。

5.2.5 英国董事报告

法律规定董事有义务编制董事报告，该义务具有重要意义，不履行将构成刑事犯罪。公司披露是一种工具，用于督促公司董事作出被认为是可取的行为。[28] 董事会或个别董事需要确保专利组合的公司管理符合2006年公司法的要求。即使资产负债表掩盖了专利资产和其他无形资产，董事们也不能忽视其监督这些活动的责任。因此，叙述性报告（例如战略报告）是对会计报告的补充，阐述了董事们对未来前景的看法和他们必须减少的风险。业务判断规则[29]认为，商业决策最好留给董事会，法院不是商人，它们不愿对商业决策进行事后猜测。虽然业务判断规则是相关考虑因素，但此类业务判断必须因董事得到适当通知而产生。只要他们这样做，就不会仅仅因为一个决定被证明是糟糕的而承担责任。但是，本节需要与2006年公司法第174条结合阅读，该条规定了履行合理的谨慎、技能和勤勉义务。[30] 需首要考虑的是，董事会确保股东得到了适当通知，并向股东提供准确、相关和及时的信息。[31] 对于公司的知识产权资产，应根据法律要求在董事报告和战略审查中披露适当的信息。股东处于弱势地位，因而有理由对寻求帮助、建议或保护以保障其投资的董事给予信心、信赖和信任。[32] 正如我们在第4章中所看到的，董事会的每位董事都对公司负有法定责任，必须诚信地监督公司资产，包括任何知识产权和/或专利组合。[33] 这些规定指导着董事的管理活动，并确定他们是否采取了合适的行动。[34] 然而，从公司治理的角度来看，知识产权资产的公司报告中仍存在需要解决的不足。此外，法国法律学者尼古拉斯·宾辛丁（Nicolas Binctin）教授对被视

---

[28] 2006年公司法第232~235条。

[29] 正如艾尔登（Eldon）勋爵在 Carlen v. Drury（1812）1 Ves & B 149 案中所述："并不是每次都需要法院来管理王国中的每个娱乐室和啤酒厂。"

[30] Keay A, Kosmin L. Directors' Duties（2014）Second edition. Jordan Publishing, Bristol.

[31] Marenberg B. What Corporate Directors Need to Know About Intellectual Property（9 March 2010）Life Science Lender Magazine.

[32] Hospital Products Ltd. v US Surgical Corporation（1984）156 CLR41, 68.

[33] 2006年公司法第170（1）条和第172条。董事不对个人股东或公司中的其他利益相关者承担责任：Percival v. Wright［1902］2 Ch 421。

[34] Keay A, Kosmin L. Directors' Duties（2014）Second edition. Jordan Publishing, Bristol. 董事的职责可能不被限制、免除或外包，但公司可以购买保险，以弥补董事违约时的费用。

为表外资产的关键专利的异常情况感到担忧，这些专利到期后可能会因为对营利能力产生不利影响而不得不在年度报告中披露。他还对公司知识产权资产信息披露中存在的年度报告周期的不足、知识产权资产的折旧（相反，通常会随着时间的推移而增值），以及根据会计准则对知识产权资产进行重估的困难表示担心。❸ 在一些情况下，未能披露重要的公司知识产权资产和战略，甚至可能给第三方传递对报告实体的误导性看法（非"真实且公平"）。考虑到公司在谋求股东利益时与利益相关者（如融资者和贷款方）的关系，ESV 概念要求董事在决策时更具包容性。❸ 公司的独立审计师有责任确保董事报告中的陈述与财务账目一致。接下来，我们再考虑为什么自愿报告专利信息对创新型中小企业是积极的一步，即使它们在法律上没有义务这样做。

5.2.6　英国上市公司：根据战略报告披露知识产权

2006 年公司法根据公司类型规定了不同的报告级别。虽然英国股份有限公司的知识产权披露水平高于中小企业，但依然很弱。第 414A 条要求所有规模不小❸的公司编制战略报告。在公司是母公司且由公司董事编制集团账目的财务年度内，战略报告必须是与被包含在合并中的实体相关的集团战略报告。❸ 公司要求的披露程度将根据公司类型和规模而异。但是，FRC 指南没有在此基础上加以区分。无论是否存在明确的法定披露要求，为了解实体❸的发展、表现、状况或未来前景所必需的重要信息都应在战略报告中披露。这是一项强制性要求。关于智力资本［包括无形（知识产权）资产］，FRC 陈述如下：

> 表外资产
> 大多数公司都会讨论它们的员工；现在这是一项"必要程度上"的要求，因此并不值得惊讶。但只有 36% 的公司会超出这一范畴来讨论其他无形资产，比如品牌、智力资本和自然资源。表外资产通常是对公司未来成功最重要的一些资产；全面讨论"表现和状况"应包括这一部分以

---

❸　Binctin N. Stratégied entreprise et propriété intellectuelle（2015）LGDJ, France.
❸　McLaughlin S. Unlocking Company Law（2015）Third edition, Routledge, p 320.
❸　2006 年公司法第 414A（3）条。
❸　2006 年公司法第 414B 条。
❸　FRC 指南使用了"实体的发展、表现、状况或未来前景"这一更为广泛的表述，而非法案中表述的"公司业务的发展、表现或状况"，除非后者在特定情况下更合适。

及资产负债表上的资产。❹

FRC 指南暗指知识产权资产。战略报告是年度报告的一个组成部分，因此与董事、公司知识产权资产管理相关，在公司法框架下的披露大大增强了所披露的知识产权资产信息的合法性和权威性。此外，向公司注册处提交战略报告也将有助于董事们展现自己是如何履行 2006 年公司法第 172 条规定的促进公司成功的义务的。

SR 条例要求上市公司在其战略报告中对人权、性别多样性和温室气体排放进行新的披露。这项规定对截至 2013 年 9 月 30 日或之后的财务年度生效。迄今为止，知识产权信息披露尚未被明确视为强制披露的特别主题，尽管根据本书提出的问题，应当如此。

除了战略报告外，例如在 LSE 上市的公司在签署披露和透明度规则（DTR）时，还必须遵守更为繁重的强制性披露规定。❹

DTR 旨在促进向大众投资者市场及时和公平地披露相关信息。LSE 表示，"这有助于坚定投资者信心，维持欧洲最雄厚的资本池。"从这方面来讲，公司的潜在投资者应掌握公司的无形（知识产权）资产的公开信息，以便作出自己的估值判断。相关信息是价格敏感信息，短期内可能会对股价产生重大影响。虽然对上市公司而言，遵守 DTR 是强制性要求，但公司董事会也需要进行集体判断，以确定何时披露重要的内部知识产权资产信息，而判断通常会采用理性投资者检验方式进行。DTR 旨在防止市场滥用，因此，必要时甚至可以要求每日向市场披露适当的知识产权资产信息。传统会计制度似乎无法应对无形（知识产权）资产内在价值的波动，但 DTR 要求上市公司必须以叙述性形式披露价格敏感信息，否则将面临股票停牌风险。即使价格敏感信息与公司

---

❹ Rising to the Challenge: A Review of Narrative Reporting by UK listed companies (2009) Financial Reporting Council.

❹ 英国公司治理准则（2014 年 9 月）[The UK Corporate Governance Code (September 2014)] 和英国尽责管理守则（2012 年 9 月）[the UK Stewardship Code (September 2012)] 同样适用。后者首先针对的是机构投资者，即持有英国上市公司股权的资产所有者和资产管理者。它旨在提高投资者和公司之间的沟通质量，以帮助提高经风险调整后的长期股东回报。经修订的英国尽责管理守则于 2012 年 9 月发布，并将于 2018 年修订。FRC 认为，英国尽责管理守则是对上市公司英国公司治理准则的补充。它也应该在"遵守或解释"的基础上应用。英国尽责管理守则列出了 FRC 认为机构投资者应向往的许多良好实践领域。英国尽责管理守则（2012 年 9 月）FRC 网址：www. frc. org. uk/getattachment/d67933f9 – ca38 – 4233 – b603 – 3d24b2fi62c5f/UK – Stewardship – Code – (September – 2012). pdf. 英国公司治理准则（2014 年 9 月）网址：www. frc. org. uk/directors/corporate – governance – and – stewardship/uk – corporate – governance – code/history – of – tlie – uk – corporate – governance – code.

知识产权相关，它们也必须遵守或解释。❷ 现有的英国公司披露法律是否足以涵盖对公司财务表现和状况有重大价值的无形（知识产权）资产？

　　以下案例涉及一家美国上市公司，因高价值公司收购交易在国际上被广泛报道而受到关注。该案例用来突出公司报告和知识产权价值的混乱（而不是出于比较法分析目的）。

　　摩托罗拉公司（Motorola Inc.）是一家总部位于美国的跨国电信公司。2007～2009 年亏损 43 亿美元后，于 2011 年 1 月 4 日拆分为两个独立的上市公司，摩托罗拉移动公司（Motorola Mobility）和摩托罗拉解决方案公司（Motorola Solutions）。❸ 2012 年 5 月 22 日，谷歌公司（Google Inc.）宣布将以124 亿美元收购摩托罗拉移动公司的智能手机业务和相关知识产权资产。❹2014 年 1 月 29 日，谷歌公司宣布在交易完成之前，将以 29.1 亿美元向中国科技公司联想（Lenovo）出售摩托罗拉移动公司（依据某些调整）。谷歌公司保留了摩托罗拉移动公司专利组合的绝大多数所有权，包括当前的专利申请和发明披露。联想同意许可专利组合和其他知识产权资产，并进一步收购了 2000项专利以及摩托罗拉移动公司品牌和商标组合。❺ 29.1 亿美元还不到谷歌公司2012 年最初支付金额的 1/4。这个数字给股东们提出了几个重要问题：董事们是如何获得 29.1 亿美元的？涉及哪些战略业务考虑？这笔交易是否符合公司的最大利益？根据 GAAP，内部产生的无形（知识产权）资产不会作为资产被报告在创造这些资产的公司的资产负债表上（请参见第 4 章中的讨论）。因此，由于缺乏公开披露的公司叙述性知识产权信息来补充资产负债表外数据，知识产权资产的估值和收购价格的评估受到阻碍。因此，股东们发现很难评估向联想许可并出售先前摩托罗拉移动公司知识产权资产对其持股的影响。❻

　　这个小案例研究从公司治理的角度阐明了知识产权信息差距存在问题的原因——股东对公司知识产权资产信息的需求没有得到满足。它表明有必要将公司治理原则应用于公司知识产权资产，并说明了为什么需要在知识产权型上市公司管辖范围内加强叙述性知识产权资产披露。接下来，笔者将研究董事责任的问题。

❷　Denoncourt J. Financial Reporting for Intangibles：Why Intangibles Remain Invisible（17 August 2014）at http：//ipfinance. blogspot. co. uk/2014/08/financial - reporting - for - intangibles - why. html.

❸　Ante Spencer E. Motorola is split into two（5 January 2011）The Wall Street Journal.

❹　We've acquired Motorola Mobility Google Official Blog at https：//googleblog. blogspot. co. uk/2012/05/weve - acquired - motorola - mobility. html.

❺　Lenovo to Acquire Motorola Mobility from Google（29 January 2014）Google Investor Relations Press Announcement at https：//investor. google. com/releases/2014/0129. html.

❻　Kasznik E. Financial reporting for intangibles：the Case of the Invisible Assets at http：//ipfinance. blogspot. co. uk/2014/08/financial - reporting - for - intangibles. html.

5.2.7 董事对知识产权信息披露的责任

公司责任和确保责任的股东权利（如董事选举）需要得到新的重视，旨在全面加强市场并防止导致 2008 年全球金融危机的问题再次发生，以使公司知识产权资产信息披露具有责任制和透明度。虽然董事担心会失去竞争力，但知识产权信息差距正在扩大，需要企业监管机构予以关注。上述小案例研究与 ACCA 的调查结果相呼应，表明了公司无形（知识产权）资产的价值与公司在其强制性传统财务报表中报告此类资产的方式不充分之间的紧张关系。股东至少应当了解对公司有价值的无形资产和知识产权资产的股东监管和管理情况，以便就投资作出明智的决策。公司监管机构需要承认并宣传进行高质量的公司知识产权资产披露的重要性，以增强股东、投资者和其他利益相关者的能力。要加强股东识别问题的能力，例如，在年度股东大会上提出问题以便让董事会承担责任，应进一步赋予股东权利，并提高他们对公司知识产权资产和融资模式如何塑造业务战略的认识。经济理论表明提高透明度能促进人们对无形经济的信任。

然而，董事不愿披露有关公司知识产权资产的其他定性叙述信息的一个关键原因是，他们要对这些信息负责。根据 2006 年公司法，任何未能进行公正报告、造成误导的行为，都会导致严重的法律后果。另外，在公司知识产权资产问题上保持沉默也会有问题，因为董事也要为重大遗漏负责。董事有责任赔偿公司因遗漏法律要求披露的任何事项而遭受的任何损失。[47] 因此，董事很难就公司的知识产权资产披露范围作出决策。首先，需要确保叙述性披露与财务报表中的无形资产数据一致，以使无形（知识产权）资产对企业的价值更加透明化。如果资产负债表上的无形资产比上一年或报告期有显著增加或减少，那这就算是重大信息了，公司需要解释原因。基本上，董事总是需要"解释钱"。[48] 董事和独立审计师都应考虑账目中的无形资产数据和战略报告中的公司叙述是否一致。

5.2.8 编制和披露公司知识产权资产信息的费用

董事还将关注收集、核实和证实知识产权信息的费用以及专家费。费用往

---

[47] 2006 年公司法第 463（2）条。

[48] Denoncourt J. Financial Reporting for Intangibles: Why Intangibles Remain Invisible (17 August 2014) at http://ipfinance.biogspot.co.uk/2014/08/financial-reporting-for-intangibles-why.html.

往随着披露的增加而增加。通常，相较于大型上市公司，对资源较少的小公司而言，这会是一个大问题。但正如 IAS 38 和资产负债表外的知识产权资产所造成的金融界看不到的信息不对称所证明的，披露能够减小不确定性，小型创新公司会有更大的动力这么做。[49] 在现代公司市场中，提高透明度和非财务指标披露是提高股东价值的核心。

5.2.9　公司披露小案例研究以在年度报告中说明知识产权信息差距：飞利浦（荷兰）

下述案例介绍了一家跨国公司对其宝贵的知识产权资产进行管理和战略管理的方法。飞利浦是欧洲最大、最成功的跨国科技公司之一，其 CEO 弗朗斯·范·霍滕（Frans van Houten）于 2014 年 6 月在阿姆斯特丹的知识产权商业会议上发表主题演讲，解释公司的知识产权资产如何创造股东价值：

> 所以今天我想谈谈在飞利浦，我们的业务与飞利浦知识产权与标准（IP & S）之间的密切关系。正如他们所说，没有知识产权战略的商业战略不是战略。这对飞利浦而言无疑是正确的，公司已经将创新和研发写入了自己的 DNA 中。这就是为什么 IP & S 参与了我们创造价值的整个过程……1905 年，吉拉德·飞利浦（Gerard Philips）申请了我们公司的第一项专利，一个旨在延长白炽灯泡寿命的发明。从那时起，知识产权一直与我们的创新紧密相连……我们的产品组合现在包括 64000 项专利、46000 项商标、93000 项设计权以及 4700 个域名……所以很明显，我们有一些高质量的知识产权。但是，我们为什么会得到它，我们是如何得到它的，我们如何使用它？这都取决于我们的商业战略，尤其是我们的创新和研发战略。每一项业务都是商业战略、研发战略和知识产权战略的结合。[50]

这种叙述性的定性知识产权信息完全是对公司集团账目上分配给无形资产的定量财务数据的补充。然而，2013 年，荷兰法律管辖的飞利浦年度报告并没有将无形资产/知识产权资产作为单独项列在目录中。集团财务报表附注 12 涉及的不包含商誉的无形资产在 190 页，公司财务报表附注 A 无形资产在第

---

[49]　这一推论在该论文中得到支持：Ahmed K and Courtis J. K. Associations between Corporate Characteristics and Disclosure Levels in Annual Reports：A Meta – Analysis（March 1999）31（1）The British Accounting Review 35 – 61.

[50]　2014 年 6 月 23 日弗朗斯·范·霍滕在知识产权商业会议上的演讲，见 www. newscenter. philips. com/main/standard/news/speeches/20140624 – speech – by – frans – van – houten – at – ip – business – conference. wpd.

193 页。❺ 除了账目附注外，第 90 页还有一份简短的叙述性报告，标题为"飞利浦知识产权与标准"，其中指出：

> 飞利浦 IP＆S 与飞利浦的运营业务和飞利浦集团创新密切合作，积极寻求创造新的知识产权。
>
> IP＆S 是一个领先的工业知识产权组织，为飞利浦的业务提供世界级的知识产权解决方案，以支持飞利浦的发展、竞争力和营利能力。
>
> 飞利浦的知识产权组合目前包含约 13200 个专利系列、2680 个商标系列、3930 个设计系列和 2150 个域名系列。
>
> 2013 年，飞利浦提交了约 1550 项专利申请，重点关注健康和福祉领域的发展。
>
> IP＆S 参与制定标准，为医疗保健、消费者生活方式和照明行业创造新的商机。收入和成本的很大部分分配给经营部门。飞利浦认为，其业务整体上并不实质依赖于任何特定的专利或许可，或任何特定的专利和许可组合。❺

根据上述最后一句话，可以说股东没有明确的知识产权资产信息来评估飞利浦知识产权资产的价值故事、战略以及对这些资产的中长期管理或监管。虽然飞利浦说其整体业务不实质依赖于任何特定的知识产权资产或许可或组合可能是真实且公平的，但笔者认为，为了公司治理目的，对公司知识产权组合中实质性价值的大小应进行额外披露。此外，飞利浦声称其不实质依赖任何特定的知识产权或其许可，这对于规模较小的公司或如制药（其商业模式更依赖于有效的专利保护）等其他领域的公司来说会更难以维持。飞利浦也未报告知识产权资产风险、强制执行或侵权诉讼。即便如此，飞利浦表明其公司报告在很大程度上缺失了能够补充财务报表的有关知识产权资产的叙述性披露。飞利浦的最大股东足够成熟，有资源进行专利、商标和设计的检索，并监控证券交易所的公告，从而合理理解飞利浦知识产权资产的战略价值。但许多其他小股东不具备这种能力。另外，笔者并不建议公司就每一项专利、商标或设计系列或许可出具报告，这很明显属于过分披露。但是，鉴于向股东报告的信息少于 CEO 在 2014 年知识产权商业大会上的讲话中提供的信息，可以对有关飞利浦知识产权管理和战略的更合适的信息水平进行披露。笔者认为，例如，与飞

---

❺❺ 飞利浦 2013 年年度报告，见 www. philips. com/philips/shared/assets/Investor_relations/pdf/PhilipsFullAnnualReport2013_English. pdf.

利浦雇员有关信息的披露程度一致的披露水平将是一个最低目标。

不过值得称赞的是，飞利浦董事会中有一位专门的执行副总裁兼首席战略和创新官，其公司职责包括战略、创新、设计和可持续性。

> IP & S 的负责人布赖恩·辛曼（Brian Hinman）……至少每季度会与公司董事会会谈一次。布赖恩要向我们执行委员会的首席战略和创新官吉姆·安德烈（Jim Andre）报告工作。他不向首席法律官或总法律顾问报告，不用的，CIPO[53] 直接向我的战略与创新主管进行报告，这是我们公司业务的核心……飞利浦 IP & S 已经开发了很棒的评估模型，因此我们可以对知识产权的所有非直接货币利益进行财务价值评估。IP & S 有 5 个主要职责：知识产权创造、知识产权价值获取、知识产权价值贡献、知识产权咨询以及代表飞利浦处理公共领域的知识产权事务，包括技术和公共标准方面的工作。[54]

就展示有效的整体知识产权资产管理和监管而言，这是积极的。飞利浦的例子只是用来说明需要从投资者保护和公司治理角度进一步加强知识产权资产、战略和风险信息披露，而非严格的比较法方式。这可能是冰山一角。笔者认为，飞利浦 CEO 在知识产权商业会议上陈述的知识产权信息类型，将是公开上市的英国公司战略报告中向股东披露的重大信息。一家商业模式基于利用知识产权资产（例如受专利和商标保护的药品）的英国上市公司，应在其战略报告中提供有关知识产权组合的叙述性信息。如果缺乏这类信息，就有理由认为公司不应以保护投资者为由向公众招揽投资。相反，它可以考虑改变公司地位，恢复为私营公司，减少公司报告义务。

5.3　重要性和上市公司的知识产权披露

在适用英国披露要求时，公司法和会计准则都包含重要性的概念。公司叙述性报告采用了与会计准则或法规中所规定的重要性的相同做法，只披露重大或相关信息。就战略报告方面，2006 年公司法使用了"在必要范围内""关键"（例如关键绩效指标）和"主要"（例如主要风险和不确定性）等措辞，因此只有对股东至关重要的信息才应列入战略报告。ISA（英国和爱尔兰）320 中的重要性概念来源于会计准则，指导了审计师在公司财务报表中对披露

---

[53]　Chief Intellectual Property Officer，首席知识产权官。

[54]　Deloitte at www. iasplus. com/en/standards/ias/ias38.

适用重要性的看法。判断哪些信息是重大的基本上是定性的，有助于说明披露的目的。例如，业务模式的披露将侧重于公司获取和创造价值的方法，而战略披露有助于展现董事会目前和未来发展业务并从现有公司资产中获益的计划。对业务模式和主要风险的清晰阐述能提供有价值的见解，例如公司如何产生现金、如何更广泛地运营以及盛行的公司文化。

公正地说，公司董事需要更多的指导，以确定为确保无形资产/知识产权资产的透明度而需要进行披露的类型。什么是知识产权业务环境中的重大披露？关于无形资产，一家公司应如何披露、披露什么、何时何地披露，以及披露金额应有多少？换言之，公司治理披露理论和原则需要应用于新的资产类别，即知识产权资产和战略。目前，监管机构、专业人士或学术界对公司无形资产报告的定制指导很少。因此，尽管英国和其他地方存在与公司无形（知识产权）资产相关的强制性法律披露要求，但由于缺乏监管机构的指导和执行，公开信息的差距长期存在。对无形资产报告和披露的适当水平尚未形成广泛理解。[55] 知识产权资产对公司成功的重要性、行业披露规范、公司规模、管理层持股、公司年龄、业务和技术生命周期等因素都将影响公司知识产权资产披露的需要程度。例如，公司年龄通常被视为风险的代表，老牌公司的风险较低。金（Kim）和里特（Ritter）（1999）提供的证据表明，非财务信息在评估年轻公司时更为重要，因为相比历史收益，预测收益对评估年轻公司更有利。[56]

目前的状况是非财务叙述定性的战略知识产权信息的优先级低于传统定量财务信息。然而，就知识产权资产和现代创意与信息经济而言，由于股东和其他人认为公司对知识产权资产、战略、管理、监管和风险因素的现有披露程度不足，这种情况可能正在转变。评估无形（知识产权）资产披露的质量，然后评估公司是否违反披露义务和/或董事职责而未达标准，这种能力是高度专业化的，甚至对监管机构来说也是一个模糊的领域。[57] 从公司治理的角度来看，这是一个值得进一步关注的问题。即便如此，英国拥有一些世界最高的公司治理标准，这使该管辖区对新投资具有吸引力，不过仍有改进的空间。公司定期报告非财务指标，如员工、健康和安全、环境影响和企业社会责任；现在是时候确保它们报告自己的知识产权了，这不仅是为了保护股东，也是为了促进公司的成功。

---

[55] Denoncourt J. Financal Reporting for Intangibles: Why Intangibles Remain Invisible（17 August 2014）at http://ipfinance.blogspot.co.uk/2014/08/financial-reporting-for-intangibles-why.html.

[56] Beatty R, et al. IPO Pricing with Accounting and Comparable Firm Information,（2000）Working paper, Southern Methodist University.

[57] 同脚注[55]。

这两个小案例研究使我们得以思考，即使是在非常成功的上市公司，也存在明显的知识产权信息差距。这并没有欺诈或提供误导性信息的迹象。但考虑到其他被证明不太成功甚至有些失败的知识产权丰富型公司，公司知识产权资产透明度的缺乏应当受到更严格的审视。在 18 世纪，没有防止欺诈或提供误导性信息的保障措施。臭名昭著的南海公司（South Sea）的股价与该公司的实际价值没有任何关系——它不是独自垮台了，而是造成了多米诺骨牌效应，导致在 18 世纪的剩余年份中，人们对股份公司产生了深深的怀疑。[58] 这导致英国议会迅速通过了禁止股份公司的 1720 年泡沫法案。这一立法被认为是律师和商界人士间牢固联系的开始。商界人士想知道泡沫法案在他们的商业活动中意味着什么。为了业务融资，公司创设并发行股票（一种无形资产，与发行股票的公司一样）。创设和发行股票以向他人筹集资金是公司和证券法的一个主要关注问题。借贷资本（如第 3 章所述）和股本之间的区别是借贷和出售之间的区别。通过发行股票筹集资金的权力本身就是社会赋予商人的一种令人难以置信的特权。证券交易所提供两大便利，它使买家和卖家相互联系，并且当公司试图通过发行新股来筹集资金时，它能提供获取广大公众资本资源的途径。如果一个人正在购买某家公司的股份，现代公司法提供了一个框架，确保潜在买家充分了解发行公司和股票附带的法定权利。当然，提供给买家/投资者的信息不能永远被依赖，一定期限后，投资者可能会不再依赖这些。可以说，两个最具影响力的证券交易所是 LSE 和被称为华尔街的纽约证券交易所。现代证券市场的规模和国际化意味着公司价值缺乏透明度的影响将远远大于南海泡沫、1929 年的大崩盘或 2000 年的互联网泡沫。几个世纪以来，规范向公众发行股票交易的业务通过强制性立法得到落实，立法规定必须向市场进行重大披露。然而，虽然受监管的股票市场的公正性是全球首要关注的问题，但非上市公司增加知识产权资产披露也会带来很多好处，如下文所述。

5.4　交流和增加公司知识产权资产披露的优势

1750 年，意大利经济学家费迪南多·加利亚尼（Ferdinando Galiani）指出，"价值是人与人之间的关系"。对于知识产权丰富型公司来说，一个重要的价值来源是能交流其知识产权是如何贡献价值、促进公司财务绩效、建立成功的商业关系以及支持公司的中长期目标的。知识产权资产复杂且严重依赖行

---

[58]　Howard C. Companies, What They Are and How They Work (1989) Oxford University Press, p 5.

为不理性的个人、社区和组织。成功地将创新商业化是具有复杂动态性的工作，任何人都不应将其视为理所应当。知识产权丰富型公司都是全球吸引力博弈的参与者，每家公司都寻求吸引高水平的员工、合作伙伴以及投资者和金融家。价值不一定存在于公司资产负债表中被假定为数字的地方。公司需要能够向股东和其他利益相关者展现无形资产的质量和价值，以便建立成功的商业关系。一家知识产权丰富型公司要想得到潜在投资者、股东和金融机构的重视，就需要对其知识产权如何创造价值并赋予其在市场上的竞争垄断优势作出令人信服的解释。公司将能在吸引资金和新股东后获益。与股东和利益相关者进行交流才能可以成为一张"王牌"。能及时准确地传达公司知识产权资产价值的公司将具有明显的竞争优势。另外，笔者认为，不愿披露有关公司知识产权资产的及时、相关和有用的信息，而宁愿使其不可见且不易受到审查，是一个糟糕的策略。"天使投资者"可能只会浏览公司的文件几分钟，然后就看下一个。金融家可能只会根据与公司有限的接触就作出贷款决策。因此，公司知识产权如何创造价值的透明度对于交流公司将如何发展收入流和未来现金流至关重要。

知识产权丰富型公司需要准确传达其未来目标，并采取措施执行商业计划。这将会建立起关系和信任。作为公司生命周期的一部分，公司会不断寻求吸引核心员工、客户、战略合作伙伴、投资者和贷款方。成长中的创新公司需要找到合适的人才，并留住他们。而交流障碍使得公司知识产权资产的评估变得过于复杂。增加信任的一种方法是增加无形资产的透明度和可见性。除了传统资产负债表中记录的数字之外，公司还应积极主动地传达其质量和战略价值。正如笔者在前面章节的分析中所知的，在传统财务账目中，无形资产（知识产权）通常记录在资产负债表外，因此它们对公司外部的价值被掩盖了，需要加以披露。对于一家知识产权丰富型公司来说，可持续价值取决于其传播公司品牌及知识产权如何创造价值的能力，这将构建有价值的人际关系网，从而创造未来机会。随着时间推移，什么是有价值的变化——今天的一些中小企业将成为明天的上市公司。据无形资产专家克里斯·多尼根（Chris Donegan）博士所述：

投资者可以从公司如何申请和管理其专利组合中获取到很多信息。专利统计数据为投资者提供了公司创新轨迹的即时图表。将这一数据图表与竞争对手的相对比，结合行业和财务分析，公司就可以提供一个独特的公司竞争力的视角，这比通常的华尔街报告更能展现实力。不幸的是，围绕知识产权价值的话语仍然被严重分割和孤立。法律、税务和研发部门拥有对专利的话语权，市场部门拥有对品牌和商标的话语权，人力资源部门拥有对文化的话语权。因此，对与投资界合作的知识产权专业人士而言，最大的价值是将这些组织的知识产权要素与传统价值指标相结合，形成一个单一的分析框架。当这些成为惯例时，知识产权的贡献将在高管层中显现出来，知识产权专业人员将被提升到董事会级别。在此之前，知识产权仍将是公司价值创造中最欠缺交流的机密。❺

建议创新公司谨慎自愿披露公司信息，以纠正公司资产负债表上无形资产的不可见性。这将有助于公司克服将 IAS 38 应用于内部产生的专利资产所导致的缺陷。2002 年，加拿大的一项研究分析了 10000 家加拿大公司年度报告的内容，这些公司正在寻找与智力资本相关的术语清单，该研究表明实际上只存在极少数的智力资本披露。❻ 作为普通法国家，加拿大的公司报告制度与英国大体相似。在加拿大和英国，法定的公司报告要求提高了公众（包括贷款方）可获得的信息水平。而中小企业领域的任何一个司法管辖区都很少通过公司报告公开与知识产权、专利或其他智力资本相关的信息。

在债务融资方面，也有证据表明增加披露与较低的实际利息成本呈正相关。❻ 制定更多信息披露政策的公司能更准确地预测营利，减少评估风险，减少信息不对称。更多的信息披露能使风险降低，从而带来更低的借贷成本。同样，较低的借贷成本为组织提供了披露更多信息的动力。❻ 这一结果与知识产权抵押融资直接相关。事实上，贷款方永远无法确切知道任何特定资产在未来某一时间点将实现多少价值，但它们需要提高技能，以更好地预测借款方的未来价值，即知识经济时代下的知识产权资产。当然，编写知识产权信息需要一定的成本。但一旦所需的知识产权信息和报告格式标准化，收集和报告的成本很可能被增加的债务融资渠道所抵消。

公司年度报告是使公司活动合法化的重要交流工具。❻ 准确性与市场价值

❺　Donegan C. Intellectual property：the worst – communicated secret in value creation （5 August 2015）Fraserburgh，UK available at www. lexology. com/library/detail. aspx? g = 2a49ce37 – fle0 – 46b6 – acc4 – eald874d7e45.

❻　Bontis N. Intellectual Capital Disclosure in Canadian Corporations （2003）7 （1/2）Journal of Human Resource Costing und Accounting 9 – 20.

❻　Lang M. and Lundholm R. Corporate Disclosure Policy and Analyst Behaviour （October 1996）71 （4）The Accounting Review 467 – 492.

❻　同脚注❻。

❻　Guthrie J. and Petty R. Intellectual Capital Literature Review：Measurement，Reporting and Management （2000）1 （2）Journal of Intellectual Capital 155.

正相关（因为它减少了不确定性），并提高了对未来价值的预测。**❻** 借款方通过法定公司年度报告（必须由董事签字，以提供"真实且公平"的观点）提供的披露是贷款方已要求的信息，无须支付任何费用。如果贷款方必须独立地从其他来源主动获取信息，则会产生费用。在任何情况下，此类尽职调查费用都将通过手续费、支出和/或贷款利率的方式转嫁给借款方。自愿披露还有助于董事记录他们如何履行了促进公司成功的职责，这是一项法律要求，但判例法中对这一要求几乎没有指导。智力资本声明是另一种公司披露形式，将在下一章中讨论。

5.5 非财务公司知识产权信息的重要性

本章阐述会计报表和公司披露法之间的概念差异。我们讨论了公司报告制度存在的基本理论以及为什么公司知识产权资产报告应反映它们在中长期内为公司提供的价值。**❻** 让股东尽可能容易地掌握知识产权信息是非常重要的，以便能"看见"知识产权资产的"无形"价值，从而为决策提供信息。提高股东和外部利益相关者可获得的非金融公司知识产权信息的质量，是协助公司克服 IAS 38 中有关其知识产权资产财务价值的财务计算失真的一种方式。战略报告和年度报告中的信息也将有助于股东确定董事是否确保了公司知识产权资产的适当回报。通过认识到知识产权资产可以同时量化（在存在历史交易的情况下使用市场方法）、质量评估、比较和评估，同时额外披露相关、及时和准确的定性叙述信息，公司报告可以得到显著改进。但是，董事需要关于如何提供信息（例如模型）以及满足最低公司披露义务所需的披露范围和程度的更详细的指导。第 6 章从三个层面解决了这一问题，即有关公司无形资产和知识产权披露的法律规则的形式、风格和实质。这需要评估丹麦、德国、美国和日本四个司法管辖区中各自公司披露规则的性质和内容，所有这些司法管辖区都有与公司无形资产和知识产权资产披露相关的明确规定。这种方法将使我们能够确认其中的相似性和差异性，以便讨论规范性政策建议。

---

❻ 同脚注**❻**。

❻ International Integrated Reporting Towards Integrated Reporting：Communicating Value in the 21st Century（2011）Discussion Paper at http：//theiirc. org/wp－content/uploads/2011/09/IR－Discussion－Paper－20 ll_spreads. pdf.

第 *6* 章
公司叙述性知识产权资产披露的国际实践

最近有阅读一份有用的招股说明书吗？一份内容丰富的年度报告写的怎么样？在这些传统报告中，为什么很少会提供关于哪家新兴的年轻公司即将接管世界，哪家老牌蓝筹公司将陷入竞争黑洞的线索呢？[1]

莱夫·埃德文森（Leif Edvinnson）教授
世界上第一位瑞典隆德大学智力资本兼职教授

本书的目的之一是认识和理解不同法律制度间可能存在的与实现公司知识产权资产和战略的更大透明度方面相关的差异性和相似性。本章对四个发达经济体中的法律制度下的叙述性公司知识产权资产披露状况进行了比较功能分析，描述了概念框架并评价相关原则。针对欧盟国家，研究了丹麦和德国的智力资本声明方法。智力资本报告理论认为，财务信息反映了过去的业绩，但很少反映公司未来的潜力。一家公司的未来潜力不在于其财务资本，而在于其智力资本。建立公司智力资本的透明度将使其能够更好地管理无形资产（如知识产权资产），使股东、投资者和其他利益相关者对未来营利潜力有更大的把握。此外，考虑到美国和日本这两个全球最大经济体在专利申请方面的世界领先地位，将它们的法律制度也纳入了讨论，以更广泛地比较各国在公司知识产权信息披露方面的做法。基于这项研究，我们发现尽管这些法律制度有本质差

---

[1] Edvinsson L. and Malone M. Intellectual Capital Realizing Your Company's True by Finding Its *Hidden Brainpower* (1997) Harper Collins Publishers, USA, p 1.

异，但这些公司治理规则的基本原则共享透明度和股东保护的共同基础。❷ 在
21 世纪，法律差异，特别是大陆法系国家和英美法系国家之间的区别，已经
变得不那么明显。❸ 本章有助于理解确定一种雏形的规范功能趋同类型的文
献。在这种情况下，"功能性"意味着产生了可比结果，同样是披露更多的公
司知识产权资产和战略信息，但路径却不同。在公司知识产权信息和战略披露
发展的现阶段，功能趋同比形式趋同更有可能性。❹ 在所研究的每个法律制度
中，加强公司知识产权报告文化的各种机制相互渗透。在比较法方法论方面，
虽然"趋同"是一个有争议的话题，但笔者认为，本书得出的结论并不取决
于管辖区是具有英美法系法律传统还是大陆法系法律传统。相反，国家对知识
产权的心态、国家知识产权法律框架的发展水平（由该国在 2016 年全球知识
产权指数的排名证明❺）、公司内部对知识产权的依赖以及出现"思想领袖"为
应对传统会计透明度的差距提供信息，这些才是关键。虽然没有得出最佳实践，
但所有被研究的司法管辖区都在寻求提高公司知识产权资产和战略的透明度，以
便为决策提供信息并保护股东。由于国际竞争加剧，其他国家的立法者可能热衷
于通过了解如何利用公司报告和披露知识产权价值创造来提高股东价值，从而提
高公司的潜力。丹麦、德国、日本和美国的观念是可以被采纳的。

　　在第 6.1 节中，笔者回顾智力资本声明的影响，即公司披露形式的影响。
在第 6.2 节中，笔者研究了丹麦、德国、日本和美国有关智力资本、无形资产
和知识产权公司报告的国际政策举措。

6.1　智力资本声明

　　智力资本资产报告所依据的理论是，虽然会计师以货币价值的通用语言报
告数字，但决策者、董事或其他利益相关者（如金融机构和贷款方）没有合
理的理由将自己局限于此类信息集。增加无形资产（包括知识产权）披露的
现代形式起源于 20 世纪 90 年代，由包括斯坎迪亚（Skandia）、卡尔·布罗

---

❷　World Intellectual Property Indicators 2016 Economics and Statistics Series，World Intellectual Property Organization，p 7 available at www. wipo. int/edocs/pubdocs/en/wipo_pub_941_2016. pdf.

❸　Markesinis B. G. （Ed.）The Gradual Convergence：Foreign Ideas，Foreign Influences，and English Law on the Eve of the 21st Century（1994）Clarenden Press，Oxford；Siems M. Legal Origins：Reconciling Law and Finance and Comparative Law（2007）52 McGill Law Journal 55.

❹　Gilson R. J. Globalizing Corporate Governance：Convergence of Form or Function（2001）49 American Journal of Corporate Law 329，337 – 345.

❺　Intellectual Property Rights Index 2016 Tenth Edition，Property Rights Alliance at http：//internationalpropertyrightsindex. org/blog.

（Carl Bro）和塞勒米（Celemi）在内的少数几个斯堪的纳维亚（Scandinavian）的公司主导。斯威比（Sveiby）认为，这些公司鲜明地说明了工业时代和后工业时代在公司报告方面的管理态度差异。❻ 智力资本声明已经在丹麦存在了20多年。它是一种非财务指标型的叙述性报告，侧重于无形资产，有助于将知识产权作为公司资产进行披露。这是一项值得重新审视的重要的公司治理举措，可以为英国提供借鉴。因为判断一家公司内在企业价值的方式正在超越传统指标，例如，市盈率（p/e），即股价除以每股收益；股息收益率，即以股价百分比表示公司分配的年收入；销售额、利润率、营利能力和资产负债表。公司只有在产生真正的财务回报，并为社会提供某种形式的效用时，才具有内在价值，尤其是技术或数字公司。否则市场就会面临类似17世纪荷兰"郁金香狂热"社会经济现象的风险，当时郁金香价格偏离了其内在价值。非财务指标变得越来越重要，因为它们可以更好地反映长期、可持续的财务业绩。下文是对智力资本声明理论和文献的分析。

莱夫·埃德文森（Leif Edvinsson）教授❼被认为是智力资本理论的先驱贡献者，他在1994年正式撰写了世界上第一份上市公司智力资本年度报告。1997年3月，他和合著作者迈克尔·S. 马龙出版了《智力资本：发掘隐藏的智力，实现公司的真实价值》（Intellectual Capital：Realizing your Company's True Value by Finding Its Hidden Brainpower）一书。❽ 该著作定义了智力资本的含义，介绍了如何对其进行分类和测量。他们就如何构建智力资本报告提供了指导（在该书的第3章）。埃德文森是瑞典金融服务公司斯坎迪亚的第一任智力资本经理，也是瑞典隆德大学智力资本教授（兼任）。他的工作目标是将知识和无形资产纳入会计程序和财务实务中。其研究是从以下问题和答案开始的：

> 最近有阅读一份有用的招股说明书吗？一份内容丰富的年度报告写的怎么样？在这些传统报告中，为什么很少会提供关于哪家新兴的年轻公司即将接管世界，哪家老牌蓝筹股公司将陷入竞争黑洞的线索呢？
> 即使这些报告确实能够捕捉到一丝现实，但这些线索为何隐藏在附带

❻ Sveiby K. E. The New Organisational Wealth：Managing and Measuring Knowledge – Based Assets (1997) Berrett – Koehler, San Fransisco.

❼ 埃德文森获得了美国加州大学伯克利分校的MBA学位和瑞典隆德大学的经济（商科）硕士资格证书。1998年1月，埃德文森获得了英国智囊团享有盛誉的"年度智囊团"奖。他是隆德大学世界上第一位智力资本教授（兼任）。

❽ Edvinsson L, Malone M. Intellectual Capital：Realizing your Company's True Value by Finding Its Hidden Brainpower (1997) Harper Business, USA.

的几乎无法辨认的字里行间中，**❾** 而不是醒目地出现在资产负债表中？……答案就在于传统的"会计"模式，这种模式在20世纪的半个世纪中都非常完美地描述着公司的运作，但如今已跟不上商业革命的步伐。**❿**

埃德文森总结道："很明显，公司的实际价值不能仅通过传统的会计方法确定。"**⓫** 伦敦商学院教授加里·哈默尔（Gary Hamel）进一步表示，"资产实际上只是对多数人所同意的机会的感知。"**⓬** 英国公开大学商学院的基思·布拉德利（Keith Bradley）问道："我们有管理这些隐藏资产的工具吗？简单回答就是，'不，我们没有'。"**⓭** 本书第4章通过考察会计实务的历史发展进一步阐述这种想法，以说明为什么这一学科对无形资产的处理并不恰当，尤其是对公司内部开发的知识产权。但智力资本声明提供了一种公认的方法，用以加强无形资产的叙述性公司披露，补充传统财务账户中的可用信息，本章将展开进一步讨论。不过从批判性角度来看，智力资本声明文献对知识产权报告几乎没有提供具体指导，本书也揭示了这一不足。2001年，第一届智力资本世界大会在加拿大麦克马斯特大学举办。自那时起，奥地利**⓮**和丹麦就引进了智力资本的监管报告。丹麦财务报表法（DFSA）**⓯** 规定如果在管理报告中就智力资本资源和环境方面进行报告对提供真实且公平的公司财务状况有重要意义，那么就需要进行报告。**⓰** 特别是，2001年DFSA第11章第99（2）条规定，管理审查部分"应讲述公司的知识和专有技术资源，前提是这些对公司的未来业绩具有特殊的重要性"。包括德国、挪威、日本**⓱**和澳大利亚**⓲**在内的其他国家和地区也有自愿报告准则。

2007年，苏格兰特许会计师协会的研究委员会委托撰写了一份134页的

---

❾ 埃德文森指的是账目脚注。

❿ Edvinsson L，Malone M. Intellectual Capital：Realizing your Company's True Value by Finding Its Hidden Brainpower（1997）Harper Business，USA，p 1.

⓫ 同脚注**❿**，第3页。

⓬ 同脚注**❿**，第4页。根据1996年7月埃德文森对哈默尔的采访。

⓭ Bradley K. Intellectual Capital and the New Wealth of Nations（21 October 2006）Lecture given at the Royal Society of Arts，London，p 6.

⓮ 参见奥地利大学法案（The Austria University Act 2002）.

⓯ Danish Act on Commercial Enterprises' Presentation of Financial Statements，etc. Danish Act no 448 of 7 June 2001. 参见 http：//csrgov. dk/legislation.

⓰ DFSA 第三章第11（1）条。

⓱ 请参阅"日本知识资产管理披露指南"，无英文可参考。

⓲ Johanson U，Koga C，Skoog M，Henningsson J. The Japanese Government's Intellectual Capital Reporting Guideline：What are the Challenges for Firms and Capital Market Agents?（2006）17（4）Journal of Intellectual Capital 474 –491.

严谨参考报告——《智力资本编报：中国香港和澳大利亚的教训》，证实了传统会计的局限性，并对各国家/地区的智力资本报告进行了审查。⓳ 该研究调查了澳大利亚和中国香港公司的自愿智力资本披露情况：

> 传统财务实务不包括非财务业绩这一事实对知识型组织产生了不利影响。尤其是对那些希望在债务和/或股票市场中融资的公司。⓴

该研究虽然没有专门提及知识产权和专利资产，但所得出的结论是智力资本要用叙述性语言而不是数字来表示；目前的智力资本政策真空导致公司报告缺乏标准化，因此其需要一定水平的国际标准化；智力资本披露水平相对较低与公司规模有关；智力资本信息的自愿报告表明数据是有价值的。㉑

因此，可以确信的是需要报告智力资本信息。智力资本文献通过专门的渠道不断增多，包括《智力资本杂志》（*Journal of Intellectual Capital*）和《学习智力资本国际杂志》（*International Journal of Learning Intellectual Capital*）。㉒ 接下来，笔者研究丹麦在 2000 年采用的强化公司信息披露制度。这一制度要求丹麦公司提高公司所有资产的报告水平，该资产包括有形资产和无形资产。

6.2　智力资本报告的国际政策实践

6.2.1　丹麦

鉴于丹麦㉓具有强制性的叙述性智力资本报告制度，因而其是一个重要的利益体系。同样值得注意的是，在丹麦的报告程序和文化中有很强的自愿成分。㉔ 据丹麦科学、技术与创新部（DMSTI）所述，"智力资本报表是公司知识管理

⓳ Guthrie J，Petty R，Ricceri F. IC Reporting：Lessons from Hong Kong（CN）and Australia（2007）at http：//icas. org. uk/guthrie/pp 29，46.

⓴ 同脚注⓳，摘要部分。

㉑ Guthrie J，Petty R. Intellectual Capital Literature Review：Measurement，Reporting and Management（2000）1（2）Journal of Intellectual Capital 1155 – 176，i and ii.

㉒ Alcaniz L，Gomez – Bezares E，Roslender R. Theoretical perspectives on intellectual capital：a backward look and a proposal for going forward（June 2010）.

㉓ 1973 年，丹麦成为欧洲经济共同体（现为欧盟）的一员，并保留了部分成员国的选择：保留了自己的货币克朗。丹麦发展了混合经济，被世界银行（World Bank）列为高收入经济体。2016 年知识产权指数显示，丹麦在 128 个国家中排名第 11 位，总得分为 8.2 分（知识产权保护 7.7 分，版权保护 7.7 分，专利保护 9.3 分）。参见 http：//internationalpropertyrightsindex. org/country？c = DENMARK.

㉔ Encouraging Employers to use Human Capital Reporting（2013）Briefing Paper，UK Commission of Employment and Skills，p 21.

的有机组成部分"。㉕ 智力资本声明的构建基于四种类型的知识资源（通常应用于智力资本领域）：员工、客户、流程和技术。这可通过一份报表来证明，该报表通过以下形式展现组织的知识管理工作：

（1）知识叙述；

（2）一系列管理挑战；

（3）若干举措倡议；

（4）相关指标。㉖

1997～2000 年的丹麦智力资本指南倡议和丹麦工业与贸易委员会（DATI）开展了关于智力资本报告的项目。这一智力资本声明项目根据 17 家参与了丹麦工业与贸易委员会智力资本声明项目的公司的经验，为丹麦智力资本声明指南奠定了基础。㉗ 在该倡议启动之前，许多丹麦公司已经开始以成功管理知识为目标采取自己的举措。丹麦智力资本声明指南力求将这些不同的倡议系统化，并使人们得以更好的理解，为公司设计一个教育工具。2000 年，DMSTI 发布了世界上第一个智力资本声明指南，即《智力资本声明指南：知识管理的关键》（*A Guideline for Intellectual Capital Statements：A Key to Knowledg Management*）。这些指南表明，公司报告方法建立在与财务报表相同的原则上，二者会提出相同的问题。区别在于提问的方式，以及报告的答案是以叙述性形式而不是数字形式提供。图 6.1 比对了财务报表的基础问题和智力资本声明的问题。

财务报表	智力资本声明
在资产和负债、现金流、利润和亏损方面，组织的资源是什么	组织的知识资源包括什么
组织如何投资其营运资本（以流动资产减去流动负债来计算）	组织如何加强其知识资源
组织的投资回报率（ROI）是多少，通常以净利润除以总资产来计算	组织的知识能力带来了哪些产出

图 6.1 比较财务报表和智力资本声明

㉕ A Guideline for Intellectual Capital Statements（2000）Danish Agency for Trade and Industry，Ministry for Trade and Industry，p 7.

㉖ 同脚注㉕。

㉗ Analysing Intellectual Capital Statements（2003a）Danish Ministry of Science，Technology and Innovation at https：//pure. au. dk/ws/files/217/analyse_uk. pdf.

智力资本声明不是传统财务意义上的资产负债表。它详细介绍了公司的智力资本（其中可能包括有关知识产权的信息，如授予的专利和专利申请），并将其与实现目标相平衡。在大约 100 家丹麦公司和公共组织执行智力资本声明之后，DMSTI 于 2003 年编制了一份题为《智力资本声明——新指南》（*Intellectual Capital Statements – The New Guideline*）的修订文件。[28] 它提供了一种具体方法，并纳入了可报告的非财务指标实例。在理想情况下，该声明应包括反映公司实际情况的所有相关信息，包括数值型数据和一系列补充的可视化数据。从公司治理的角度来看，与多数人难以理解的复杂的传统会计报表相比，智力资本声明中的信息应便于所有利益相关者获取。但就本书而言，DMSTI 指南的作用是有限的，因为它没有提供有关披露知识产权信息和战略的具体信息，这正是该研究的一个不足。

智力资本声明的形式是由公司出具独立报表，专门报告其智力资本、管理和资源方面的情况，不过 2008 年发表在《英国会计评论》（*British Accounting Review*）上的一项研究发现，没有证据表明英国使用了智力资本声明。[29]

另一项研究发现，虽然样本中没有一家英国上市公司发布过独立智力资本声明，但平均每份年度报告中有 10.6% 的内容专门用于披露知识产权信息。[30]

然而，采用智力资本声明形式可能是有助于创新公司克服 IAS 38 中有关专利组合财务价值的财务计算失真的一种方式，以提高外部利益相关者可获得的非财务专利信息的质量。不过对创新型公司来说，无论是私营中小企业还是股份有限公司，由于存在整理和核实信息的成本，因而制作智力资本声明可能会是一项高成本的工作。此外，由于有证据表明英国公司通常很少有此类智力资本主题的经验，因此还需要专门的知识产权特别是专利信息披露指南。自 2002 年 12 月该倡议结束以来，丹麦智力资本声明指南项目及其主要成果只引起了非常有限的实证关注，作为智力资本声明一部分的知识产权资产信息披露的实施和演变也仍处于萌芽阶段。[31]

2001～2002 年，美国出台立法提高公司资产价值的透明度，以提高对投资者的保护水平，并对公司无形资产和知识产权披露提供一定的具体指导。然

[28]　ICS – The New Guideline（February 2003）Danish Ministry of Science，Technology and Innovation ISBN：87 – 91258 – 52 – 9 at https：//pure. au. dk/ws/files/217/aiialyse_uk. pdf.

[29]　Striukova L，et al. Corporate Reporting of IC：Evidence from UK Companies（2008）40 The British Accounting Review 297 – 313，298 – 301.

[30]　同脚注[29]，第 308 – 309 页。

[31]　Nielsen C，Roslender R，Schaper S. Continuities in the use of the Intellectual Capital Statement Approach：Elements of an Institutional Theory Analysis（March 2016）40（1）Accounting Forum 16 – 28.

而，美国的经验明显不同，因为它的公司无形资产和知识产权披露法律的强化在很大程度上是公司倒闭浪潮的结果，这一浪潮导致人们对公司、公司治理程序和财务会计政策严重缺乏信任，将在第 6.2.4 节对此进行讨论。然而，德国已经设置预先检查程序，如下所述。

6.2.2 德国

在帮助公司重组和改进创意的公共机构网络的支持下，德国[32]在将发明应用于工业领域并将其推广到整个商业区域方面具有世界领先水平。得到政府部分支持的弗劳恩霍夫研究所（Fraunhofer Institutes）将激进的想法以新颖的方式推向市场。它们有助于德国整个工业部门的中小企业使用研究成果。[33] 德国的创新使得企业生产率普遍被提高，而非仅集中于高科技部门。因此，德国接受了邻国丹麦的智力资本声明指南，并制定了自己的指南。

本节探讨并比较德国智力资本声明报告制度，以确定有关专利资产叙述性公司报告的有效性、局限性和解决方案。还就题为《智力资本声明——德国关于编制智力资本声明指南 1.0》（*Intellectual Capital Statement—Made in Germany Guideline 1.0 on the Preparation of an ICS*）（联邦经济和劳工部于 2004 年发布的指南）的 51 页文件进行了评估。[34] 德国的智力资本声明报告（被称为 Wissenbilanz）是自愿性的，且该指南针对中小企业，因而具有高度相关性——实际上，该指南的开头一段指出：

> 智力资本声明可用于外部沟通，例如为未来投资获得资金……智力资本声明是对中小企业的一项帮助。它提供了一个展示和评估能力的结构，这对公司的成功和创新潜力至关重要。智力资本声明描绘了无形资产，从而补充了传统资产负债表目前缺少的标准……[35]

该声明完全认可了德国政府支持使用智力资本声明来缩小信息差距、提高

---

[32] 德国 2016 年知识产权指数排名上升 0.1，至 7.7，位列西欧第 9 位，世界第 16 位。国际货币基金组织（IMF）将德国列为先进经济体集团，世界银行（World Bank）将其列为高收入（OECD）国家。德国是欧盟成员国。知识产权分类指数上升 0.1，达到 8.2，其中，知识产权保护得分为 7.8，版权保护得分为 7.6，专利保护得分为 9.3。

[33] Breznitz D. Why Germany Dominates the US in Innovation（27 May 2014）Harvard Business Review available at https：//hbr. org/2014/05/why – germany – dominates – the – u – s – in – innovation.
丹·布莱兹尼茨（Dan Breznitz）教授是蒙克创新研究主席，也是多伦多大学蒙克全球事务学院创新政策实验室的联合主任。

[34] 参见 www. akwissensbilanz. org/Infoservice/Infomaterial/Leitfaden_english. pdf.

[35] Intellectual Capital Statement – Made in Germany Guideline 1.0 on the Preparation of an ICS, pp 8 – 9.

透明度、促进债务融资和规范智力资本信息的获取和处理的原因。

该指南是德国联邦经济与劳动部支持的一个项目的成果，其中 14 家代表性的中小企业起草了智力资本声明雏形。令人欣慰的是，所有参与的中小企业一致认为起草智力资本声明是有益的。德国模式在丹麦智力资本声明方法的基础上建立并进一步发展，下面将讨论其起草机制。

德国智力资本声明模式从企业的适应性检查（Fitness Check）开始，如图 6.2 所示。公司以是（1）或否（0）在表格的中间栏回答 11 个问题。肯定答案和否定答案之间的比率表示满足要求的程度。肯定答复的问题越多，起草智力资本声明就越容易。反之，如果大多数答案是否定的，则表明在起草智力资本声明时需要特别注意这些领域。试点研究中的 14 家中小企业都完成了适应性检查。

编制智力资本声明的适应性检查	是/否	比较值
Q1 您的大多数员工都从事智力挑战工作吗？		6/14
Q2 我们是否已经处理了控制和管理体系（例如质量管理过程优化、平衡计分卡（BSC）等）？		4/14
Q3 我们的管理层是否想要并支持智力资本声明？		12/14
Q4 我们的组织是否愿意在智力资本声明上投入时间和资源？		12/14
Q5 员工是否认为智力资本声明是一个重要项目？		6/14
Q6 我们是否可以让我们企业各个领域的员工参与到智力资本声明中？		13/14
Q7 我们是否愿意公开和建设性地讨论我们的优势和劣势？		12/14
Q8 管理层是否对提案和改革持开放态度？		10/14
Q9 我们是否认识到"软因素"是重要的成功因素？		14/14
Q10 是否已经提及并广泛讨论未来的主题？		12/14
Q11 我们是否有一个书面的，可交流的商业战略？		10/14
结果		

图 6.2　智力资本声明适应性检查

资料来源：《智力资本声明——德国关于编制智力资本声明指南 1.0》第 14 页。

然后，该指南提出了起草智力资本声明的六个步骤，一共四个阶段。❸ 这是一种简单且非技术性的方式，任何公司都能轻松执行，如图 6.3 所示。

不过该指南并没有提供试点研究中任何一家中小企业完成的样本报告，这种报告是能增强其效用的。它也没有提及知识产权，特别是专利，也没有提供

---

❸　Intellectual Capital Statement – Made in Germany Guideline 1. 0 on the Preparation of an ICS, p 16.

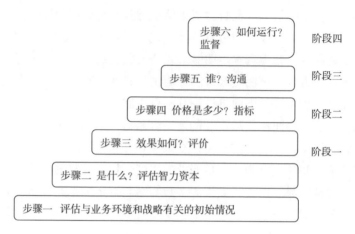

图 6.3 起草智力资本声明的六个步骤

知识产权资产报告叙述风格的任何示例，这是不足所在。相反，该指南采用了更通用的方法，从公司叙述性知识产权报告的角度来讲反而限制了其效用。但是，笔者认为拥有知识产权组合的创新公司将解决以知识产权为重点的七项问题的每一项。公司知识产权组合所有者仍需要其他的定制指南，以便以标准化格式或模式披露知识产权信息。智力资本声明为提高透明度提供了机会，但在智力资本领域人们很少关注到知识产权资产本身。与丹麦一样，在全球另一端的高科技国家日本也认识到公司的知识产权信息差距。目前日本已制定了重要的政策，通过强制性披露要求克服缺乏透明度的问题，如下文所述。

6.2.3 日本

日本是一个有趣的国家，以其在市场方面推出新技术的创新能力而闻名，并且在很大程度上是一个依靠有效利用知识产权以弥补自然资源不足的国家。该国拥有一个健全且复杂的国家知识产权框架，[37] 它的公司法由不同法律传统混合组成，这些法律传统随着时间推移经历过多次法律移植。[38] 在过去 10 年中，日本政府出台了有关智力资本披露的举措，正如我们所看到的，其中包括

---

[37] 日本的知识产权指数提高 0.1，达到了 8.1，在亚洲和大洋洲排名第三，世界排名第八。国际货币基金组织（IMF）将美国列为先进经济体集团（Advanced Economies group），世界银行（World Bank）则将其列为 OECD 的高收入国家。知识产权分类指数保持不变，其中知识产权保护得分 8.4，版权保护得分 8.1，专利保护得分 9.3。请参见 http: //internationalpropertyrightsindex. org/country? c = JA-PAN.

[38] Siems M，Cabrelli D. Comparative Company Law A Case – Based Approach（2013）Hart Publishing Limited，Oxford，p 19.

了知识产权在内的其他非财务指标。继 1980 年开始开展知识管理领域的业务研究之后，2004 年，日本经济产业省（METI）推出了《知识产权信息披露准则》（*Guideline for Intellectual Property Information Disclosure*，GIPID）❸，通过自愿扩展公司报告来增加对知识产权资产的认可。❹ 该准则指出，实施知识产权披露制度的理由是：

> 通过大力促进知识产权的创造、保护和利用，成为一个谋求经济社会持续发展的国家，简言之，成为一个"建立在知识产权之上的国家"是日本的迫切目标，以增强其产业竞争力……METI 还建立了一个"专利和技术信息披露的试点模式"，希望实行"知识产权支持管理"的公司能够披露有关其知识产权的信息，并获得公正的市场评估。❹

与大多数国家相比，日本企业监管机构、股东和其他利益相关者目前对知识产权资产的性质有了更深刻的认识，对公司创造价值的知识产权战略有了更详细的了解。这使得日本股东、投资者和金融机构更容易将公司知识产权资产和战略信息与公司价值和融资成本联系起来。日本政府将智力资本和知识产权披露的目标从股份有限公司投资者交流转向非上市中小企业交流，以期在考虑向中小企业提供贷款时，调整贷款方对智力资本和知识产权资产的看法。❹ 这一转变发生的原因正是本书第 2 章中所述的原因，即日本的年轻中小企业（与世界各地的年轻的中小企业一样）仍然严重依赖金融机构的债务融资（贷款）。因此，它们会从提高公司叙述性知识产权报告水平中获益。在转型期间，日本贷款机构被纳入"关于加强关系银行职能的行动计划"中。❹ 由于这一系列政府主导的举措，日本金融机构已成为"信息需求者"。更及时、更相关、更有用的知识产权资产信息有助于更好地为投资和信用评估提供信息，以增加向知识产权丰富型年轻日本中小企业作出积极贷款决定的数量。日本和丹

❸ Reference Guideline for Intellectual Property Information Disclosure in the Pursuit of Mutual Understanding between Companies and Capital Markets through Voluntary Disclosures of Information on Patent und Technology（January 2004）Ministry of Economy，Trade and Industry，Japan.

❹ Johansen U，et al. The Japanese Government's Intellectual Capital Reporting Guideline：What are the Challenges for Firms and Capital Market Agents？（2006）7（4）Journal of Intellectual Capital 474 – 491.

❹ A revolution postponed，（May/June 2014）I AM Magazine 5 – 6，3 at www. iam – media. com/ctredir. ashx？g = cc6edf40 – 3f31 – 4157 – blaa – 0cb886775091.

❹ Ordonez de Pablos P，Edvinsson L. Intellectual Capital in Organizations：Non – Financial Reports and Accounts（2015）Routledge，pp 187 – 191.

❹ Action Program concerning enhancement of Relationship Banking Functions（Background and Basic Policy Concept）（28 March 2003）Japanese Financial Services Agency，英文版本见 www. fca. go. jp/news/newse/e20030328 – la. pdf.

麦一样，对公司披露知识产权资产和战略信息的态度似乎已经不同。纽约是华尔街❶所在地、纽约证券交易所所在地，同时也是美国最大的券商和投行的历史总部，因此接下来，笔者将讨论美国强制报告公司知识产权资产的经验。

6.2.4 美国

几个世纪以来，美国❺在发展和资助激进的想法方面非常成功，特别是在数字经济方面（如谷歌、脸书和推特）。它在硅谷和波士顿拥有强大的创业生态系统。美国对上市公司企业报告的方法与英国相似，具有比较制度意义，原因有三：（1）它是世界上最大的经济体；（2）它是公司治理理论和理念的重要"输出者"；❻（3）在强制性披露要求中明确提及公司知识产权和无形资产。

上述原因导致其公司知识产权资产和战略披露水平高于英国，并且为了保护投资者，将既定的公司治理重要性原则应用于知识产权披露。

在背景方面，2001 年欺诈性会计丑闻导致全球最大的能源交易商之一安然公司（Enron Corporation）倒闭，鉴于该丑闻产生的冲击，美国重新评估了公司披露要求的各个方面。外部审计机构安达信会计师事务所（Arthur Anderson）（现已解散）因批准安然公司包含有关利润的虚假信息以及亏损和糟糕的财务报告受到调查。安然公司复杂的财务报表令股东和分析师感到困惑。此外，安然公司复杂的业务模式和不道德行为要求公司利用会计的局限性虚报收益，并修改资产负债表以显示良好的业绩。❼ 美国证券交易委员会（SEC）调查了安然公司，结果证明它实际上已经违反了基本会计程序。从公司治理角度来看实在令人震惊，因为从书面文件来看，安然公司有一个主要由拥有大量股权的公司外部人士组成的模范董事会和一个高水平的审计委员会。但它却通过一系列会计和融资手段掩盖真实的财务业绩。2001 年 12 月至 2002 年 4 月，参议院银行委员会、众议院和城市事务委员会以及众议院金融服务委员会就安然丑闻以及相关的会计和投资者保护问题举行了多次听证会。这些听证会和安然

---

❶ "华尔街"一词也被用作金融和投资界的统称。

❺ 2016 年，美国的知识产权指数提高 0.1，达到了 7.7，使其在北美排名第二，世界排名第 15。国际货币基金组织（IMF）将美国列为先进经济体集团（Advanced Economies group），世界银行（World Bank）则将其列为 OECD 的高收入国家。知识产权分类指数提升了 0.2，至 8.6，其中知识产权保护得分 7.9，专利保护得分 9.8，版权保护得分 8.2。参见 http：//internationalpropertyrightsindex.org/country? c = UNITED + SIATES.

❻ Siems M，Cabrelli D. Comparative Company Law A Case‐Based Approach（2013）Hart Publishing Limited，Oxford，p 19.

❼ Healy P M，Krishna G P，The Fall of Enron（Spring 2003）17（2）Journal of Economic Perspectives 9.

公司之后发生的其他丑闻促使美国国会重新评估了公司报告和披露法律要求，最终于 2002 年 7 月 30 日通过了萨班斯－奥克斯利法案（SOX 2002，以下简称"萨班斯法案"），以解决公司治理缺陷。[48]

萨班斯法案是针对公司治理失败而制定的最重要的美国联邦法律。[49] 它为所有美国上市公司董事会、管理层和会计师事务所提出了新的或扩展性的要求。其中一些规定也适用于私营公司。在无形资产和知识产权方面，萨班斯法案要求增加所有公司资产（有形和无形资产）的报告。[50] 它还要求上市公司（非中小企业）增加对内部控制结构和财务报告程序的报告。[51] 萨班斯法案第 3 章共有 8 节，要求高级管理人员对公司财务报告的准确性和完整性承担个人责任。[52] 因此，美国上市公司（与英国上市公司一样）负有有效衡量、密切监测和披露知识产权与其财务业绩之间关系的法律义务。它们将这些权利范围和强度的变化转化为可报告的财务绩效指标。[53] 萨班斯法案和美国证券法一般要求制定相关程序，以确保财务报表和报告在 GAAP 标准下是可靠的。必须披露对财务业绩有重大影响的知识产权，包括资产负债表外工具。[54]

从本质上讲，萨班斯法案对准确评估所有资产的强调更甚以往。和英国 2006 年公司法一样，法案中没有明确提到知识产权这一法律术语（其中有一处例外）。因此，美国也和在英国一样，知识产权不仅在财务账目中不可见，在公司法中也被普遍隐藏。萨班斯法案要求记录公司资产的"非公允价值"，而不是"使用价值"。它遵循公认的无形资产的定义。[55] 但是，法律中也有一

[48] Chhaochharia V, Grinstein Y. Corporate Governance and Firm Value: The Impact of the 2002 Governance Rules (March 2007) Johnson School Research Paper Series No. 23 - 06 Johnson School of Management, pp 7 - 9. 美国的其他企业丑闻包括泰科国际（Tyco International）、阿德菲亚（Adelphia）、百富勒系统公司（Peregrine Systems）和世通公司（WorldCom）。这些公司的股价暴跌，动摇了公众对美国证券市场的信心，使投资者总共损失了数十亿美元。

[49] 萨班斯法案以赞助商美国参议员 Paul Sarbanes 和美国代表 Michael G. Oxley 的名字命名。

[50] (Pub, L. 107u204, Stt. 745 Pub. L. enacted July 30, 2002)，又被称为公众公司会计改革和投资者保护法案（在参议院）和公司和审计问责制和责任法案（在众议院），是一项美国联邦法律，为美国所有的公共董事会、管理层和公共会计师事务所设定了新的或更高的标准。

[51] 萨班斯法案第 302 条（披露控制）、第 401 条（资产负债表外项目）、第 404 条（内部控制评估）。

[52] 安然和世通。安然的破产突显了失衡工具是如何被欺诈性地使用的。

[53] Manickavasagam V. IP Best Practices in the Post Sarbanes - Oxley Act Era (February 2011).

[54] Kote L et al (2005); Report and Recommendations Pursuant to Section 401 (c) SOX 2002. On Arrangements with Off - Balance Sheet Implications, Special Purpose Entities, and Transparency of Filings by Issuers at www. sec. gov/news/studies/soxoffbalancerpt. pdf.

[55] Gallagher & Cawsey Co. Wading Through the Intellectual Property Requirements of the Sarbanes - Oxley Act of 2002 (2005).

处对知识产权资产的明确承认。S－K 规则第 101（c）（l）（iv）条明确要求
上市公司在其年度报告中披露：

> 如前所述重要的专利、商标、许可、特许经营权和特许专营权对公司
> 工业部门的重要性、存续期限和效果。

该规则明确涉及知识产权的披露。对专利而言，这意味着必须在上市公司
的年度报告中披露所有有关专利及专利许可的重要信息。评论员指出，该条款
引起的一些重要知识产权问题不仅是重要性问题，还包括如何定义对公司工业
部门的重要性和所述知识产权的效果❺❻。最终，以专利为例，如果专利资产能
帮助公众（如潜在的投资者或贷款方）评估公司，或具有潜在的经济影响，
则该专利需要被披露。

美国的重要性标准要求所有重要信息必须由上市公司（将其股份公开出
售的公司）连续地披露。❺❼ 从法律分析来看，这是事实与法律的混合问题。重
要性要求一个理性股东能从给定事实中得出的推论进行评估。❺❽ 这是一个主观
的法律标准，因此没有关于重要性的明确法律规则，因为每种情况都不同
（有特定的事实）。区分重要信息和非重要信息可能会让人感到困惑。公司治
理重要性标准对于确定哪些知识产权资产和战略信息应被优先考虑具有重要意
义。在美国和英国，重要性门槛为公司叙述性信息中的知识产权资产和战略披
露提供了一个有效的过滤器，使重大趋势和重要事件得以识别，而不会被埋没
在大量信息或 FRC 所称的杂乱无章之下。

根据 1934 年美国证券交易法，重要信息的定义是："理性投资者在决定购
买或出售已注册证券时很可能会重视的信息"。美国联邦最高法院裁定，重要
性是指显著改变了投资者可获得的信息的总体组合。为了进一步阐明重要性的
定义，SEC 曾明确指出，在确定重要性时必须同时使用定性和定量因素。这种
法定推理在英国也具有说服力。当将重要性认定中要求的定性分析与关于公司
无形资产价值的定量报告相结合时，可以认为公司地位和前景与公司的知识产
权资产和战略相关，是公司董事会应该考虑披露的突出问题。重大信息披露的
法律概念还要求上市公司的董事们要用比过去更开阔的视野看待公司知识产权
资产的重要性，然后再仔细考虑针对特定事实的判断。在英国，为指导公司在
资本市场上进行全面、公正的披露，重要性概念最终取决于对以下问题的回

---

❺❻ 同脚注❺❺，第 7 页。

❺❼ 该标准不适用于非上市公司。

❺❽ Marksman Partners L. P. v. Chantal Pharm. ，927 F. Supp. 1297，1305－1306.

答："投资者会认为什么信息是重要的，它是否会对股价产生影响？"这一问题可以延展出更加具体的问题：公司的知识产权资产是否与业务直接相关？它与判断业务绩效有关吗？公司知识产权资产如何管理、由谁负责？如何确认这些资产正在被良好地管理着，符合公司的利益并能促进公司的成功？是否有正式的知识产权侵权指控？经验表明，前瞻性信息（例如知识产权战略）的说明和效力取决于公司的声誉。[59] 主观的重要性标准还允许董事及其顾问商议一些不重要的问题，即具有不确定性或重要性不足以严重影响公司股价的问题。

为了进一步阐明重要性的概念，美国已经发展出了各种学说，有助于进行重要知识产权信息披露。其中包括理性投资者标准、掩盖事实原则、谨慎行事原则、简单数学规则以及新兴的合理可用数据规则。[60] 简单数学规则意味着，在披露了计算账本底线所需要的数据之后，就可以不披露账本底线，因为能够通过简单运算算出该底线。根据掩盖事实原则，如果披露的内容隐瞒或掩盖了要披露的信息，则该披露被认为是不充分的。该学说适用于相关事实被隐藏在大量文件中或被零散披露的情形，因为这会妨碍理性股东意识到散布在文件中的各种事实的相关性和整体意义。[61] 美国法院还寻求通过市场效应来帮助确定重要性。[62] 据此，公司治理法律理论和学说已经存在了，但除了在 IT、制药和生物技术领域公开上市的公司之外，很少有与知识产权相关的指导或案例。

公司董事在平衡披露义务与保护资产价值的诚信义务之间面临着巨大的挑战，当资产价值可能因过早披露而被破坏或因过度披露而减少（尤其是在涉及专利权的情况下）时，这一问题更加突出。不过，在要求公开专利许可或其他敏感信息时，SEC 也可能会对某些信息采用保密处理程序，其他信息则会被披露。[63] 笔者并未在 2006 年公司法中见到类似程序。在英国，2006 年公司法第 414C（14）条明确规定，如果董事认为披露会严重损害公司的利益，则不必披露涉及后续发展或影响谈判的信息。即使该信息被认为是重要的，也不

---

[59]　Bravo F. Forward–looking Disclosure and Corporate Reputation as Mechanisms to Reduce Stock Return Volatility, （2016）（19）1 Spanish Accounting Review 122–131.

[60]　Padfield S J. Who Should do the Math? Materiality Issues in Disclosures that Require Investors to Calculate the Bottom Line（15 May 2007）34（4）Pepperdine Law Review 4–5 at https：//papers.ssrn.com/sol3/papers.cfhi？abstract_id＝928630.

[61]　参见 Werner v. Werner, 267 F. 3d 288, 297（3d Cir. 2001）［引自 Kns v. Financial General Bankshares, Inc., 796 F. 2d 508, 516（D. C. Cir. 1986）］.

[62]　参见 Thomas R. S. The Materiality Standard for Intellectual Property Disclosures（2002）42（2）IDEA The Journal of Law and Technology 205–226.

[63]　SEC 在工作人员法律公报第一号"机密处理请求"（1997 年 2 月 28 日，2001 年 7 月 11 日附录）中为规则 24b–2 机密处理请求规定了重要性和程序性准则。

必披露。

在美国，萨班斯法案重申了对所有资产进行精心评估和监控的必要性，并且特别从公司披露的合规性角度提到了知识产权资产。这些要求确保了有关公司知识产权的内部信息能被传达和转换为外部财务报告。

但是，批评家认为，繁重的公司报告要求已对该系统产生了负面影响。目前存在大量与萨班斯法案的成本和收益有关的学术研究，它们得出了不同的结论。[64] 导致这种情况的原因之一是：难以将该法案的影响与其他影响股市和公司收益的变量区分开来。据模拟，一家美国上市公司遵守萨班斯法案进行披露的平均成本约为每年 400 万美元。[65] 而 2007 年的 Foley 和 Lardner 调查分析了美国上市公司总成本的变化（例如外部审计师费用、董事和高级职员的保险、董事会薪酬、生产力损失和诉讼费），发现公司严重受到萨班斯法案要求的影响。近 70% 的调查受访者表示，对于营业额低于 2.51 亿美元的上市公司，应免除该法案第 404 条对其的要求。[66] 尽管严格要求上市公司进行公司报告的理由是合理的，但贯彻该规定的实际成本显然很高。不过，由于第 302 条要求 CEO 和首席财务官对财务报告负责，因此萨班斯法案的要求也提高了公司的透明度（基于分析预测的准确性），从而提高了投资者的信心和财务报表的准确度、可靠性。[67] 这表明，在美国，提高公司知识产权资产披露水平的原则是正确的，只是需要借助适当的工具，系统化知识产权资产和战略披露的水平，以实现成本效益。

6.3 公司知识产权资产披露不断发展的概念框架

本章中，笔者比较了几个国家关于公司无形资产和知识产权资产信息及战略的解决方案的差距。在第 4 章中，我们看到在 2006 年公司法制度下，由于可以使用简要报告格式，法律对中小企业的披露要求极低，因此令人惊讶的是，几乎没有任何企业的知识产权信息或战略可以被公开获得。公司知识产权

---

[64] Shakespeare C. SOX 2002 Five Years On: What Have We Learned? (2008) Journal of Business & Technology Law: 333; Five years of Sarbanes – Oxley (26 July 2007) The Economist.

[65] Hailing D B. The Decline and Fall of the American Entrepreneur: How little known laws and regulations are killing innovation (2009). Hailing 先生是美国专利律师。他在第 6 章讨论了萨班斯法案对美国技术创业生态系统的影响。

[66] 参见 Foley Study Reveals Continued High Cost of Being Public (2 August 2007) www.foleyandlardner.com.

[67] Arping S, Sautner Z. Did SOX Section 404 Make Firms Less Opaque? Evidence from Cross – Listed Firms (2013) 30 Contemporary Accounting Research 1133 – 1165.

资产在财务账目乃至整个公司法中都是不可见、被隐藏的。在英国和欧盟的公司法律制度中，智力资本声明并不是法律要求。埃德文森教授在 2002 年警告道：

> 市场认知度与会计实务之间始终存在偶尔、暂时的差距。但是现在，这种差距正在变成一个鸿沟。这说明，并不是我们看到了偏差，而是我们衡量价值的方式存在系统性缺陷。**❻❽**

我们需要将公司知识产权资产集成到会计和公司治理程序中。但是，目前只有丹麦、德国、日本和美国提供了自己国家的智力资本、知识产权公司报告准则。不过，经济合作与发展组织（OECD）、欧共体和世界银行都很支持这一做法。**❻❾** 智力资本报告的作用是一个叙述的过程，该过程展示了公司如何通过开发、使用其无形资产（包括知识产权）为股东和利益相关者创造价值。此外，尽管公司知识产权资产和战略已经被定义为智力资本报告的组成部分，但由于其严重被忽视，因此还需要更多地强调。改进后的叙述性报告格式需要确保能够识别、衡量和构建有关公司如何为实现最大利益而使用知识产权资产的连贯描述。但是迄今为止，只有日本和美国成功地形成了叙述性无形资产报告文化，其他大多数地区都尚未鼓励和培养类似的文化。

笔者认为，成本是公司智力资本、知识产权和表外项目（例如内部产生的专利资产）叙述性报告引起争议的重要原因之一。某些时候，必须保证正式披露知识产权资产信息和战略所涉及的成本，因为这些信息将为提高信贷额度带来潜在的好处。贷款方不需要知道专利权的确切价值，相反，它只需要知道，如果债务方拖欠贷款，它的知识产权的价值是否足以支付每月还款和债务方拖欠贷款时的任何未付金额。**❼⓪** 智力资本声明是对传统账目的补充，在英国，除法定报告外，还可以自愿编制报告。笔者认为，在法定报告中明确列入智力资本和知识产权是明智之举。但是，为了避免董事对误导性信息承担责任，公司需要更多关于如何进行重大和非重大的知识产权披露的指导，这一主题将在下一章进行讨论。

---

❻❽ Edvinsson L. Intellectual Capital Realizing Your Company's True Value by Find Its Hidden Brainpower (1997) Harper Collins Publishers, p 2.

❻❾ 2002 年，欧共体资助了 MERITUM（1999 ~ 2003 年）项目，该项目导致了无形资产管理和报告指南（2002 年）的制定，该指南将智力资本分为人力资本、结构资本和关系资本。欧共体的 RICARDIS（2006）项目采用了 MERITUM（2002）的智力资本分类。

❼⓪ Murphy et al. Patent Valuation Improving Decision Making through Analysis（5 April 2012）Wiley.

6.4 公司知识产权资产透明度和披露的结论

正如前文所述，在过去的 15 年左右的时间里，我们已经更好地理解了为什么诸如智力资本和知识产权之类的企业无形资产是如此重要的商业资产类别。之前在第 4 章中，我们看到传统的财务会计难以独自应对这些新的公司治理披露挑战。丹麦、德国、日本和美国都是在 2016 年知识产权指数排名前 20 位的国家。如上文所说，公司叙述性报告制度在披露公司智力资本和知识产权等无形资产方面具有明显的规范性。但是在本章，我们发现，在各种智力资本准则中，对于如何最好地披露公司知识产权资产以确保透明度和保护股东及其他利益相关者，尚且缺乏关键（理论）的考虑。至少，在公司披露中运用数字和叙述的组合，三角分析知识产权资产信息，在报告公司知识产权资产时投入更多的批判性思维和空间的做法是适当的。当前，企业知识产权资产报告政策的缺失导致公开类型和公开水平缺乏标准化，需要一个国际标准。目前，知识产权信息披露水平相对较低，且一般与公司规模有关（如第 5 章所述）。丹麦、日本和美国的智力资本和知识产权信息报告表明，这些数据是有价值的，并且正在成为这些司法管辖区的规范公司治理法律要求，所有发达经济体都拥有健全的知识产权法律框架。但是，公司为提高知识产权资产和战略报告水平而进行的广泛收购行为，尚未在实践中导致任何重大的步骤性变化。

在下面的章节中，我们将思考如何不断提高企业知识产权资产信息和战略的披露水平。从传统财务报告向公司叙述性披露的转变，将对会计行业适用 IAS 38 确定知识产权价值方面的首要地位产生影响，这需要知识产权和法律专业人员、国家知识产权局和公司监管机构提供多学科的投入。我们在严格审查的几个司法管辖区中取得了实际的管理进展，凸显了透明度和股东保护是补充陈述披露机制的理论基础。尽管分析没有得出任何标准方法，但是，丹麦、美国和日本是积极提供健全的公司治理法律框架的示范性司法管辖区，并且正在成为标准制定者。这些司法管辖区的公司能够就报告知识产权资产和战略信息获得指导，以创建更加透明的商业环境。每个比较国家的功能性公司治理系统均已引入该指南，美国和日本已经颁布法律，明确规定在叙述性报告中披露公司知识产权信息的义务。

在第 7 章中，我们将继续关注公司专利资产，并分别研究强制性披露、自愿性披露公司知识产权和专利信息制度的内容和结构。

第 7 章

实质和形式：制定公司叙述性
知识产权资产披露的实践规范

真实且公平的观点意味着法定信息和其他信息不仅是可以获取的，而且能以恰当且易于理解的形式展现。

罗素·凯特（Russell Kettle）（1887—1968）特许会计师和作家❶

介 绍

本章笔者将讨论以下问题："创新型企业应如何报告其知识产权资产？"对它们而言，至关重要的是提供一种统一的形式，来识别、报告公司知识产权资产如何为对公司发展前景感兴趣的股东、投资者、贷款方和其他利益相关者创造价值。笔者将以专利资产为例来说明这些概念。企业专利价值报告应旨在以统一、清晰和整洁的方式展示企业如何营利。❷ 此外，创新型企业应从平衡的视角展示专利资产在企业中所起的作用，从提高透明度和减少信息不对称的视角看待当前用于评估专利投资组合的财务会计指标。本章旨在探讨专利信息自愿披露的内容和结构。在英国，这可以被纳入公司年度报告中的战略报告（企业叙述性报告的一种形式）。在第 7.1 节中，笔者介绍了 FRC 关于无形资产、智力资本报告和相关文献的看法。第 7.2 节介绍了一个小案例研究，该研究对上市公司年度报告中具体的叙述性专利披露进行了定性分析。第 7.3 节讨论了欧盟和英国许多不同学科专家的现有观点，为英国创新型中小企业专利信息和战略的自愿披露建立指南提供了依据。

---

❶ Kettle R. Balance Sheets and Accounts under the Companies Act, 1948 in Baxter, W. T. （Ed.）Studies in Accounting （1950）Sweet & Maxwell, p 17.

❷ Cowley A, Swaffield A. The Strategic Report A Practical Guide to the New Regulations （2014）Deloitte.

7.1 FRC 的战略报告指南

2013 年 8 月，英国议会批准了 SR 条例。战略报告的目的是向股东提供信息，并帮助他们评估董事如何履行其职责，促进公司的成功。[3] 战略报告独立于董事报告，必须由董事会单独批准。FRC 是英国的独立监管机构，负责提高英国 2006 年公司法要求的公司报告和治理的私密性，以促进投资信心。[4] 它力求确保"公司报告包含相关、可靠、可理解和可对比的信息，并且对包括管理决策在内的公司决策是有用的。"[5] 它鼓励公司编写高质量的战略报告，要求其提供"对公司的业务模式、战略、发展、绩效、地位和未来前景进行的全面而有意义的描述"。[6] FRC 称：

> 实际上，年度报告包括三个不同的部分：叙述性报告、公司治理报表和财务报表。不同部分包含的信息有不同的目的，应当指导编制者了解信息披露的位置。其目的在于促进凝聚力并使相关信息得以连接在一起。[7]

进一步说明：

> 叙述性公司报告的首要目标是提供有关公司的信息，阐述公司的主要目标和战略，面临的主要风险；并补充和提供相关财务报表的背景。[8]

这句话完美地解释了为什么一个只有表外无形（专利）资产的创新型中小企业应该考虑通过提交一份战略报告来自愿补充和提供相关财务报表的背景，因为这些报表并没有确定或反映其价值。战略报告应对以下内容进行公正、平衡的审查，以符合以下业务的规模和复杂性：

（a）该公司业务于财务年度内的发展和表现；

（b）该公司在年底的状况；

（c）该公司面临的主要风险和不确定因素。

大企业必须包括财务和非财务关键绩效指标（KPI），而中型企业可以不披露非财务关键绩效指标。企业知识产权和专利信息是非财务关键绩效指标，

---

[3] 2006 年公司法第 414（C）1）条。

[4] 参见 www. frc. org. uk/Our – Work/our – key – activities. aspx.

[5] Rising to the Challenge：A Review of Narrative Reporting by UK Listed Companies（2009）Accounting Standards Board p 1. FRC 审查了 50 家英国上市公司的年度报告，侧重考查其内容、交流和混乱程度。

[6] FRC Exposure Draft：Guidance on the Strategic Report（2013）at p 7.

[7] 同脚注[6]，第 10 页。

[8] 同脚注[6]。

创新型企业应考虑在年度报告中自愿披露。年度报告是为满足创新型企业的业务目标而设计的，其应为股东和其他利益相关者提供必要的信息，以评估企业的以下内容：

(a) 发展、业绩和地位；

(b) 未来前景；

(c) 实现其目标的战略；

(d) 商业模式；

(e) 公司治理。❾

早在2008年，FRC就建议上市公司要报告非财务关键绩效指标（比如智力资本和知识产权），以说明如何监管公司业务的主要驱动，以及"质量补充信息永不混乱"❿。重要的是，FRC明确表示支持"增强"叙述性报告：

> 编制一份高质量的年度报告，有效地传达所有重要信息，这是一项重大的智力和逻辑挑战。许多公司持续投入大量时间和精力来改进叙述性报告，但是随着经验和实践的发展，总会有进一步改进的机会。⓫

然而，FRC特别就智力资本发表如下声明：

> 资产负债表外资源
>
> 大多数公司都在讨论他们的员工，鉴于这是目前"在必要范围内"的要求，这不足为奇。但是，只有36%的公司在此基础上讨论了其他无形资产，例如品牌、智力资本和自然资源。资产负债表外的资产往往是影响公司未来发展最重要的部分；关于"绩效和地位"的全面讨论应包括资产负债表上的资源。⓬

换句话说，FRC建议所有公司的叙述性报告都包含更多的信息，并重点关注智力资本领域。根据定义，智力资本包含知识产权信息。就信息水平而言，FRC的非强制性指南是：

> 3.19 战略报告应被视为股东信息的顶层。一些用户可能需要更详细的细节。在这种情况下，战略报告可用于介绍补充信息。
>
> 3.20 这种介绍可以使股东深入了解那些不为法律法规所要求，但与

---

❾　Guidance on the Strategic Report（June 2014）FRC pl5 at www. frc. org. uk/getattachment/2168919d－398a－41fl－b493－0749cf6f63e8/Guidance－on－the－Strategic－Report. pdf 以及 2006 年公司法第 417 条。

❿　同脚注❾，第 20 页。

⓫　同脚注❾，第 3 页。

⓬　2006 年公司法第 417（4）（a）和（b）条。

特定问题息息相关的详细补充信息。这些更详细的补充信息应当放在年度报告的其他位置，或单独发布。[13]

如果某一信息的遗漏或叙述失误会影响股东根据整体年度报告作出的经济决策，则该信息是重要的。只有与战略报告有关的重要信息才应被列入报告。[14] 重要性在很大程度上取决于公司。其取决于企业在年度报告中汇报的相关信息的实际、潜在影响的性质或大小（或两者兼而有之）。它要求董事根据相关事项对公司的发展、绩效、地位或未来前景的相对重要性进行评估、作出判断，这部分内容笔者在第 6 章中已进行了详细讨论。与财务报表中的项目相比，定性因素（如企业知识产权资产信息和战略）对确定战略报告中的重要性的影响可能更大。财务和非财务信息都可能是重要的。[15]

7.1.1　通过自愿报告公司知识产权减少不确定性 *

大约 20 年前，恩斯特（Ernst）[16] 发现，根据各种营利能力和生产率的衡量标准，技术重点狭窄的专利活跃公司的表现优于其他公司。在后来的研究中，他还发现，在公司提交专利申请两到三年后，其销售额就会增加，这显示出一种因果关系。[17] 蓝博（Ramb）和雷齐格（Reitzig）得出结论：在欧洲，专利申请与公司市场价值之间的关联性往往比资产负债表中的研发投资更强。[18] 这一研究印证了加强知识产权信息，尤其是专利信息披露的必要性。2013 年，牛津大学的卡尔·弗雷（Carl Frey）博士提到：

> 专利信息比公司发布的其他信息更能说明公司的市场价值，这一规律同样出现于美国公司的年度财务报表 ［根据赫斯切（Hirschey）和理查森（Richardson）在 2004 年的研究］、日本公司（根据赫斯切和理查森在 2001 年的研究）和德国的一家公司 ［根据特劳温（Trautwein）在 2007 年的研究］ 中。因此，有人提出，专利可以用来向资本市场展示经济利益

---

[13]　同脚注[12]，第 12 页。

[14]　同脚注[12]，第 15 页第 5.1 段。

[15]　但是请注意，2006 年公司法没有使用术语"重要的"，但许多规定都暗含了这一概念。

*　原著只有 7.1.1，无后续。为保持原著层级，特此保留。——编辑注

[16]　Ernst H. Patenting Strategies in the German Mechanical Engineering Industry and their Relationship to Company Performance（1995）15（4）Technovation 225 – 240.

[17]　同脚注[16]。

[18]　Ramb F, Reitzig. A Comparative Analysis of the Explanatory Power of Balance Sheet and Patent Information for Market Values of German Firms（2004）Working paper, Copenhagen Business School.

［例如布莱德（Blind）等人 2006 年的研究］，这一观点已得到了经验支持。❿

弗雷博士的研究探讨了通过加强上市公司在资本市场上的披露（而不是私营中小企业自愿披露专利信息）来减少专利和商标信息不对称的问题。弗雷博士得出结论，报告知识产权信息有助于上市公司克服由信息不对称导致的股市的不确定性，从而降低资本成本。我们可以推断出，需要债务融资的创新型中小企业一定很想向贷款方展示其知识产权信息。英国法律强制要求的公司年度报告给了它们这个机会，然而，知识产权信息公司报告制度仍处于起步阶段。❾ 笔者认为，在公司业务生命周期的早期阶段厘清企业知识产权资产价值会带来额外的好处，有助于确保公司在整个业务生命周期中系统地报告专利组合的进度和增长。例如，如果公司未来决定筹集股本融资，那么过往的专利信息将起到极大的作用（且后续整理这些信息的成本要低得多）。因此，为了进一步发展知识产权资产披露制度，我们将重点放在公司专利信息的报告上。下一节中关于葛兰素史克（GSK）的小案例研究将对 GSK 在其 2012 年年度报告中披露的专利信息进行批判性研究，讨论这家全球制药公司是如何向股东和其他利益相关者披露作为企业核心资产的专利组合的价值。

7.2　小案例研究：葛兰素史克上市公司 2012 年年度报告

全球制药公司——GSK 在 2012 年年度报告❹中披露的专利相关信息被选为专利信息披露方面的最佳实践范例。制药行业的商业模式在很大程度上取决于专利的有效性，以保护关键药品的有效成分（与飞利浦商业模式相反）。之所以选择案例研究法，是因为对单个公司重大信息披露的详细审查能够让我们看到一个连贯呈现各种专利信息的模式。这是一种探索性的实证研究形式，用于在现实环境中调查当下的某种现象。❷ 就我们的目的来讲，这个小案例研究有助于在实际应用中说明理论上的法律概念，弥合白纸黑字的法条和司法实践

❿　Frey C B. Intellectual Property Rights and the Financing of Technology Innovation（2013）Edward Elgar Publishing Limited，p 19.

❾　Lev B. Intangibles Management，Measurement，Reporting（2001）Brookings Institution Press；Blair M M，Wallman S M H. Unseen Wealth：Report of the Brookings Task force on Intangibles（2001）Brookings Institution Press，Washington D. C.

❹　参见 GSK Annual Report 2012 at www. gsk. com/media/2694/annual－report－2012. pdf.

❷　Yin R K. Case Study Research：Design and Methods（1984）Sage Publications，Newbury Park p 23.

之间的脱节：描述性（如何做）和解释性（为什么这么做）。GSK 2012 年年度报告精心梳理了叙述性的专利信息披露，并对披露的重要性进行了批判性分析。该分析基于一个重要假设：从撰写者的角度来看，报告中专门针对某一主题的叙述篇幅表明了该主题的相对重要性。[23] 尽管 GSK 作为一家上市公司比一家典型的创新型中小企业负有更为繁重的叙述性报告义务，但其目的是对以下内容进行批判性分析：

- GSK 选择披露的专利信息类型；
- 如何起草和展示这些信息；
- GSK 未披露哪些类型的信息；
- 专利信息披露的选择是否可以作为自愿披露专利信息指南的基础（采用更简化的格式）。

7.2.1　GSK 的历史

GSK 成立于 1999 年 12 月 6 日，是由葛兰素威廉（Glaxo Welcome）和史克必成（SmithKline Beecham）两家上市公司合并而成的英国上市公司。它是 GSK 集团的母公司，GSK 集团是一家占据主要市场份额的全球性医疗保健集团，致力于药物及保健品的创制、研发、发展、制造和营销。GSK 的股票分别在伦敦和纽约证券交易所上市。[24] 该公司的商业成就取决于研发受专利保护的创新药物、疫苗和保健产品。正如我们所见，英国公司法要求董事必须为每个财政年度准备财务报表，GSK 的董事必须按照欧盟采用的 IFRS 来准备集团财务报表。在准备 GSK 财务报表时，董事也选择遵守 IASB 发布的 IFRS。[25] GSK 的董事非常清楚自己的法律义务，也知道报告将受到包括会计师、律师在内的众多专家的严格审查，他们会非常谨慎地准备报告以确保发布前的真实性。GSK 对其专利组合进行了大量投资，这对股东至关重要。因此，作为上市公司，法律要求其按照英国公司治理守则（UK Corporate Governance Code）[26] 披露与有价值的专利组合有关的信息。选择披露的专利信息和 GSK 公开信息的

---

[23]　Striukova L, et al. Corporate Reporting of IC: Evidence from UK Companies (2008) 40 The British Accounting Review 297 –313, 298 –301, 304.

[24]　GSK 2012 supra n [21] p 251.

[25]　IFRS（通常称为"IFRS 标准"）是 IFRS 基金会和 IASB 发行的标准，旨在为企业事务提供通用的全球语言，以便公司账目在国际范围内易于理解和可比较。

[26]　UK Corporate Governance Code, Financial Reporting Council at www. fre. org. uk/directors/corporate – governance – and – stewardship/uk – corporate – governance – code/history – of – the – uk – corporate – govern-ance – code.

方式应具有较高的标准。GSK 年度报告中所有提到"专利"之处都用下划线标出，以凸显它们在文本中的位置。

7.2.2　GSK 2012 年年度报告的结构

GSK 2012 年年度报告❷十分冗长，共 252 页，分为五个部分，如图 7.1 所示。

第一部分　战略总结 　董事长致辞 　CEO 总结 　战略总结 　执行 　工作场景和工作内容 　市场情况 　实现战略 　企业责任	第四部分　财务报表 　董事责任说明 　独立审计师报告 　财务报表 　财务报表附注 　根据英国 GAAP 编制的 GSK 上市公司财务报表
第二部分　财务审查与风险 　财务总结 　财务状况和资源 　2011 年财务总结	第五部分　投资者信息 　产品开发流程 　产品、竞争与知识产权 　季度趋势 　五年记录 　股本及股价 　股利 　2013 年度股东大会 　美国法律法规 　股东税务信息 　股权分析 　股东服务和联系方式 　术语表和索引
第三部分　治理与薪酬 　董事会 　企业执行团队负责人声明 　董事会向股东的报告 　委员会报告 　薪酬委员会负责人声明 　2012 年总薪酬 　2012 年薪酬情况 　2013 年薪酬政策 　董事酬金及薪酬总额 　董事和高级管理人员	

图 7.1　GSK 2012 年年度报告结构

---

❷ 同脚注❷。

该报告并没有把知识产权或专利组合的部分独立列出。但是，报告末尾第 229～231 页的"第五部分 投资者信息"中包含"产品、竞争和知识产权"章节。该结构本身突出了知识产权和专利信息的可见性和透明度。读者并不是任何时候都能注意到报告中的专利信息，相反，他们必须非常仔细地分析整个报告，以找到所披露的专利信息（第五部分除外，其中许多内容是对账目的简短说明）。起草该报告是为了遵守上市公司信息披露的法律要求，使用的是以往的业务审核格式，如图 7.2 所示。

---

1. 公平审查：业务描述和策略（公司法第 417（3）（a）条）

2. 主要风险和不确定性（公司法第 417（3）（b）条）

3. 财务总结：绩效和职位（公司法第 417（4）（a）和（b）条）

4. 趋势和因素（公司法第 417（5）（a）条）

5. 企业社会责任：环境、员工、社会与社区（公司法第 417（5）（b）条）

6. 关系：合同和其他协议（公司法第 417（5）（c）条）

7. 财务关键绩效指标（KPI）（公司法第 417（6）（a）条）

8. 非财务关键绩效指标（KPI）（公司法第 417（6）（b）条）

图 7.2 2006 年公司法对上市公司信息披露的要求

资料来源：Rising to the Challenge：A Review of Narrative Reporting by UK Listed Companies in 2008/2009 Accounting Standards Board pp 5－17.

总而言之，GSK 遵守了 2006 年公司法规定的信息披露要求，其知识产权和专利信息公开贯穿整个报告的始终。但这于我们的目的无碍，因为我们要分析其性质和内容，它能指导公司运用 ICS 或战略报告的格式（见前述第 7.1 节）公开专利信息。

7.2.3 GSK 的财务报表

为了将我们对 GSK 叙述性专利披露的讨论背景化，笔者首先研究 2012 年年度报告第四部分的合并财务报表，即传统财务报表。2012 年年度报告披露，截至 2012 年 12 月 31 日，GSK 的无形资产价值 101.61 亿英镑（见图 7.3）。注释 19 详细说明了这些无形资产。[28] GSK 的资产负债表是使用实际成本公约编制的，符合英国 GAAP。这些数据和会计处理均由 PricewaterhouseCoopers 有限责任合伙会计师事务所[29]进行独立审计，它们认为"集团财务报表真实且公平

---

[28] 同脚注[21]。

[29] 伦敦的特许会计师和法定审计师。

地反映了集团的情况"。

非流动资产	记录	2012 年/百万英镑	2011 年/百万英镑
物业、厂房及设备	17	8776	8748
商誉	18		
其他无形资产	19	10161	7802
对联营企业和合资企业的投资	20	579	560
其他投资	21	787	590
递延所得税资产	14	2385	2849
衍生金融工具	41	54	85
其他非流动资产	22	682	525
非流动资产总计		23424	21159

图 7.3　GSK 截至 2012 年 12 月 31 日的合并资产负债表和无形资产

请注意，"其他无形资产"在该资产负债表中的价值是迄今为止最大的，其价值似乎增加了 23.59 亿英镑，是该公司两年来所有资产类别中占比最大的——增加了高达 30%。有关"其他无形资产"（包括专利资产）的会计处理，载于报告第 146 页附注 19，摘录如下：

> 其他无形资产
>
> 无形资产按成本减去摊销和减值准备列示。
>
> 作为企业合并的一部分或单独购买获得的许可、专利、专有技术和营销权，自其可使用之日起，按直线法在估计的使用年限（一般不超过 20 年）内摊销。估计使用年限用于确定摊销费用，其中包括专利年限，在适用的情况下，也包括从非排他性期间获得的价值。资产年限每年都要受到审查，在适当情况下也会被调整。或有事项确定后，确认或有里程碑付款。本集团有关获得许可、专利、专有技术或营销权的所有开发成本，在其产生时即冲销至损益表，除非满足了被确认为内部产生无形资产的标准，该标准一般是已经在主要市场上进行了监管备案并且大概率能获得批准。

附注 19 采用会计术语，重点关注受专利到期日影响的无形资产的摊销问题。这是完全适当的，但是股东或外部利益相关者需要进一步研究 2012 年年度报告，找到更多相关信息，以识别专利组合的构成和 GSK 的知识产权管理策略（专利价值故事），以了解那些资产的价值和现金流，以及搞清楚无形资产价值在 2011～2012 年出现显著正向变化的原因。笔者认为，无形资产的价值发生 30% 的变化是一个重大事项,需要向股东作出进一步解释(如果价值下降了类似百分比,则更是如此)。但是,无形资产比率尚未被确立为会计文献中的财务信息类别,资本市场分析师和股东也没有定期要求公司提供有关知识产权、无形资产的业务绩效和回报率等公共信息。不过,无形资产也是公司资产中的一部分,随着对无形资产的进一步了解,这种情况将会被改变。笔者认为,股东、潜在投资者和政府等其他利益相关者会越来越关注另一种比率——无形资产与有形资产的比率。

会计信息可以回答一个关键的企业问题:是否盈利?财务报表用于评估企业业绩和发展的各个方面。计算各种比率使得对比更加简单、有意义(与其他企业或一定时期内同一企业进行对比),结果用百分比表示,例如毛利润占销售额或营运资金的百分比。分析结果也能用于判断企业绩效。一般会和同一年的其他相似企业进行比较,例如毛利润占销售额的百分比是高于还是低于行业平均水平?过去 5 年中,毛利润占销售额百分比的趋势是上升还是下降?同样,公司财务报表中无形资产的比率也是股东等人评估董事会涉及无形资产和知识产权的决策的有效工具。

众所周知,会计准则将无形资产分为购置的和自行开发的两种类型。IAS 38 决定了无形资产能够被包括在无形资产报告中,这对资产价值具有重大影响。林(Lim)、马西亚斯(Macias)和穆勒(Moeller)已经证明,无形资产(包括知识产权资产)与杠杆率有着密切的正相关关系,即使这些无形资产(在美国)并未出现在公司的财务报表或监管文件中。[30] 此外,他们还发现无形资产是资本结构的主要决定因素。[31] 换句话说,拥有无形资产可为公司带来巨大利益。[32] 资本结构与公司治理、董事会决策直接相关,为了系统地监控中长期绩效,可以计算报表中无形资产与有形资产的比率,将公司与类似公司的无形资产比率进行对比,还可以计算行业平均无形资产比率。这种价值变化甚至可能成为投资或收购公司的原因。如有必要,无形资产的数据可以出现在创新(与技术相关)、品牌(与市场相关)等能够提高透明度的其他部分中,而

---

[30] Lim S C, Macias A J, Moeller T. Intangible Assets and Capital Structure(August 2014)Baylor University research paper p 14 at www. baylor. edu/business/finance/doc. php/231371. pdf.

[31] 同脚注[30],第 17~18 页。

[32] 根据欧盟内部市场协调局(OHIM)2013 年在欧盟范围内对 230 万家欧洲公司进行的知识产权密集型产业对欧洲经济表现和就业的贡献的研究分析,拥有无形资产的公司通常每位员工 29%。根据《知识产权与美国经济:2016 年最新动态》(2016 年 9 月 26 日),美国商务部进一步指出,知识产权密集型产业至少提供了 4500 万个美国就业机会,贡献超过 6 万亿美元,占美国国内生产总值的 38.2%。

不是将所有无形资产总括在财务报表中的一个数字里。❸

在无形资产和知识产权资产的财务报表分析领域，我们仍有许多工作要做。市场一贯认为股东权益价值要高于公司资产负债表上的价值。账面价差太大，不能仅归因于传统股权计量错误或股票市场的波动。许多观察家指出，公司资产负债表中无形资产的缺乏是造成这一现象的重要原因。❸ 公司需要更广泛的、包括无形资产在内的财务报表分析，才能评估业务绩效和公司治理。为更详尽地分析业务绩效而开发指标时，需要以组织和呈现公司财务和叙述数据的方式进行并行开发。使用无形资产比率作为评估工具将是朝这个方向迈出的重要一步。

7.2.4　GSK 的 CEO 总结和业务总结❸

要评价知识产权和专利信息公开的内容和水平，CEO 总结和业务总结是关注的重点。尽管 CEO 安德鲁·威蒂（Andrew Witty）在第 3 页的 CEO 总结中提到了研发，但并未特别提及知识产权或专利。2012 年年度报告的第 1～49 页涵盖了战略总结。在第 10 页的"创新"标题下，GSK 提到：

> 我们业务模型的核心是知识的使用和知识产权的发展。我们通过研究、制造和提供可改善人们健康和福祉的产品来创造价值。

该声明十分重要，因为它强调了董事会赋予公司依据专利权获得垄断性的法律保护的价值。2012 年年度报告第 10 页的"可持续性"标题也呼应了这一主题，GSK 在此提出：

> 如果我们要持续创新、生产产品，那么业务绩效的可持续性至关重要。我们必须创造盈利的业绩，以保持市场竞争力和具备投资资产、发放薪酬的能力。其中的一个关键因素是，要通过专利保护和品牌产品营造出一个鼓励创新的环境。

2012 年年度报告在第 10 页第一次特别提到专利。在第 11 页的图表中，GSK 确认其资产包括"知识产权、员工和基础设施"，此处的知识产权指的就

---

❸　同脚注❷，第 14 页。

❸　Hulten C R, Hao J. What is a Company Really Worth? Intangible Capital and the "Market to Book Value" Puzzle（November 2008）p 2 at http：//econweb. umd. edu/~hulten/WebPageFiles/Intangible%20Capital%20and%20the%20%60Market%20to%20Book%20Value%27%20Puzzle. pdf. 请注意，作者在第 16 页指出，无形资产并不能解释整体价格与账面价格之间的差距。剩余缺口的某些部分可能反映出股市的动荡。

❸　GSK 未来的年度报告将以新的战略报告格式要求提供此类信息。

是专利。在 2012 年年度报告第 15 页的"知识产权和商标"这一标题中，GSK第二次直接提及专利，并公开了以下信息：

- 专利保护；
- 对授权专利的效力和法律程序的质疑；
- 专利寿命（法定垄断的期限和届满）；
- 仿制药的压力；
- 竞争对手。

GSK 拥有大量的专利组合，并通过在专利有效期内授予独家销售权来保护其在药品开发领域的投资。仿制药拥有与 GSK 的原研药（通常是受专利保护的）配方在化学意义上相同（或在可接受的生物等效范围内）的活性成分。但是，仿制药是在 GSK 尚未取得专利权的司法管辖区进行生产和销售的。有时，仿制药配方中的非活性成分还会受到专利权保护。当仿制药被投放进市场时，市场竞争通常会导致原研药和仿制药的价格都大幅度降低，较低的市场价格将会对 GSK 的营利产生负面影响。GSK 在专利信息披露中提出：

> 研发新药物或新疫苗的过程需要很多年，花费可能高达 10 亿英镑。知识产权及对知识产权的有效法律保护，即专利、商标、注册设计、版权和域名注册等制度，对于确保创新的合理回报和研发资金至关重要。（有关药品和疫苗的研发流程，请参见 2012 年年度报告第 33～38 页）新活性成分在主要市场上能够受到专利权保护，而且新药物配方、制造工艺、药物用途、产品管理设备通常也能够获得专利权。新兴市场在承认受专利保护药品的方法上并不完全一致。❸⓪

> 尽管我们的产品可以获得专利权，但这并不能保证它在专利到期之前不受挑战。此外，专利权的授予也不意味着它会被法院认为是有效和可执行的。如果法院裁定我们持有的专利无效、未被侵权或无法执行，它将无法在该司法管辖区内保护我们的创新成果。2012 年年度报告在财务报表附注 44 法律程序中总结了此类专利争议的重大诉讼。在大多数国家和地区，专利的有效期为自申请之日起 20 年，然而，新药的开发时间较长，这意味着在上市之前，大量的专利的有效期已经被侵蚀了。在某些市场中，这些损失的时间可能会被恢复，这将导致我们销售的每种产品的专利的有效期发生变化。

---

❸⓪ 新兴市场中的某些国家（例如印度）就是一个例子，它出于公共政策的考虑而将药品排除在可专利性范围之外，使本地制造商能够生产以更实惠的价格出售的仿制药。

此外，我们所有的商业产品在主要市场上均受到注册商标的保护，商标对于维护我们产品的品牌标识也很重要，不过可能会存在地域差异。例如，美国商标 Advair 在欧盟地区销售的同一商品名为 Seretide。在商标到期时续期，通常可以延续商标保护。我们行使我们享有的商标权以对抗侵权行为。

仿制药压力

当专利期限届满时，药品可能会受制于仿制药的竞争。❸ 这种影响在西方市场上体现得尤其明显，因为在那里，仿制药可以迅速占领很大的市场份额。由于仿制药制造商通常不会在研发、培训和市场开发方面花费大量成本，因此它们能够以远低于原研药的价格销售商品。在疫苗或活性成分和给药装置上均有专利权的产品，比如吸入式呼吸道药物，则不会面临仿制药的压力。

竞争

在制药行业中，竞争可能来自其他公司生产的受专利保护的药物（这些药物的适应证与我们的药物相似），或者制造商在专利到期后生产我们药物的仿制品。我们的主要制药和疫苗竞争对手包括：雅培公司、安进公司、阿斯利康公司、百时美施贵宝公司、礼来公司、强生公司、默克公司、诺华公司、辉瑞公司、罗氏公司、赛诺菲公司和武田公司。保健品市场变得更具有挑战性。消费者追求更高的质量和价值。零售商已经被整合并实现了全球化，这增加了它们的谈判能力。我们在这些市场上的主要竞争对手包括：高露洁公司、强生公司、宝洁公司、联合利华公司、辉瑞公司和诺华公司。此外，还有许多较小的公司在某些市场上与我们竞争。

关于专利的使用及其如何影响 GSK 商业模式的重要信息在业务总结中以叙述的形式标示了出来。但是，该信息具有一般性，也能够适用于其他制药公司。尽管信息很笼统，但披露的内容很重要，因为它从背景上说明了专利资产如何影响 GSK 的业务战略，关键是强调了专利垄断对整个制药业务的核心价值。这些信息作为一个引子，表明了专利对 GSK 创造价值的重要性，它将公司的"专利价值故事"背景化了。笔者将在第 8 章中进一步探讨专利信息和战略披露的这一"引子"。

7.2.5 GSK 的研发投入

创新研发公司会定期披露相关研发信息，GSK 也不例外。专利一般是产品

---

❸ 当专利或其他独占权到期时，制造商可以向监管机构申请销售 GSK 原始配方的仿制药。

研发阶段中创造的发明，故在这一标题下最可能找到专利信息。在 2012 年年度报告第 32 页，GSK 描述了它的研发投入。

> 2010 年，GSK 成为第一家公布研发投资的内部收益率（IRR）的大型制药公司，这些数据表明公司内部作出的每一个选择所产生的积极价值。IRR 提供了一种衡量研发业务管理水平的标准。它基于一种复杂的方法，将研发后期管线项目所产生的成本与新药、新疫苗获得监管部门批准并提供给患者的利润进行权衡。它包含了实际和预测的销售数字，即管线药物研发的成功概率。我们还考虑了应占研发成本、估计利润率、资本投资和运营资金需求的估测。

GSK 使用 IRR 的估值方法来填补传统无形资产会计方法的不足（见第 4 章所述）。IRR 仅出于内部管理目的，使 GSK 能够向外部信息用户展示"我们在研发中的选择带来了积极（财务）价值"，这在传统的公开账目中是看不到的。IRR 的公布有助于 GSK 克服仅公开传统账目造成的信息不对称。GSK 的 IRR 估值方法很有用，当然，如果创新型中小企业能够投入足够的财力和人力资源来计算内部收益率，那么从债务融资的角度来看，这会是一个积极的披露。但是，IRR 评估方法很复杂，也很昂贵，值得进一步研究，为 IRR 方法的标准化提供指导。

7.2.6 GSK 的战略总结、展望、风险管理策略和全球专利集团（GPG）

2012 年年度报告的这一部分内容为 GSK 要向什么方向发展、如何发展提供了方向。这是一个把 GSK 及其相关环境、内部业务策略作为一个整体来思考的过程。尽管没有明确说明，但专利产品将成为 GSK 实现其"展望"中所述目标的关键部分，以下各段分析了 GSK 披露的专利信息。

业务总结第 47 页介绍了"风险管理"的概念。风险因素能提醒股东、潜在投资者和金融家注意那些可能严重改变公司业绩及财务前景的问题。GSK 披露"知识产权保护"是该集团面临的主要风险。❸ 人们不会立即注意到专利信息问题，但是第 78～86 页的"风险因素"实际、详细、丰富地披露了 GSK 专利策略的特定信息。其中说明了 GSK 如何管理其专利资产，补充了 2012 年年度报告在之前第 15 页提供的一般性信息。GSK 在第 78 页介绍了其主要面临的风险和不确定因素，即

---

❸ GSK 在 2012 年年度报告第 78～79 页题为"投资者信息"的单独章节中，对这一特定的"风险因素"进行了更详细的报告。

（1）产品的知识产权的保障和保护；

（2）因到期或法律异议导致专利权的丧失；

（3）专利实施；

（4）发达国家和欠发达国家法律保护力度的不同对专利垄断的潜在影响；

（5）竞争（例如 GSK 尚未获得专利权保护的市场上出现的仿制药）；

（6）商业秘密保护。

这几种相关知识产权的披露与创新型企业直接相关，并可以转化为 ICS 或战略报告。这是业务总结中篇幅最长的专利信息披露，这部分内容可能是为了第 79 页提到的 GSK 的全球专利集团做准备。这部分叙述性的专利信息依然较为常规，可以适用于所有国际化的大型医药企业。此外，它还简洁地强调了 GSK 面临的与专利权相关风险。创新型公司可以模仿这种专利信息公开类型。

FSA 的信息披露和透明化规则（Disclosure and Transparency Rules）❸❾ 和英国公司治理守则❹⓿规定了上市公司的报告规则，要求公司讨论为应对上述风险和不确定性而采取的解决措施。在第 79 页的"解决措施"部分，GSK 首次提到 GPG，这是公司内部专利管理策略的关键部分，表明 GSK 认识到协调专利管理策略的必要性。

解决措施包括

本集团得到一家法律团体内的全球专利组织的支持，其宗旨是确定和保护本集团的知识产权。从 2011 年开始持续到 2012 年，GPG 寻求对若干以时间为主导的程序及控制措施作出改善，以更好地管理其为集团主要资产的获得和维持专利保护的能力，并最大程度地降低专利无效或不可执行的风险。这些程序涉及：（1）实施一个新的审查程序，来帮助核心资产的获取和维持专利保护；（2）寻找延长专利期的机会并获得药品专利期延长；（3）确保及时支付所需的续期费；（4）确保在橙皮书（The Orange Book）❹❶中适当地列举专利。改进后的程序旨在确保高管们能在向世界范围内递交申请和获得授权之前对所有核心专利申请进行审查，并确保在橙皮书中列出该专利或启动美国简略新药申请之前获得高管的批准。此外，本集团已经启动审批后的专利审查程序，以确保在获得专利授权后继续审查专利质量。GPG 负责确保成功执行和捍卫专利权的内部诉讼程序，其

---

❸❾　参见 http：//fshandbook. info/FS/html/handbook/DTR.

❹⓿　参见 www. frc. org. uk/Our – Work/Publications/Corporate – Governance/UK – Corporate – Governance – Code – September – 2012. pdf.

❹❶　橙皮书是美国食品和药物管理局的出版物，其中列出了具有治疗等效性评估的批准药品。

目的在于维持市场上主要产品的专有权。GPG 时刻关注着主要市场所在地区的专利法的新进展，以保障本集团的专利资产受法律保护。本集团（有时通过行业协会采取行动）与地方政府合作，寻求有效、平衡的知识产权保护，以满足患者、购买者的需求，同时支持对创新的长期投资。

该披露表明，GPG 负责协调 GSK 的全球专利管理策略，包括为集团的核心资产获取、维持专利保护，并最大程度地降低专利无效和不可执行的风险。从公司治理的角度来看，GPG 的存在对公司内部问责制度和发挥领导力是有意义的。但是，这份披露实际上只暗示了 GSK 如何管理专利资产。比如，以下内容就没有被披露：

- GPG 的代表；
- 在包括英国在内的关键地区的本地专利战略；
- 负责全球或地区专利的首席知识产权官或主要经理的指定；
- 专利策略的责任是按产品划分还是以其他方式划分。

为了体现领导力和责任感，公司应考虑披露谁负责协调和管理公司的知识产权战略，以及是否获得外部顾问的建议和专业知识（如专利律师或知识产权律师）。

7.2.7　GSK 的专利诉讼（实际上的和潜在的）

在财务总结中，GSK 在第 64 页提到了"法律及其他纠纷"（附注 29 和 44），其中涉及专利诉讼。专利诉讼会给 GSK 造成财务风险，因为专利受到异议会在很大程度上影响公司的收入。即使对侵权者提起法律诉讼，也可能因为侵权人完全否认其侵权行为的抗辩或申请撤销专利的反诉而导致不可行使专利权。通常情况下，一个专利案件将持续一年以上，并伴有相关的法律费用，且可能因提起上诉而延长诉讼程序。制药公司同时陷入多个法律程序是司空见惯的情形。因此，多年来对产品研发进行大量投资的结果是，公司核心资产即专利权的效力受到威胁。在第 4 章中，我们看到专利在公司成本中处于中心地位（资产负债表上的负债），并且至少具有经济重置价值。专利诉讼涉及评估的极大不确定性，一些不确定性是所有诉讼共有的，而另一些不确定性则是专利诉讼所独有的。GSK 在 2012 年年度报告第 65 页披露了以下法律风险：

> 像许多制药公司一样，我们面临着各种复杂的产品责任、反垄断和专利诉讼，以及各种政府监管机构对我们的运营进行的调查。一年以来，作为集团法律职能负责人的集团总法律顾问，以及负责所有诉讼和政府调查的集团高级副总裁兼全球诉讼负责人，会定期向首席执行官介绍情况，首

席财务官和董事会处理有关本集团的重大诉讼和政府调查。

这些会议将根据情况详细说明重大诉讼和政府调查的情况，并审查一些事项，比如已通知的索赔数量、尚未通知的潜在索赔信息、评估索赔的有效性、索赔程序的进展、近期的清偿能力和保险公司可能的赔付数额。

会议还评估我们是否有足够的信息以便能够对纠纷的结果作出可靠的预测。通常，外部律师会协助我们处理这些诉讼事务和政府调查，这也有助于向董事会和高级管理层报告情况。进行了这些讨论之后，对于能够可靠地估计准备金数额的事项，如有必要，我们将对法律或其他纠纷的准备金水平进行适当的审查和调整。

第210～217页"知识产权"这一标题下的附注44"法律诉讼"披露了一些专利诉讼程序和迄今为止的结果。被公开的专利诉讼涉及 GSK 的 10 种药品。简而言之，GSK 的诉讼主要涉及：(1) 对侵权人的强制执行；(2) 捍卫专利的有效性。这部分公开内容是报告中最详细的专利信息，简洁但翔实。GSK 主要表示它参与了与专利或许可相关的诉讼，并在冗长的表格中简要列出了每个程序的背景和说明，标题如下："涉及产品""诉讼类型"和"披露内容"。诉讼充满了不确定性，它与生俱来地存在不止一个结果。❷ 公司必须谨慎地确保其对专利诉讼风险的披露能够为董事会决策提供重要信息的"公平摘要"。第一步是确定不确定性，意识到将会发生的事情。接下来，公司应评估每种结果发生的可能性。❸ 公司还应该考虑诉讼的和解可能，以便评估风险和衡量继续诉讼的代价。专利诉讼值得耗费如此代价吗？如果专利权是不确定的，进行和解或与被指控的侵权人进行许可谈判或许是避免专利被无效的最佳办法。请注意，GSK 并没有具体披露其在律师费上的花销，也没有量化每个案件的潜在损害。

纳尔逊（Nelson）和普里查德（Pritchard）在 2007 年有关公司自愿披露诉讼风险的研究中阐述了叙述性公司披露的特征。他们发现，面临更大诉讼风险的公司会披露更多警示语，并逐年更新警示语，运用更加通俗易懂的语言。❹ 然而，他们也提出当公司面临的诉讼风险降低时，应该谨慎移除这些警示语。❺

---

❷ Poltorak A, Lerner P. Introducing Litigation Risks Analysis（May 2001）Issue 109 Managing Intellectual Property, p 1.

❸ 同脚注❷，第 2 页。

❹ Nelson K, Pritchard A. Litigation Risk and Voluntary Disclosure：The Use of Meaningful Cautionary Language（August 2007）Second Annual Conference on Empirical Legal Studies, p 1.

❺ 同脚注❹。

在制定专利诉讼风险披露策略时，创新型公司必须与未来的不确定性做斗争。实际发生的专利诉讼应以公正的视角自愿披露。但是，如果没有实际发生诉讼，公司可以斟酌是否有披露潜在诉讼的需求，如果有，则在披露时使用警示语。创新型公司应该用通俗易懂的话起草信息披露，尽可能减少技术用语和法律术语。**⑯**

在评估专利诉讼风险时，公司不可避免地要考虑其专利组合的质量。劣质的专利可能是由于专利审查和专利局的授权存在瑕疵（如第 2 章所讨论），导致这些专利容易陷入诉讼风险。股东和其他利益相关者需要明白，劣质专利和有瑕疵的专利授权会增加财务和法律风险。**⑰**

总之，专利诉讼风险对创新型公司的公司披露政策具有重要意义。**⑱** 专利诉讼决策和法律风险管理有关。专利诉讼费用可能会对正常的业务运营产生破坏性的不利影响。**⑲** 由于专利诉讼费用高昂且诉讼结果会对公司业务产生财务上的影响，公司必须认真考虑法律诉讼的一切影响。另外，组织良好、资金充足的专利执法行动可以带来丰厚的回报。从长远来看，强有力的专利执法能够带来战略利益，包括对其他潜在的专利侵权者的威慑作用，并增加将来发生专利纠纷进行庭外和解的可能性。**⑳** 创新型公司应该对诉讼风险的变化保持敏锐。公司必须每年更新披露的诉讼风险，保持该披露是最新的。创新型公司应避免披露被公司管理人员担心的"样板"诉讼风险，并努力披露与财务风险相关的信息。最后，对创新型公司而言，重要的是努力向潜在投资者和股东们披露并说明公司对专利相关的法律风险的评估，以及表现出自己正在积极地管理这些风险。

7.2.8　GSK 的商业秘密

泄露商业秘密是专利诉讼的隐藏风险。在取证环节中，当事人可能会被要求披露敏感产品的研发、制造、销售和价格信息来进行抗辩，尽管可能会适用法院的保密程序，但仍面临向公众公开的风险。GSK 公开了其作为当事人的案

---

⑯　同脚注**⑭**，第 7 页。

⑰　Martin D，Beling P. Patent Litigation Risk Characterization：Prospective identification of Financial Risk in Patent Holdings（2004）M－Cam draft，pp 4－5.

⑱　同脚注**⑰**，第 3 页。

⑲　Patent Litigation：Is it Worth the Expense?（1 April 2006）26（7）Genetic Engineering & Biotechnology News.

⑳　Martin D，Beling P. Patent Litigation Risk Characterization：Prospective Identification of Financial Risk in Patent Holdings（2004）M－Cam draft pp 4－5 at p 3.

件，也报告了另外两个特殊的业务风险，即第84页的"潜在诉讼"和第85页的"信息保护"。后者着重于GSK对商业秘密的保护。这是专利策略的重要组成部分，因为1997年英国专利法规定发明必须具备新颖性，只有具备新颖性才能被授予专利权。专利法第2（1）条规定，如果一项发明不属于现有技术，则该发明具备新颖性。如果技术特征的特定组合因公开而可被推测，则发明不具备新颖性。在史克必成公司的专利（帕罗西汀甲磺酸盐）案❺中，上议院认为有两个要求是可被预见的：在先公开和可实现性。这两个要求是截然不同的概念，每个都必须被满足，且有各自的判定规则。如果GSK具有潜在可专利性发明的任何技术特征在提交申请之前被公开了，那么它将失去获得专利权的机会。对于依赖专利产品的公司而言，这是一个巨大的风险。GSK在第85页对其商业秘密的披露如下：

> 信息保护
>
> 风险描述：由于数据治理或信息系统安全性不足而暴露业务关键或敏感数据的风险。
>
> 本集团依赖关键和敏感的数据（例如公司战略计划、个人身份信息、商业秘密和知识产权）来推动业务规划和运营。这些数据面临的外部安全性威胁不断升级，复杂性不断提高，从破坏目的转变为财务或政治目的。如不采取适当的保护措施来保护该关键或敏感数据免受未经授权或无意的访问、获取、使用、修改、丢失或披露，可能对本集团保持专利权和市场竞争优势的能力产生不利影响，还可能导致违反法律而受到罚款或被禁止在特定市场上销售产品。
>
> 解决措施包括
>
> 本集团通过政府机关的简报、订阅商业威胁情报服务以及与行业内外的其他公司共享安全信息来评估风险环境的变化。本集团定期审查信息保护政策和控制措施，并定期对员工进行培训。本集团拥有专门的信息安全专业知识和资源。为应对不断变化的外部风险环境，本集团实施了一项全球计划，以进一步提高企业对信息保护要求的认识，进一步确定第三方协议对信息安全的最低期望，实施其他技术控制措施以保护数据、提高安全性事件监控……

GSK的披露是简明扼要的，表示该公司已经意识到该问题并制订了相应的计划。但是其并没有透露谁负责管理公司的商业秘密。

---

❺ SmithKline Beecham Plc's（Paroxetine Methanesulfonate）Patent［2006］RPC 10.

7.2.9 GSK 为投资者提供的信息：产品、竞争和知识产权

GSK 在第 224 ～ 247 页披露了投资信息，标题为"产品、竞争和知识产权"，从第 229 页开始是一个包含了 42 个条目的表格，列出了其在美国和欧盟的相关专利到期日。专利有效期信息如图 7.4 所示。

产品	化合物	指标	主要竞争品牌	专利在美国的到期日	专利在欧盟的到期日
Respiratory Veramist	丙酸氟替卡松	鼻炎	Nasonex	2021 年	2023 年
Flixotide/ Flovent	丙酸氟替卡松	哮喘/慢性阻塞性肺病	Qvar，Singulair	已过期化合物（2016 年）（Diskus device）2013 ～ 2025 年（HFA – device/ formulation）	已过期（化合物）（Diskus device）2017 年（HFS – device/ formulation）

图 7.4 摘自 GSK 为投资者提供的信息：产品、竞争和知识产权表

专利到期对 GSK 制药业务的影响是投资者需要考虑的重要信息。药品进入市场后，专利保护可以为其带来高昂的利润，毛利率超过 90%。据报道，当某项产品的专利到期时，仿制药制造商将以原研药价 30% 的平均价格提供产品。一旦某药品失去专利保护，低价仿制药将迅速夺走多达 90% 的销售额。[52] 制药行业现在正经历期待已久且争议颇多的专利悬崖。[53] GSK 在 2012 年需要注意的到期专利是糖尿病药物 Avandia（罗格列酮）的专利。此外，行业分析师分析认为，根据 GSK 过去的披露，GSK 将在未来几年失去抗甘油三酸酯产品 Lovaza（ω – 3 脂肪酸）、良性前列腺增生药物 Avodart（度他雄胺）、艾滋病产品 Combivir 和哮喘药物 Advair 的专利保护。仅在美国，2010 年这些药物的总收入就超过 10 亿美元。Combivir 的仿制药已经在美国上市了。[54] 这是一个巨大的"专利悬崖"，仿制药的竞争在不久的将来可能侵蚀 GSK 数百万美元的营业额。专利到期日的披露对 GSK 股东和潜在投资者（股权融资人）至关

---

[52] DeRuiter J, Holston P. Drug Patent Expirations and the "Patent Cliff"（20 June 2012）US Pharmacist, Jobson Publications.

[53] "专利悬崖"表示当一项或多项重要公司产品的专利到期时，收入可能会急剧下降——公司的收入可能"跌落"，因为这些产品可以被竞争对手以更低的价格复制和出售。尽管该术语适用于任何行业，但最近"专利悬崖"已经与制药行业联系在一起。

[54] 同脚注[51]。

重要。就图 7.4 中包含的信息类型而言，GSK 本可以披露更加详细的信息来说明其计划如何在重要专利到期之前优化收益（例如通过提高价格、增加广告投放、补充性产品或外包给低成本的地区）。但是，第 225 ~ 288 页列出了冗长的 "药品和疫苗产品开发管线"。这是一项新的药物投资，GSK 认为它可以满足当前未满足的药物需求，是可盈利的，这代表了 GSK 旨在最大程度减少专利到期造成的损失并保持盈利的战略。该表每列的标题如图 7.5 所示。

化合物	种类	指标	阶段	销售授权申请（欧洲）	取得监管审查的进展 美国新药申请（NDA）/生物许可证申请（BLA）

图 7.5 药品和疫苗开发管线

此处除了开发管线图表外，没有其他叙述性披露。它提供了对未来行动、预期产品或产品许可的一些有限信息，旨在增强未来的绩效；也没有对管线药品如 Lovaza、Avodart、Combivir 和 Advair 未来的盈利潜力的叙述性披露；也完全没有关于专利申请的讨论。事实表明，尽管 GSK 董事会已在其研发管线上投入了 40 亿英镑，但它们在本节中并未就其研发管线作出任何明确的前瞻性声明。[55] 但是，更早的时候，在第 3 页的 CEO 总结里，安德鲁·威蒂先生将 GSK 的研发管线总结如下：

> 本集团于 2012 年在研发方面取得了重大进展。我们目前有 6 种主要新产品正在接受监管审查，并有望在 2013 年和 2014 年获得 14 项资产的第三期数据。总而言之，GSK 有潜力在大约 3 年内向全球推出 15 种新药和疫苗。

进一步在第 10 页的 "创新" 标题下，GSK 披露道：

> 2012 年，我们在新药、疫苗和消费者保健品的核心研发方面投入了 35 亿英镑，目前我们正在评估约 50 种用于癌症、糖尿病、心脏病和呼吸系统疾病等的研究用药物。在未来 3 年中，我们有为患者提供 15 种新药的潜力。

必须仔细分析表格，然后得出推断并根据报告两端提供的信息作出独立结论。这对股东和投资者而言，既费时又无益。为年度报告阅读者一目了然，并提供明确具体的解释，将会增强披露效果，例如说明其将如何用有潜力成为黑

---

[55] GSK 在该报告的第 8 页上指出，2012 年该公司在非核心项目上的投入为 35 亿英镑，在研发新药、疫苗和创新消费品方面总计花费 40 亿英镑。

马的新药品替代专利即将到期的畅销药品。毕马威（KPMG International）回应
了叙述性专利披露的这一缺点，认为："总体而言，由于近年来缺乏成功经验
和竞争压力，研发管线的披露仍然相对有限"，而且，"我们没有看到科学风
险问题被包含在内：公司的信息披露总体上还是有限的，对研发的治理值得高
度关注。"❺此外，毕马威美国制药业务全球总监埃德·吉安特（Ed Giniat）
表示，由于陷入专利诉讼和专利到期会使公司大量收入面临风险，因此，更加
需要研发环节的成功以填补这些收入来源。❺例如，GSK 可以更明确地提出其
战略是专注于新兴市场的增长，以减轻发达市场的专利损失，或从其他公司较
早的产品发布时间中获得新的专利组合。❺另外，考虑到研发的高失败率，通
过限制早期研发阶段的详细讨论，对研发管线的披露采用选择性或限制性方法
是明智的。但是，许多股东、投资者和金融家认为，提高透明度有利于评估研
发管线的相对吸引力和竞争地位。❺最后，从公司治理的角度来看，其他相关
且真正有用的信息也有利于评估董事对企业知识产权资产的管理。

　　GSK 不会披露已经终止的研发项目或已失效的专利信息。毕马威称，中止
项目的披露仍然很少，在受到严格审查的行业中，对感兴趣的投资者和金融家
而言成功和失败是显而易见的。如果披露失败，公司应该努力提高其声誉。❻
一定要牢记研发环节对于企业的未来至关重要，且占公司支出的很大一部分，
更详细一点，从公司治理的角度来看，一目了然地披露研发环节关于知识产权
和专利的信息是非常有益的。

7.2.10　GSK 的董事会

　　董事会应当集体对公司的长期发展负责。❻GSK 有一个称职、合格的董事
会，蒙克利夫·斯拉维（Moncrief Slaoui）是 GSK 的研发主席❻，但 GSK 似乎
没有董事成员（包括执行董事和非执行董事）是合格的专利律师或知识产权
专家。根据国际知识产权规划协会（INTIPSA）所述，传统的首席法务官或者

　　❺ KPMG. An Overview of Risk and Disclosure（15 May 2012）at www. kpmg – institutes. com/institutes/
healthcare – life – sciences – institute/articles/2012/05/risk – and – disclosure – in – the – global – pharmaceuti-
cal – industry. html，pp 2 – 3.

　　❺ 同脚注❺，第 7 页。

　　❺ GlaxoSmithKline undervalued say analysts（11 December 2013）p 16 at www. morningstar. co. uk/uk/
news/114764/glaxosmithkline – undervalued – say – analysts. aspx.

　　❺ 同脚注❺。

　　❻ 同脚注❺，第 18 页。

　　❻ 英国公司治理守则第 8 页。

　　❻ 和 2012 年一样。

首席技术官（CTO）已经难以胜任知识产权事务。在达到一定规模的公司当中，尤其是在美国，一些大公司已经专门设置了首席知识产权官（CIPO）或者知识产权主任来专门处理知识产权、专利和科技事务。知识产权主任需要帮助公司在商事中更好地进行知识产权战略规划[63]。国际知识产权规划协会给出了以下建议：

> CIPO 和 CTO 应当是平级的，他们应当有同样的建议权和影响力。CIPO 必须具有解决知识产权问题、预测知识产权行业趋势和统筹知识产权产业部门的能力，同时，如果需要的话，他还必须能够在公司内外部进行游说。CIPO 在关键领域的知识产权事务方面应当起到领导作用，譬如知识产权的取得，知识产权组合优化，设置知识产权开发目标，规避知识产权风险，包括诉讼和和解。CIPO 应当能从知识产权视角来看待商业环境，对知识产权环境进行解读。当然，与公司其他部门进行知识产权事务的协调或者外部的协商也是知识产权事务官必须具备的能力。[64]

无论是 GSK 还是其他高度依赖专利保护的公司，都应该考虑单独设立一个知识产权部门来处理专利事务，既可以聘请专利代理人，也可以雇用专利事务律师来对公司董事会涉及公司无形财产的决定进行审查和成本效益分析。这将有助于资源有限的创新型公司——这些公司可以根据需要聘请合格的知识产权专业人员或顾问提供服务。

7.2.11 提高公司的信息透明度

除了上面提及的，在笔者看来，GSK 还需要在以下几个方面提高透明度。

7.2.11.1 知识产权组合深度

尽管 GSK 专利资产的战略重要性在不断增长，但 GSK 的专利组合（专利的数量、专利管辖等）、专利族、特殊的专利池或者专利的销售和取得的报告缺乏一定的深度。

通过在欧洲专利局的世界专利数据库（Esp@cent）中进行检索，我们可以查询到 6147 个涉及 GSK 的专利申请。[65] 这些专利申请是通过 GSK 集团内部的几个国际子公司提交的。公司的专利组合规模和质量会对公司的声誉产生直接影响，还会波及公司的投资回报和市场准入。并不是所有的专利都具有同样

---

[63] The Role of the Chief Intellectual Property Officer' (2013) INTIPSA p 2 at www. intipsa. com/wp – content/uploads/2013/01/INTIPSA – Tips – The – role – of – the – CIPO l. pdf.

[64] 同脚注[63]，第 3 页。

[65] 该检索发生在 2014 年 2 月 11 日。

的价值和重要性，公司股东、潜在的投资者需要通过额外的信息来评估专利的期待价值。但是叙述性的公司报告不能提供 GSK 专利组合的重点。在创新方面，专利资产被视为公司竞争能力的一个明显标志，资产越透明越好。确实，报告显示 GSK 的价值被低估了。⑥

7.2.11.2　核心研究人员、团队和发明者权利

GSK 没有提供任何关于 GSK 专利中最主要的、有巨大影响力的研发员工和/或发明人的专业技能和绩效的信息。GSK 员工这一重要团体的智力资本并没有彰显太多作用。GSK 核心研发部门员工的角色不仅对创新非常重要，而且他们同时能在专利诉讼中成为证人。GSK 财务业绩潜在的一个风险是将员工指定为发明人或者共同发明人，根据 1977 年专利法第 40 条（经修正）的规定，如果 GSK（雇主）因该专利获得丰厚利润的话，公司就要对员工进行补偿。在 Kelly & Chiu 诉 GE Healthcare Ltd 案⑥中，两个受雇佣的药品研发员兼发明人被给予"航空股份"补偿，也就是 GE 总计 5000 万欧元利润中的 3%。无论上述问题对 GSK 来说是不是一个需要报道的主要风险，披露对 GSK 董事会来说都是一个问题。在英国的 Kelly 案后，董事会也许需要考虑是否应当实施以及如何实施适当的发明人补偿计划。

7.2.12　GSK 的知识产权和专利组合如何创造价值

作为上市医药公司，GSK 的公开专利比大多数非制药公司多得多。但是，为了整理专利相关信息，其他公司必须梳理整个报告。为了便于参考，GSK 的"知识产权价值故事"并没有被单独列为一个部分，这在很大程度上是因为 GSK 遵守业务审查制度，而且除了专利信息之外，它还必须报告其他事务，因此，从这一点来看业务审查制度可以得到改进。在很多情况下，详细的专利信息，例如专利期限和诉讼等会被整理在简单的表格中，将专利信息按行和列排列，标题行突出，通常使用宽格式（而不是窄格式）。表格作为一种交流工具，能够实现专利信息的通用形式，同时也能提供一种熟悉的数据交流方式。GSK 并未采取任何视觉资料来说明或者披露它的专利信息。虽然报告索引列出了知识产权，但建议之一是仅包括"专利信息"标题，并引用进行披露的相关页码。另一个建议是在报告的"投资人信息"部分设立一个独立的"专利信息"部分。

从公司治理的角度来看，有必要提供更多的叙述性信息来说明专利到期对

---

⑥　同脚注⑤。
⑥　[2009] EWHC 191 (Pat).

GSK 的影响，以及 GSK 计划如何避免专利悬崖和潜在的收入下降。这就需要评估现任董事会对支持其制药业务模式的专利资产和战略的管理工作。战略报告应该能使 GSK 和其他享有专利权的公司更可靠、更详细、更完整地展示它们的商业模式、商业策略、商业目标、主要风险和未来的展望以及更高程度的详细专利信息。

知识产权资产和战略信息会包含在公司年度报告当中吗？

我们能从其他公司的小案例研究当中学到什么呢？制药行业研发项目的研发周期很长，总是导致人们认为专利药品应被视为资本投入，将无形资产和公司估值与生产率联系起来的大量证据进一步强化了这一观点。⑱ 从公司治理的角度来看，关键问题涉及股东和其他利益相关者有意监督管理者行为方面的代理问题，使会计原则倾向于保守主义。这种保守主义强调评估的准确性并依赖于独立市场交易产生的数据。⑲ 这种保守主义的后果之一是，无形资产等难以评估的资产被排除在公司账目之外，因此需要以叙述性的方式提供更进一步的信息，以保证公司的透明度。

7.3　公司知识产权披露：评估知识产权融资报告和知识产权评估专家组的最终报告的调查结果

根据 2006 年公司法的规定，知识产权融资报告仅简要涉及知识产权或专利的公司披露，"提交简式账目使微企业和中小企业的价值评估计算变得更加复杂。"⑳ 这一点在报告的其余部分未作进一步阐述。但是，建议五明确表明，更加透明的市场会把知识产权和无形资产转变为另一种资产类别。2014 年 3 月发布的欧盟委员会"知识产权评估"㉑ 报告第 4.4 节"补充报告知识产权和知识产权权利的可能性"中更直接地讨论了公司的叙述性报告。报告建议，披露应当包含以下内容：

> 有用的知识产权/知识产权权利信息包括专利的数量、公司活动中积

---

⑱ 这些文献包括金融市场价值与研发相关的研究［例如，Hall R. A Framework Linking Intangible Resources and Capabilities to Sustainable Competitive Advantage（Nov 1993）Strategic Management Journal at http：//onlinelibrary. wiley. com/doi/10. 1002/smj. 4250140804/abstract；Lev B. Intangibles Management, Measurement, and Reporting（2001）Brookings Institution Press, Washington D. C.］。

⑲ 同脚注⑱，第 25～26 页。

⑳ Brassell M, King K. Banking on IP?（6 November 2013），英国知识产权局委托的独立报告第 25 页。

㉑ Final Report form the Expert Group on Intellectual Property Valuation（March 2014）. 欧盟称为"知识产权评估"报告。本报告未引用"2013 年知识产权融资"报告，也未在参考书目中引用。

极使用的专利的描述及数量、主要知识产权权利的到期时间、提交专利申请的描述和数量、专利成功的可能性以及类似的信息。有时候，非财务指标和财务数据被混同起来创造新的重要信息。在首次公开募股/知识产权指标研究领域，此类指标包括过去 3~5 年中每项专利（或专利族）的销售额或研发引入的产品/服务的收入。⑫

"知识产权评估"报告承认，知识产权认可、执行以及披露情况不佳，当前的报告和信息框架急需更新，⑬并建议提交"管理报告"，详细说明除财务报表之外的知识产权和知识产权价值。⑭专家组建议：

> 在公司知识产权权利人信息和数据中增加知识产权报告作为公司财务报表的一部分，或者提供更多知识产权信息和/或提供独立的知识产权报表来丰富管理报告的内容……但是同时我们也必须考虑到，对小公司（欧盟会计指令第 3 条第 2 款规定的术语）来说，它们并不需要公布管理报告。但是，这也可以被看作是朝着正确方向，在欧洲建立更好的知识产权/知识产权权利信息收集制度上，所迈出的第一步。⑮

这些结论和建议直接支持了本书在公司治理、披露公开、公司透明度和创新型公司方面采取的方法——建议披露其专利信息和战略以补充和划分传统财务报表中呈现的定量信息。但是，专家组并没有充分详细地考虑公司（尤其是通常被免除公司叙述性报告的中小企业）应当如何进行披露。笔者希望 GSK 知识产权信息和战略分析的案例研究能弥补这一空白。

7.4　企业知识产权披露：广度、深度和范围

公司的财务报告通常只关注公司的有形资产，导致股票投资者只关注单一指标——"每股收益"的数字。短期股票投资者只关注股东的监管披露要求，却从不关心金融家和借款人等其他利益相关者感兴趣的信息类型，他们对短期财务业绩的关注过于狭隘和不完整。本书从新的视角中发现了一种确定无疑的趋势，这种趋势关于公司的知识产权和专利信息披露。该视角不是从会计财务的角度出发，而是从公司治理监管的角度来看的。这也是为什么公司法要首先

---

⑫　同脚注⑪，第 41 页。
⑬　同脚注⑪，第 44 页。
⑭　同脚注⑪，第 45、65 页。
⑮　同脚注⑪，第 65~66 页。

提供对公司知识产权资产的"真实且公平"的观点。

相对来说，有关叙述性公司报告尤其是无形资产、知识产权、专利信息和战略披露的研究还是太少。目前市场对高质量的解释性研究仍有很大的需求，这些研究能够在上下文丰富的环境中通过对现象的观察来积累知识。❼ 本书对 GSK 的案例研究考虑了 GSK 披露的内容和结构，还包括无形财产在公司财务报表中的价值。这一研究引起了无形资产比例分析是否能提高企业绩效评估的大讨论。我们也考虑到了 GSK 在 2012 年年度报告上有关专利信息和战略信息的披露。该披露作为一种归纳定性研究，为叙述性公司报告实践提供了深刻见解。但这并不意味着要求任何情况下的"适用性"，否则将导致法院直接将研究结果应用到诉讼中。GSK 案例研究让我们能够从广度、深度和范围方面分析大量的"实质性"专利信息公开。❼ 因为 GSK 的专利信息水平非常高，其在准备年度报告时获得了最好的专家建议。这些信息也向我们展示了目前英国在披露方面的最佳实践出现在传统制药领域。GSK 专利信息披露的相关做法能被创新型公司在自愿公司报告的基础上效仿，这取决于它们的知识产权商业模式和第 5 章所讨论的信息披露成本。通过案例研究发现，GSK 以叙述的方式公开了下列专利信息：

- 具体化的通用专利信息，用于标示专利保护和专利垄断对制药企业的价值；
- 如何计算研发投资回报的内部效益率的总结；
- GSK 专利权存在的主要风险：

（i）专利权的保护；

（ii）专利期限（合法垄断的有效期和到期时间）；

（iii）对授予专利权和法律程序有效性的质疑；

（iv）专利实施行为；

（v）仿制药生产商的竞争；

（vi）保密信息；

- 专利治理信息，包括它的 GPG。

作为一种研究形式，案例研究在丰富的情景环境下考虑单个研究问题的能

---

❼　Schell C. The Value of the Case Study as a Research Strategy（1992）Manchester Business School p 14 at www. finance – mba. com∕Case%20Method. pdf.

❼　Hwaidi M. Why and How Empirical Study in Commercial Law?（2014），Annual Conference of Socio Legal Study Association at Robert Gordon University，p 3.

力是无与伦比的。[78] GSK 2012 年年度财报案例研究是一种探索性研究，但基于证据的重大专利信息披露的适用范围要大得多，因为这些发现可以转移给创新型公司和其他公司。这项研究有助于提供新的理解，即公司叙述性地披露某些类型的专利信息如何能提高透明度，减少目前用于评估关键公司专利资产和研发投资的财务会计指标的不对称信息。第 8 章将综合应用前几章在探索性案例研究和其他文献中获得的知识，作为构建创新型英国公司的现代化（或简化）重要性评价叙述专利信息披露模型的基础。接下来第 8 章还将论述这一披露是强制性的还是自愿的。

---

[78] Schell C. The Value of the Case Study as a Research Strategy （1992） Manchester Business School p 14 at www. finance – mba. com/Case%20Method. pdf.

第 **8** 章
知识产权和专利披露的分级 "重要性评估模型"

人们通常认为，"你所为即你所思所想"。但有时候，"看得到不一定想得到"。❶

W. 理查德·弗雷德里克（W. Richard Frederick）
经济发展与合作组织（OECD）首席行政官

介 绍

我们在第 2 章了解了知识产权和专利的运作模式，两者在过去几年中无论是在英国还是世界各地都经历了非常重要的变化。这种变化伴随着日益增长的科技创新的出现，使得更多的授权专利和公司无形的知识产权资产被赋予经济价值。这种价值仍然很大程度隐藏在传统的会计报表和公司法当中。比如说，原始取得专利权或者被授权使用专利在很大程度上会影响投资者对创新型公司的评价和看法，会影响公司的早期估值融资（例如，公司拥有的专利越多，吸引融资的可能性就越高）。❷ 大型上市公司通常也会在它们的公司法定叙述性报告中公开披露一些公司知识产权资产信息。本书第 7 章研究了跨国大公司GSK 2012 年年度报告，其拥有数量可观的专利组合，重点分析了 GSK 叙述性专利信息披露的内容和本质。

本章的目的在于建立一种叙述性的报告方式，该种方式借鉴了包括丹麦、

---

❶ Frederick W R.（2009）Recent Developments in IC Reporting and their Policy Implications OECD Education Working Papers, No. 17, OCED Publishing, Paris, p 8.

❷ Hsu D, Ziedonis R. Patents as Quality Signals for Entrepreneurial Ventures（2007），在 DRUID 夏季会议上发表的论文。

德国在内的 ICS 和起草机制，GSK 的信息披露方式以及其他类似的叙述方法，试图为创新型公司建立一种新型的、详细具体的、它们自愿采用的专利信息报告类型，并应用在公司年度财报当中。❸

笔者认为，披露叙述性（非金融性质）的知识产权和专利信息能确保创新型公司的知识产权组合的价值被充分认知，这有利于公司股东和利益相关人，例如债权人确认公司的知识产权资产，并将它们归于公司的商业价值和发展当中。但是，就像前面第 5 章所说，如果一家公司以小公司资格享有豁免报告的权利，那么向公司注册处提交董事报告是可选的。❹ 事实上，对许多私营的中小企业来说，公司唯一成员就是独立董事，从公司治理的角度来说，要求这样的董事为它们自己准备一份没有人会看的董事报告是完全没有必要的。❺ 众所周知，从创新角度来看，对许多公司股东、投资人和资本家来说，根据 IAS 38 的规定，很多内部产生的专利资产缺乏透明度。无形资产缺乏有用信息，投资和财务决策就会摇摆不定。弗雷德里克先生表示：

> 最近存在一种趋势，许多公司财报的内容都超出了传统会计标准要求的范围，包括了一套更广泛的重要价值驱动因素。现在，问题从信息是否重要以及要不要报告该信息变成了应当如何更好地报告这一信息。❻

在现代知识产权体系中，中小企业和创新型公司更应该积极主动地披露自身的知识产权和专利信息。但是现在的问题是，创新型公司应当如何自愿披露专利信息？本书第 8 章致力于探索如何统一、简明、高效地对已经经过董事会议审查的专利信息和战略进行披露。这需要开发一种概念性的框架，为自愿信息披露建立一个更好的新模式。第 8.1 节总结了前面章节提到的解决无形资产报告问题的意见，并阐述了笔者首选方法的基本原理。当前人们更赞成的是自愿的专利信息披露机制而不是强制性的。第 8.2 节展示了一种独创的易于使用的分级报告方法，即基本的三级架构，可取且可选择的专利信息和战略披露模型，这是一种为创新型公司建立的、条理清晰、体系明确的自愿性报告制度，该制度说明了公司的专利资产如何通过叙述性（非金融性质）的专利信息关

---

❸　每年一次，每个公司都必须向公司总部寄送一份包含公司法律规定特征的相关信息的退货单（现在称为"确认声明"）：2006 年公司法第 854（1）条。Refer also Chapters 5 & 6.

❹　2006 年公司法第 444（1）条和第 444（a）条。

❺　"一人"公司。另外，公司唯一的成员可以是董事的提名人。

❻　同脚注❶。本章涉及英国经营与业务审查［参见 000 页］并早于新的战略审查。

键指标来创造更多价值。我们将新的"业务分类模型"❼ 三级模型与丹麦、德国的 ICS 模式和 GSK 的专利信息披露和其他文献进行比较。第 8.3 节考虑了创新公司对增强自愿性专利信息披露的潜在批评。最后,尽管新的披露模式只是一个开始,但是它仍存在许多问题,例如,我们应该如何促进专利信息和专利战略的披露? 在第 8.4 节中,我们确定了需要参与的相关股东,以协助和建议创新型中小企业准备的公司叙述性披露。

8.1　解决企业知识产权透明度困境的观点

本书在前面的 7 个章节中已经提到了三个解决隐藏的无形资产、公司报告和公司管理问题的方法。

8.1.1　全面改革无形资产的基本会计审查方法

前面的第 4 章已经提到,根据 IAS 38 对无形资产的审查标准,传统的公司财务报表中不能体现驱动知识产权和专利价值的因素。这种方法将问题和解决方案置于传统财务报告领域之内,并且特别是作为会计和评估专业的任务。但是,我们在第 4 章和第 5 章已经提到,很难在短期内对 IAS 38 无形资产部分进行改革,因为需要一个规范的知识产权和专利市场来向会计师提供尚未出现的历史财务交易数据。

不仅如此,近年来我们对知识产权、税务和公司治理的关注还是太少。拥有知识产权或者专利的公司经常对具体的税务问题不熟悉。公司知识产权资产产生的收入很大程度上会影响公司的纳税义务。知识产权资产收入是否合法取决于下列几个因素:知识产权权利的产生、知识产权权利的转让是否合法以及权利产生时纳税公司活动的本质。透明的公司知识产权资产报告越多,就越能促进税收计划的进行。比如说,基于专利产生的税收优惠政策计划更可能对新的知识产权所有权的地位产生重要的影响,同时会导致税收收入的大幅度减少。❽ 换句话说,对知识产权的处置可能产生收入、资本的增加或者减损或者公益性的损耗,或者也能使知识产权产生的收益分配给另一方。❾公司知识产

---

❼ 使用军事医疗和灾难医疗服务的相同分类类别,将业务流程分类为必要/紧急(红色),重要/紧急(黄色)或可选/支持(绿色)。See Zich J. Business 911:Triage for Trying Times (June 1994) Stanford Business School Magazine.

❽ Griffith R,Miller H,O'Connell M. Ownership of Intellectual Property and Corporate Taxation (April 2014) 112 Journal of Public Economics 12 –23 at www. sciencedirect. com/science/article/pii/S0047272714000103.

❾ 拥有知识产权的纳税人应确保双方对销售或许可的税收处理保持一致。

权资产的税法是复杂的，它包括了普通的原则和具体的条款，就像一座错综复杂的迷宫。随着知识产权逐渐取代有形资产成为公司产生利润的主力军，理解和适用这些规则对公司财务主管和内外部的会计以及其税务顾问来说就变成了一个艰巨的任务。增加知识产权资产的披露和透明度的公司治理方法也能缓和公司股东和董事会对税收相关信息了解程度的不对称问题。因为公司税务系统的初始目的是增加财政收入，这对税务部门监控公司税收筹划活动具有政策意义（以及有关 IAS 12 所得税的标准制定机构）。❿最近全球性公司星巴克和亚马逊在英国和欧盟爆出的税收丑闻再一次证明了公司董事会进行税收管理和企业社会责任的重要性。

8.1.2 对现有会计框架的补充报告——通过 ICS 或者其他模式

第二个方法指出，从根本上改变 IAS 38 是行不通和不值得的，因为这一现存的会计财务报告制度在国际上具有相对确定性。这一制度为特定用户团体提供了充足的信息来源。因此，这种观点认为有必要建立一种全新的公司报告制度，这种新制度根据新的/其他用户的需求进行具体设计，但应当与传统制度相区分。⓫ 本书第 5 章和第 6 章指出，其他不同形式的报告也正在出现，例如 ICS，一种独立的管理报告，能够大范围覆盖公司的无形财产、智力资本以及知识产权信息和战略。关于知识产权抵押贷款问题，自 2010 年开始，5 家香港银行⓬已经为自愿采取 ICS 模式的商业贷款申请人提供更加优惠的财务和/或服务政策。⓭ 中华人民共和国香港特别行政区政府知识产权署（HKIPD）一直致力于和银行合作，不断推进这一模式。HKIPD 也制定了颇有帮助的智力资本管理指南。⓮ 2013 年，弗雷建议应当引入一种新的"增长报告"。⓯ 2014 年，知识产权评估专家组的最终报告建议，应当对知识产权非财务信息进行补充报告，并表明公司应当提交一份强制性的、独立的知识产权管理报告，并详

---

❿ Nor Shaipah Abdul Wahab and Holland, K. Tax Planning, Corporate Governance and Equity Value（June 2012）44（2）The British Accounting Review 111 – 124 at www. sciencedirect. com/science/article/pii/S0890838912000212.

⓫ 同脚注❶，第 21 页。

⓬ 中国银行（香港）有限公司、创兴银行有限公司、花旗商业银行、恒生银行有限公司和东亚银行。

⓭ Hong Kong banks sign up to ground – breaking IC initiative（April 2010）Intellectual Asset Magazine blog at www. iam – magazine. com/blog/Detail. aspx? g = 3d6fc595 – 6202 – 40f0 – ba82 – 6d5eelb05def.

⓮ 参见 www. ipd. gov. hk/eng/ICM.

⓯ Frey C B. IP Rights and the Financing of Technology Innovation（2013）Edward Elgar Publishing Limited，Chapter 5.

细说明知识产权和知识产权的价值。❻ 但是，我们在第 6 章曾经提到过，ICS
模式的使用量正在下降，它仍然是一种例外而不是常规的方式，而且通常不被
公司所接受，许多公司可能更喜欢下面讨论的综合报告方法。

8.1.3　通过研究现行英国公司报告框架进行更好的披露

第三种方法建议，应当叙述性地披露更好和更详细的信息，以补充无形资
产的会计准则。这些额外的信息可以出现在传统的财务报告当中，作为财会信
息的补充，也可以像本书建议的那样，出现在现存的公司年度叙述性报告中。
因此，纳入年度报告的无形资产的其他自愿定性披露将必须遵守现有的公司报
告规定。据此，传统的财务报告和公司报告克服了 IAS 38 的局限性。但问题
是：什么类型的披露以及在哪里披露呢？笔者通过领英与欧盟委员会专家组的
英国代表杰克·马奎尔（Jackie Maguire）取得联系，以阐明对自愿性公司报
告进行改变并建立强制性建议的决定。杰克·马奎尔认为，强制性和自愿性的
公司报告义务是这样的：

> 一个非常微妙的地方在于，企业都倾向于遵守更为严格的规则，当涉
> 及财务报告时决不会做多余的事情。例如，现行规则并没有禁止在财务报
> 表中披露知识产权信息，但是却很少有上市公司这样做！我们想鼓励更多
> 公司更重视无形资产以及它们为公司提供的价值。❼

专家组的报告没有从公司法或公司治理的角度进一步阐述自愿或强制性报
告之间的困境。

在任何情况下，笔者提出的三种方法都是非常先进的。会计领域的标准在
处理无形资产的时候发生了一些变化，即通过采用新的国际标准化组织 10668
号（ISO 10668）货币品牌评估方法来对商标的价值进行财务评估。❽ 尚无用于
评估专利的 ISO 标准。总的来说，尽管对专利信息、知识产权、无形财产进行
更多的披露已经成为一种趋势，但是目前学界对如何报告，在哪里披露知识产
权信息还没有达成共识，同时也不清楚哪些信息应当被自愿披露，哪些信息应
当被强制披露。本书认为，最好的办法是在公司的叙述性年报中补充披露公司

❻ Final Report form the Expert Group on Intellectual Property Valuation（March 2014）European Union.

❼ The exchange took place via a Linked in discussion at www. linkedin. com/groups? gid =
2991669&goback = %2Ebzo_* 1_* 1_* 1_* 1_* l_intipsa&trk = rr_grp_name.

❽ 国际标准化组织（International Organization for Standardization）于 2010 年发布了 ISO 10668，列
出了在评估品牌时要使用，并可能用于公司融资和筹款活动的原则。
ISO 10668 在进行评估前需要进行三种类型的分析：法律、行为和财务。

知识产权资产和战略信息，这样可以减少公司需要制作的报告数量，简化行政程序。作为银行贷款政策的一部分，如果创新型企业自愿编写并提交了自己的战略报告，并整合了重要的知识产权披露，就可以享受更优惠的财务和/或服务特权，那么这将会是一种务实的双赢局面。向公司注册处提交的文件可以向公众公开。贷款方将有权使用重要的非财务信息去帮助其识别可靠的借款方。理论上来说，应当符合法定的公司报告标准。本书下一节将进一步提出为什么非上市公司在中短期内仍应自愿在英国披露专利信息和战略的法律论点。

8.1.4 知识产权的自愿和强制披露以及董事责任

强制要求非上市公司制作知识产权报告相当于增加了强制问责机制，这无论是在政治上还是技术上都存在很大的问题。笔者认为，要求公司董事提供知识产权报告和战略的法律义务实在是太过超前，因为并没有为他们提供更多详细的指导。根据 2006 年公司法的规定，未能公正地进行披露，造成误导会产生非常严重的法律后果。[19]"真实且公正"的观点在公司会计信息报告中仍然至关重要，并且是会计实践的核心。[20] 因此，公司年报中的任何叙述性的知识产权信息披露需要能够确保被披露的信息不是虚假或有误导性的。这是公司为获得独立的法人身份，尤其是有限责任所必须付出的代价。[21]

同样，知识产权信息和战略的重大披露，无论是自愿的还是在 2006 年公司法的法律框架内要求的，都大大提高了其合法性和权威性。[22] 这是因为 2006 年公司法第 463 条对公司董事在公司报告中进行虚假的、误导性的陈述规定了非常苛刻的责任。公司董事必须对因此造成的任何公司损失进行赔偿，包括：

（a）任何不实或者误导性的陈述；

（b）遗漏任何法律上要求必须披露的内容。[23]

这个条款可能会使经验不足的董事心惊胆战，但重要的是，该条也设置了避风港条款（这是一条能够减轻或者限制责任的条款，只要公司董事能够证明自己的确是忠于公司本身的）。根据英国 2006 年公司法第 463 条的规定，公

---

[19] 根据 2013 年第 1970 号（战略报告和董事报告）条例第 414A 条的规定，任何人未遵守法律要求准备战略报告或采取一切合理步骤以确保遵守该要求，即属犯罪，可处以最高 5000 英镑的罚款。

[20] Parker R H, Nobes C. An International View of True and Fair Accounting（International Accounting）(1994) Cengage Learning EMEA.

[21] Mason S, French D, Ryan C. Company Law (2013-2014) Oxford University Press, p 108.

[22] 如果报告是在小公司体制下编写的，则必须在董事签名上方的显眼位置陈述这一事实：英国 2006 年公司法第 419（2）条。

[23] 2006 年公司法第 463（2）条。

司董事只会因以下几种情况承担责任：明知报告是虚假、误导性的，不关心报告是不是虚假或者误导性的，刻意隐瞒、遗漏的重要事实。避风港条款只存在于 2006 年公司法中，因为政府担心过于严格的责任限制会导致公司董事对公司报告进行过于严苛的审查和制作，这样会降低报告的实用性。因此，公司董事的责任仅限于公司本身，而不牵涉到公司股东、投资者或者第三人，例如债权人。这不会影响任何民事罚款或刑事责任，但应确保公司董事的安全，因为他们的风险有限，尤其是不能对他们提起过失诉讼。

　　因此，多种因素共同阻碍了公司董事（甚至在大型上市公司）通过叙述性公司报告披露它们的无形资产信息，尤其是知识产权和专利信息：（1）无形资产在传统财务报告中被隐藏的价值；（2）公司内部缺少管理和识别无形资产的能力；（3）如何报告。

　　公司报告标准提高了被披露信息的质量和可信度，因为披露的"重大"和"真实且公平"的观点需要令公司董事满意。因此，我们必须牢记不遵守 2006 年公司法第 463 条的严重后果，创新公司的董事必须事先声明其是否自愿披露知识产权信息和战略。非上市公司的董事不得不慎重权衡披露的利弊，包括当中存在的风险、成本和行政负担。基于此，笔者认为，公司的知识产权资产信息和战略披露应当是自愿的，且由公司董事在个案中慎重考虑。公司董事应当从公司目前的经营情况、公司规模、复杂程度、正在面临的风险和挑战以及可用的人力和财务资源等各方面进行综合分析，使披露满足 2006 年公司法规定的法律标准。

　　在系统地考虑和权衡知识产权披露的利弊和成本之后，根据 2006 年公司法第 172 条，公司董事应当考虑这样做是否能够促进公司商业上的成功。如果对以上问题的回答是肯定的，那么公司董事可能会决定选择性地提交战略报告（或者他们可能会被免于提供战略报告）。换句话说，获取资金的需求可能使自愿的披露更为公正、准确。更何况，如果公司董事选择进行披露，那么创新型公司获得的收益是双倍的：

　　（1）披露将改善公司治理，提高知识产权资产透明度；

　　（2）披露可以提高人们对这些资产可用性的认识，这些资产可以作为债务融资交易中的潜在担保，也提高了潜在的股权投资者和可能对创新业务产生兴趣的其他人对这些资产的认识。

　　在我们对公司融资进行讨论的第 3 章中，我们看到贷款方在评估商业贷款申请时通常需要公司借方的年度收益副本。公司知识产权资产信息和战略的有效性符合"真实且公平"的公司管理标准，会对使用定量（传统会计报表）和定性（叙述性公司报告）两种方法将创新型公司评估为潜在借款方的商业贷款方有所帮助。这将有助于它们通过与公司叙述披露进行交叉验证来对无形资产财务数据进行三角分析。提高自愿披露在公司年报中的比重应该是公司改变的第一步，这样能鼓励公司有规律地思考它们的知识产权资产的价值和长期战略目标。下面我们来介绍原始模型的第一级。

8.2 全新的关于知识产权披露的分级"重要性评估模型"

最初的基本的三级架构，可取且可选择的专利信息和战略披露模型被分为了几个新的预测模型来促进小型或大型、上市或非上市公司进行披露。它能够回答公司经营环境和商业模型中，"什么是重要的知识产权披露?"这一模型建立在丹麦和德国的 ICS 方法的叙述性内容和风格之上，同时还借鉴了 GSK 的专利信息披露制度和其他相关文献。除此以外，还采用"业务分类"模型为创新型企业提供具体的指导，促使它们自愿在公司年度战略收益报告中披露专利信息。尽管该模型侧重于专利信息和战略披露，但类似的"业务分类"模型可以用于其他类型的知识产权开发。在创新型公司的专利发明的生命周期早期，公司会首先尝试去做以下事情:

- 确保研发部门员工自由实施;[20]
- 为专利组合研发高质量的专利;
- 确保核心业务受到保护;
- 采用管理程序促进专利的研发，保证专利维持、监控、竞争以及实施。

非财务定性专利价值信息指标主要通过确定专利组合的总体背景和策略来解决专利与公司业务的相关性。这些因素或者价值指标既可能对专利的价值产生积极影响，也可能产生消极影响。以此类推，我们可以思考许多英国大街上零售店的例子。地理位置、建筑占地面积、建筑尺寸和零售的流量等因素会影响作为零售商店的建筑的财务价值。但是网络销售会有威胁吗? 网络销售会如何影响零售店的估值呢? 也许不会。网络销售可能会影响零售店的经营效益，但是不太可能会对房屋的价值造成影响。同样，在仔细估算专利价值之前，专利相关的定性因素的结合决定了专利组合的价值，需要在进行数学或会计评估之前进行估值，这就是为什么叙述性报告需要突出和评估专利资产。专利保护将为商业提供多样的定性专利价值指标，这一指标能直接或间接地关联到现金流和与贷款方直接相关的信息。

叙述性专利信息定性指标旨在获取更多间接影响的现金流的价值。起点是

⑳ Reilly R F. Attributes That Influence IP Value (Spring 2015) Forensic Analysis Insights 3.

专利说明书。㉕内部管理应该对专利组合进行评估，以对单一专利或者竞争对手的专利组合进行分类、排序和对比，评估专利组合可能造成的风险和机会，以此来制定和记录战略，为未来的发展争取最大的利益。上述方法在管理学上通常被称为基于内外部竞争环境和竞争条件下的态势分析（SWOT 分析法）。㉖

8.2.1　制作和记录专利信息和战略

进行重大或自愿的公司披露，无论采用何种格式，都会迫使公司制作和记录其专利信息。对创新型公司来说，这是重要的一步，因为该过程利用了"聚焦力"，可以在短期、中期和长期内作出重要的管理决策。例如，将专利战略文件书面化可以帮助公司将精力集中在最重要领域的专利申请上，或者在边际领域放弃或许可创新项目，从而提高核心业务领域的工作质量。

我们应当首先识别、定义、描述专利（或者知识产权）组合。这相当于实施了一次尽职调查，该调查主要包括三个方面：（1）存在合法垄断权，也就是专利被恰当注册并仍然有效；（2）专利存在完整的所有权；（3）专利权可以防止第三方未经许可使用发明（这是为了维持使用或者许可专利带来的现金流）。这些因素直接关系到公司专利的财务潜力。

8.2.2　三级模型的设计

模型是对现实中所选择部分的简化，有助于我们理解一个庞大而复杂、在整体上不容易理解的系统。与观察到的整个系统相比，模型旨在更易于用于某些目的。FRC 发布英国公司治理守则以促进有效的、企业家的、审慎的管理，从而实现公司的长期成功。在设计原始的三级专利披露模型之前，要考虑的主要问题之一是如何将其纳入现有的合法公司报告框架，同时考虑到守则中有关公司治理和报告的指导和共识。㉗该准则不是一套严格的规则，而是由以下披露原则组成：

- 领导力（A 部分）；

㉕ 这是带有附图和权利要求的发明的书面描述。摘要是专利说明书的摘要，大多数成功的专利申请在说明书中都有详细的描述，这些描述长达几页，描述了发明的不同实施例，并给出了这些不同实施例的一组附图。确切的样式和内容因发明主体而异。例如，复杂的机械、电子设备和化学过程需要的描述和附图比零件很少的简单项目要多得多，请参见 UKIPO 的专利申请指南，网址为 www.ipo.gov.uk/p–apply.pdf.

㉖ Humphrey A. SWOT Analysis for Management Consulting（December 2005）SRI Alumni Newsletter.

㉗ 2012 年 9 月（适用于自 2012 年 10 月 1 日开始的报告期）：www.frc.org.uk/Our–Work/Publications/Corporate–Governance/UK–Corporate–Governance–Code–September–2012.pdf, p 1.

- 有效性（B 部分）；
- 责任制（C 部分）；
- 报酬（D 部分）；
- 与股东的关系（E 部分）。

公司叙述性披露的良好实践适用于上市公司❷，并且是基于良好公司治理的基本原则：责任制、透明度、诚实并专注于公司的长期成功。❷ 为了简化和减轻创新型公司的行政负担，本书提出的模型将在现行公司法报告制度下运行，并遵守守则 A～C 节中规定的原则。❸

模型的第一级，基本的自愿专利信息和战略披露模型（"基本披露模型"），被设计成为一种"元标准"，该标准简明地定义了具体的涉及专利信息和战略的指标，这种指标具有重要意义，应当在战略报告当中被披露。基本披露模型采取了简单的十步法则，采用了丹麦和德国的 ICS 模式和特意避免过于详细的方法论工作步骤和需求。丹麦的 ICS 模式建立在四种知识资源之上，分别是员工、顾客、流程和科技。德国的 ICS 适应度审查包括 11 个问题，然后是起草 ICS 的 6 个步骤，基本披露模型得以简化和调整，以方便评估专利信息和战略是否重要以及是否应当披露。无论是丹麦的 ICS、德国的 ICS，还是 FRC，都没有提供特定的公司知识产权资产披露指南；它们倾向于为无形资产披露（一种更广泛的资产类别）提供具有普适性的指导。基本披露模型和三级架构，基本的、可取且可选择的专利信息和战略披露模型弥补了文献中的这一空白。

基本披露模型在概念上可以供任何创新型公司使用，而不论其所在行业如何，并且可以促进统一性和可比性。它利用了守则 A～C 节所倡导的有关领导力、有效性和责任制以及 FRC 的观点支持的英国现行公司法报告原则（见表 8.1）。在第 7 章中，我们发现 GSK 的叙述性报告贯穿了全部 252 页的 2012 年年度报告，其中必须拼凑出"专利价值故事"。相反，无论是基本披露模式还是基本的、可取且可选择的专利信息和战略披露模型都在报告中考虑了独立的专利信息和战略部分。

基本披露模型是启动有关自愿专利信息披露的制定和记录的讨论起点，能够提高对公司隐藏的无形（专利）资产的认识。根据 IAS 38 无形资产编制的传统财务会计报表存在的缺陷导致了专利和其他无形资产信息的缺乏。基本披

---

❷ Disclosure and Transparency Rules promulgated by FSA pursuant to the FSMA 2000, p 2.

❷ 同脚注❷，第 1 页。

❸ 同脚注❷。

露模型解决了这一问题并增强了公司治理披露理论。它通过提供一套定性的非财务专利信息指标来做到这一点，以使无形成为有形，同时协助创新型公司的董事本着英国公司治理守则的精神遵守 2006 年公司法第 172 条规定的职责。GSK 的案例研究提到了定性专利指标，第 6 章讨论的 ICS 概念则启发了其他报告和研究文献。

8.2.3　重要的非财务定性专利信息披露指标

一个有效、可靠的专利信息披露需要依靠基础的定性非财务指标，并得到相关股东的接受和背书。首要任务是对外表明存在有潜在价值的专利和专利申请以及它们在公司商业战略中的核心地位："专利价值故事"。但是这并不等同于进行专利尽职调查（然而，在需要时，重大披露能帮助进行专利尽职调查）。创新型公司需要高效地将它们的研究和发明成果转化成实际利润。尽管公司股东有权利指定制定商业战略的公司董事，但是其他的利益相关人例如贷款方无权指挥创新型公司去商业化它所拥有的专利。股权融资人将有更多发言权，具体取决于其股权比例以及是否在企业中担任管理角色。然而，贷款方只能观察和评估创新型公司作出的选择和结果。

8.2.4　基本披露模型

为满足英国创新型中小企业的业务目标而量身定制的战略报告应为股东和其他利益相关者提供评估创新型企业的必要信息：
（a）公司的发展、市场份额和定位；
（b）未来计划；
（c）目标战略；
（d）商业模式；
（e）公司管理模式。

下面的定性非财务指标被视为有助于为知识产权丰富型公司提高"真实且公平"的看法的知识产权披露。对于仅有小的专利组合的公司而言，如果披露，推荐最低水平的披露。

表 8.1 描绘了披露模型的第一级。基本披露模型不用于详细描绘所有可能真实存在或者仅仅在理论上存在的专利信息和战略；与此相反，它说明了可能重要的知识产权信息的类型。

表 8.1　基本披露模型

1. 专利价值故事——以商业模型作为后续披露的平台
2. 专利组合——发展、绩效、市场定位、成长机会、时间规划
3. 专利战略——实现既定目标的战略
4. 知识产权和专利管理——管理、管理能力和领导能力
5. 专利许可和协议（有的话）——足够的商业关系和责任
6. 商业化成本——财务需求和目标
7. 关键专利的生命周期——经营自由和垄断优势的持续时间
8. 与主要专利有关的主要风险和不确定性——金融家和投资者信息
9. 专利资产的财务状况——当前或者过去的债务担保
10. 关键专利资产绩效指标的年度比较——跟踪一段时间段内的绩效

我们不应该忽略应用模型的简单条款的重要性。这一模型尝试清晰明了地说明披露需要优先考虑的最低重要性的专利信息指标。可以以相对简短的形式，一个两三页的简洁明了的叙述性报告来展示信息。那些依赖披露的人需要对专利资产信息披露的"真实且公平"有信心。不仅如此，任何有关的风险都应当被披露出来。披露应当以连续、统一的形式进行，以确保客观性和确定性。尽管如此，对于特定公司而言，什么是重大知识产权披露以及公司如何选择披露与其业务有关的专利信息和战略指标，仍会有很大的差异。基本披露模型标题为披露提供了有用的重要性框架，允许采用更加自由的叙述风格来增强披露的灵活性。FRC 作了名为《事实胜于雄辩》的报告，报告指出了在公司叙述性报告中为达到有效沟通应当遵守的一般原则，❸ 如表 8.2 所示。

表 8.2　叙述性报告中实现有效沟通应当遵守的一般原则

1	集中	突出显示重要的消息、交易和会计政策，避免不重要的杂乱分散读者的注意力
2	开放、诚恳	对结果进行恰当的解释——无论是好消息还是坏消息
3	明确、可理解的	使用通俗易懂的语言、准确的定义、具有一致性的术语、易于理解的结构
4	有趣、参与程度高	通过一份引起读者注意的报告来阐明要点

在选择创新型公司的过程中，随着公司不断发展壮大并获取更多资源，基本披露模型可以进一步提供更详细、更具综合性的重要专利信息和战略。表

---

❸　Louder than Words：Principles and Actions for Making Corporate reports Less Complex and More Relevant（June 2009）FRC.

— 202 —

8.3 显示了基本的三级架构，可取且可选择的专利信息和战略披露模型。这种全面的重要性评估模型包括直接来自基本指标的其他可选（自愿的）定性专利指标。

表8.3 基本的、可取且可选择的专利信息和战略披露模型

叙述性披露	基本（第一级）	可取（第二级）（基于成本-收益基础进行考量）	可选择（第三级）（整理和生产的成本是否低廉）
1. "专利价值故事"商业模型	在年度报告中描述最能创造价值的专利，并解释这些专利如何创造价值。单独一段列出商业模型	结合背景解释专利资产如何影响商业战略，并突出专利垄断对整个业务的重要价值。技术的复杂性（尤其是"替代"技术）。技术准备水平。实体为维持价值能力而开展的活动。商业模型和专利价值的可持续性。内部产生的专利资产。专利销售	独立评估或者通过欧洲专利局知识产权评估软件 IPScore 评估。专利的内部估值（例如，GSK 的内部收益率评估方法）。专利组合的深度（专利的数量、专利的管辖区域），同族专利，特定专利池的强度
2. 专利组合发展、绩效、市场定位、成长机会	将授予或正在申请的专利链接到关键产品。确认在主要国家或地区自由经营。注意任何重要的阻碍型专利。专利资产是处于研发过程中还是处于产品开发周期中。产品特点。专利资产和估计的有效期限带来的未来经济利益。未来前景	专利池	专利引用

叙述性披露	基本（第一级）	可取（第二级） （基于成本－收益基础进行考量）	可选择（第三级） （整理和生产的成本是否低廉）
3. 专利战略 实现目标的战略	设置实现发明商业化的目标	专利资产潜在使用的信息。 可能使用专利资产的市场信息。 研发投入	进一步开发和研发渠道。 放弃专利。 放弃项目。 研究和创新管理策略——进行研究的最佳结构，债务或股权融资。 专利更新管理和战略
4. 知识产权和 专利管理	制定专利管理政策，以确定公司管理、专利资产的管理和领导地位。 公司组织结构——是否存在拥有专利资产的子公司来隔离风险	协调和管理公司专利战略的管理责任。董事会（执行或非执行）的专利或知识产权相关资格。 首席知识产权官或者知识产权管理团队。 专业顾问——专利律师、法律、会计等	详细的专利组合管理战略。 教育和培训。 专利检索。 员工简介（例如，雇主在知识产权方面的义务）。 员工通信。 介绍主要发明者/研究员。 发明的披露政策。 员工激励和奖励计划。 展示同行认可的奖项和奖励。 员工出版物。 技术园区或类似场所内的营业场所
5. 专利许可和协议 商业关系和责任 （如果足够确定要披露）	主要专利许可协议（许可输入或许可输出）。 排他性。 产品分销协议。 专利池许可	与专利产品有关的销售信息（实际的和预测的）。 合作协议（例如与大学或科研机构的合作协议）	市场规模（现有的和预期的）。 市场份额（现有的和预期的）。 商标和其他市场权利。 技术秘密
6. 商业化成本 经济需求和目标	开发专利资产的成本	预计的研发成本和开发时间。 预计完成发明专利商业化所需的成本。 可用于申请和更新专利的财务资源	专利盒或其他税收优惠或税收减免

叙述性披露	基本（第一级）	可取（第二级）（基于成本-收益基础进行考量）	可选择（第三级）（整理和生产的成本是否低廉）
7. 主要专利的生命周期	主要合法专利垄断的有效期和期限		终止的专利。终止的研发项目
8. 与主要专利有关的风险和不确定性：投资人和金融家信息	保护专利权和秘密信息。因专利到期、专利被无效、专利被撤销或未支付专利年费导致专利失效，而丧失专利权。法律诉讼：专利有效性、专利执行、专利侵权诉讼、泄露机密、发明人的获酬权（实际的和潜在的）。竞争对手和竞争格局（产品、竞争和专利），替代品的供应	风险管理流程。未能确保经营自由的后果。公司为应对风险和不确定性而采取的"应对措施"。英国和欧盟以外的相关司法管辖区的专利保护和执行标准。有关该行业的一般背景信息。监控专利侵权竞争。监控竞争对手的专利和专利申请	
9. 专利资产的财务状况	专利资产是否用作或已经用作债务担保？		
10. 主要专利资产绩效指标的年度比较	在整个业务生命周期内，系统地跟踪和报告专利组合的进展和增长情况。实现的里程碑	绩效和价值创造指标	

这一模型为公司提供了直接但是灵活的评估方法，使公司能够评估额外的重要和非重要的专利信息和战略的披露情况。除了基本专利指标之外，创新型公司的董事应当在成本效益或低成本整理和生产的基础上，考虑是否应当报告额外可取和可选的信息。这对面临财务挑战的创新型公司，尤其是初创企业和中小企业来说，是一个重要的决定。因此，该模型适应了公司的"增长"，使其能够随着业务生命周期的进展而更新所披露的专利信息和战略，而不会随着

时间的流逝失去一致性、可靠性或可比性。该模型不采用会计语言，可以通过使用可视化或图形来补充叙述性报告，从而进一步增强模型本身。模型中大部分专利指标都是非常明显的，且已经在前面第 7 章的 GSK 案例研究中进行了充分的讨论。另外，前面在第 2 章技术水平准备系统也已经讨论过了。下面讨论那些需要进一步阐述的问题。

8.2.5　模型中使用的专利指标

8.2.5.1　EPO 使用的知识产权评估软件 IPscore ® 2.2

知识产权评估软件 IPscore ® 2.2 是 EPO 创造的帮助公司评估和管理专利和开发项目的工具。这个工具可以用于财务预测，以显示正在评估的技术项目的净现值，以便公司可以更好地评估项目并将其更好地整合到他们的管理战略中。[32]

表 8.3 中的第 1 项专利价值故事的"可选的"这一列提到了 IPScore 指标。[33] EPO 的 IPScore 知识产权评估软件目前在英国既不知名，也没有被广泛使用。这是一款实用的在线公开可用的专利价值评估工具，可以指导用户评估自己的免费专利或专利组合。EPO 取得、采用并向欧盟成员国专利局分发 IPScore 软件。[34]通过该软件，用户可以对公司内部管理进行基本的专利定性评估，对单项专利或开发项目进行定性评估，并内置财务模型，通过进行财务预测，对专利技术在公司投入使用后的价值进行数量级的呈现。IPScore 创建了一个财务模型，该模型能够提供专利技术在 10 年内可预见的流动性贡献的预测，这与贷款方对业务增长和未来现金流的评估有关。这一计算周期取决于专利技术的预设寿命。净现值为可预见的流动资金折现。[35] 因此，虽然 IPScore 软件并没有将专利作为法律文件进行评估，但法律保护是价值的基础，这也是为什么 IPScore 软件的披露是可选的，是对传统财务报表的补充。这与在第 7 章中讨论的 GSK 内部收益率法的披露相当。IPScore 报告的准确性与信息输入的准确性一样，贷款方可以坚持由独立评估师提供任何此类报告。然而，因为 IPscore 软件是由 EPO 管理的免费在线资源，因此对于创新型中小企业可能更加有用。

8.2.5.2　专利引用

表 8.3 中第 2 项专利组合的"可选的"一列将专利引用当作指标之一。有证据表明，在专利信息文件中可以观察到专利价值和专利引用之间存在很强的

---

[32] 欧洲专利局：www. epo. org/searching – for – patents/business/ipscore. html#tab – 1.

[33] IPScore ® 2.2 Manual（2009）p 9.

[34] 笔者对英国 IPO 网站进行了搜索：www. ipo. gov. uk and did not find any link to the IPScore webpage.

[35] 对财务计算中的假设的详细说明，参见 IPScore 2.2. Mnnul（2009）Chapter 6.

相关性。❸ 例如，专利注册人在检索和审查过程中产生的对在先专利的引用次数，以及专利被引用的次数，都表明了专利在科学上的重要性，从而表明了专利的相对价值。更进一步地，某些专利有很多前瞻性的"非自我"引用。前瞻性引用是在以后的文件中对专利进行评估的参考。这种引用是一种客观证据，证明了专利具有很高的价值，且是保护特定领域中重大技术创新的开创性专利。引用次数可以根据经验进行计算和调查，作为信息输入是有用和可靠的。可以观察到的结果是一个被称作"专利引用网"的链接网络，该网络是一个有用的定性评估工具。❺ 总的来说，一项专利被引用的次数往往能体现其科学重要性，从而体现其本身的价值。尽管被引用的次数不多，但是也有必要考虑引用是如何产生以及引用数据提供了什么样的信息。将专利被引用次数作为价值指标，仅与了解其重要性的专业知识水平一样有用。对贷款方来说，没有经验丰富的专利律师协助是相当困难的。

8.2.5.3　经营自由：相邻专利权的影响

表 8.3 中第 2 项专利组合的"基本的"一列要求确认经营自由。经营自由是一个专利法术语。专利价值受到围绕着专利垄断的财产权的深刻影响。不过，除了初创企业和微企业外，单项专利单独运作的情况很少。在专利组合中，第三方持有的阻碍性专利可能会大大降低公司专利权的价值。阻碍性专利是指涉及某一特定技术领域的专利，它阻止另一项专利的使用（未经第一项专利的许可），因为另一项专利依赖于第一项专利所涵盖的技术。❸因此，拥有一项专利并不当然赋予专利权人经营自由。另一项专利可能阻碍了该专利的使用。如果有许多单独拥有的涉及特定产品或工艺的阻碍性专利，就会出现本书第 2 章讨论的"专利丛林"。❺ 笔者建议公司（通过专利律师）进行专利检索，以确认是否存在阻碍性专利，并对其影响进行适当披露。这里可能需要提供"真实且公平"的看法。处理任何阻碍性专利都会产生成本，无论是许可还是绕开它们，都需要从这些阻碍性专利预期的未来经济利益中扣除这些成本。

8.2.5.4　专利池与协同专利

专利池是指由两家或两家以上的公司同意交叉许可与某项技术有关的专利

❸　Hall B H, Jaffe A, Trajtenberg M. Market Value and Patent Citations JEL Classification：031，038 UC Berkeley at http：//eml. Berkeley. edu/ – bhhall/papers/HallJafifeTrajtenberg_RJEjanO4. pdf, p 1.

❺　Hand J, Lev B. Intangible Assets：Values, Measures, and Risks (2003) Oxford University Press pp 208 – 213；Michel J, Bettels B. Tatent Citation Analysis (2001) 51 (1) Scientometrics 85 – 201.

❸　Guellec D, Martinez C, Zuniga P. Blocking Patents：What They Are and What They Do (5 June 2008) Preliminary Paper.

❺　Patent Thickets – An Overview (25 November 2011) UK IPO Informatics Team.

而组成的联盟。❹ 换句话说，就是许多公司为了它们的共同利益，联合起来创造资源。因此，专利池的出现可以为创新型公司节约时间和财务资源，在存在阻碍性专利的情况下，这可能是发明商业化的唯一可行途径。在专利组合的内部也可能存在协同专利，可以提高公司专利权的价值。阻碍型专利的镜像是由一组相关专利权组成的协同专利组合。❹ 当这些专利由单一组合持有（或由单一专利池控制）时，其总价值可能比由不同所有者分别持有的价值更高。这一专利战略能够克服阻碍型专利带来的问题，使每一项专利的价值得到提升。构成协同组合一部分的专利可能比单独持有的专利价值更高。在这样的情况下，就必须考虑专利族的优势了。❹

8.2.5.5 专利许可：改善现金流的收入

一项专利可许可多个被许可人同时使用而不减损其价值。这与商誉等无形资产形成鲜明对比。因此，专利许可对未来的潜在收入流有潜在倍增效应，这也是创新型公司和潜在贷款方都需要注意的问题。

8.2.5.6 申请和更新专利的财务资源

申请和维护英国专利在其整个生命周期中的总成本（不包括专利权的任何执行）由专业费用、应付给英国知识产权局的官方费用以及应支付给专业制作专利文件的代理师的费用组成。就像在第 2 章讨论的那样，一个典型的专利，20 年垄断时间的成本大概在 10000～20000 英镑（在英国，公司和个人还要缴纳增值税）。❹ 该成本范围需要乘以该公司所拥有的英国专利数量，以及在其他国家/地区申请和维护专利的类似数据（翻译可能导致这部分成本更高）。

8.2.5.7 监控竞争

创新型公司，尤其是中小企业，通常没有足够的财政实力来监控竞争，或者发现潜在的专利侵权。❹ 保护财产权的概念在商标法中很常见，商标所有权人必须在市场上寻找侵权人，否则将面临商标被淡化或失去商标的风险，尤其在商标成为通用名称的情况下。❹ 专利权人似乎并不太清楚如何进行专利监

---

❹ 由 WIPO 秘书处编制的 Patent Pools and Antitrust – A Comparative Analysis（March 0214），第 3 页。

❹ Murphy W，Orcutt J，Remus P. Patent Valuation Improving Decision Making through Analysis（2012）Wiley，p 103.

❹ 专利族是在多个国家/地区为保护共同发明人的某项发明而提出的一组专利申请。例如，在英国提出申请，然后扩展到其他专利局。

❹ Franks & Co. 36% Increase in Official UKIPO Patent Fees（27 May 2010）at www.franksco.com/news/2010/5/36 – increase – in – official – ukipo – patent – fees.

❹ Rabinowitz A. Keep Your Eye on Your Ball：Patent Holders Evolving Duty to Patrol the Marketplace for Infringement，（Spring 2007）5 Art. 1 Northwestern Journal of Technology IP.

❹ 同脚注❹，第 192 页。

控。创新型公司的董事对公司的无形资产负有管理职能，在笔者看来，从实践的角度来说，公司根据自身的情况，设置一个专利管理程序，来监控市场上是否存在专利侵权行为。如果存在重大竞争，则应披露这些重大信息，以提供对业务的"真实且公平"的看法。继而，创新型公司就需要采取战略来应对竞争问题，或者防止侵权行为的发生，以保证自己的市场地位。

　　UKIPO 提供了一种专业的专利检索和侵权侦查培训，[⑯] 创新型公司可通过使用公开可用的专利数据库和网络资源，监控潜在的侵权行为。公司可以对员工进行培训，让他们对侵权产品保持警惕，并制定处理侵权行为的政策，或者在内部执行观察简报。也可以将这部分工作外包给对专利授权机构出版的主要专利刊物有观察简报的公司。

8.2.5.8　知识产权管理

　　对许多创新型公司来说，股东对知识产权的职责是非常模糊的。这一职责通常会落到研发经理、首席技术执行官或者公司秘书、内部律师身上（如果有的话）。除此以外，公司知识产权专家被要求参与内部的知识产权管理程序。但是，在不断发展的公司环境中，为增强公司治理，有必要增强董事会在知识产权和专利管理方面的领导能力。逐渐地，知识产权丰富型大公司会设置CIPO。[⑰] 创新型公司应当报告组织内部谁对知识产权和专利资产的重大决策负责并承担相应责任。如果外部知识产权专家建议董事会协助作出此类决策，那么这也是需要披露的重要信息，因为这表明公司已经采取了谨慎的控制措施来管理公司专利资产，而且董事已经有效地履行了其职责。

　　此外，创新型公司可以选择性披露关键创新人员和负责推动创新和专利战略的技术方面的发明人。披露对成功的发明有贡献的员工，有高等学历或其他受人尊敬的重要因素，例如学术或专业出版物，将增强人们对创新型公司有能力实现其创新目标的认知。新晋的高素质员工能被创新型公司吸引。知识产权管理和领导力对贷款方来说是非常重要的信息，因为它们需要确保可能获得担保的专利资产被妥善对待。

8.2.5.9　激励和/或奖励计划

　　在该模型当中，公司可以选择报告是否向主要研究人员和发明人提供激励和/或奖励计划，以使他们的利益与公司的商业目标保持一致。有研究表明，金钱奖励是最有效的激励方式，选择金钱奖励的员工比选择非金钱奖励的员工

　　[⑯]　参见 www.ipo.gov.uk/ipenforce/ipenforce – resources.htm.

　　[⑰]　Harrison S, Sullivan P.H. Einstein in the Boardroom：Moving beyond Intellectual Capital to I – stuff (2006) Wiley, Chapter 2.

多 1/3。^㊽

8.2.5.10　奖项和奖励

创新型公司赢得行业大奖的重要性和影响不应当被低估。公司始于商业目的。但是，并非所有努力都能成功。奖项或奖励认可了公司在该领域的卓越成就，并且能带来金钱奖励或其他好处，得到公众和同行的认可。公司可以利用这些认可使自己脱颖而出，并转化为财政和其他方面的支持。该奖项越有声望，对创新型公司成功实现其创新和商业目标的能力产生的声誉影响就越大。

8.2.5.11　重大知识产权披露中的最佳实践：应当披露多少信息？

认为一份"真实且公平"的战略报告意味着充分全面的披露是不现实的。专利信息和战略叙述性报告的真正目的是确保所有的信息接受者被公平对待。战略报告应当披露非财务绩效指标的实时见解，这些实时见解有可能为信息用户的决策提供信息。作为一种最佳实践，公司应当持有能够客观证明其专利信息和战略披露（明示或者暗示）的书面证据。只有满足这一标准，外部的利益相关者才可能对叙述性披露持有信心。在没有充分证据的情况下，法院可能会认为这些披露具有误导性。

应当避免使用诸如"我们的目标是将专利组合的价值传递给股东"之类的模板和通用语句，除非它们是对公司特定内容的介绍，说明了如何实现这一目标。公司不应过分乐观或夸大专利和专利产品或工艺的价值、准确性、科学有效性或实用性。如果进行对比或比较陈述，公司必须持有与自己和竞争对手的专利有关的证据，这些证据是暗含的或明确的比较对象。

根据 1997 年专利法第 1（1）（a）条的定义，只有具备新颖性的发明才可能成为专利。专利的权利要求部分对专利所传递的权利范围进行了描述。1977年专利法第 14 条规定，每一份申请应当包含专利说明书、权利要求书和摘要。第 14（5）条要求有显著的区别特征，因为权利要求必须定义寻求专利保护的主题，内容必须清晰、明确，并受说明书的支持，并且与本发明或与之相关的一组发明相关，组合在一起形成一个单一的发明概念。专利说明书和特定的权利要求确定了专利权利的范围。任何随后的专利诉讼，无论是可专利性诉讼、专利侵权诉讼或者是专利撤销诉讼，都会与权利要求书中所提出的发明的真正基础密切相关。罗素勋爵在 Electric & Musical Industries Ltd 诉 Lissen Ltd 案中认为：^㊾

㊽　Inventor Reward and Recognition Programs Benchmark（2011）IP Performance Groups Napierville, Illinois.

㊾　(1939) 56 RPC 23.

权利要求的功能是清晰地定义垄断的边界，目的是让其他人清楚地知道明确的边界，如果仍有人铤而走险，那他将承担相应的法律责任。

因此，建议希望提出 "新的" 特别是 "突破性的" 权利要求的企业，整理完善的研究数据，形成证据体系，以证实专利权利要求的战略影响（例如适当控制的实验研究）。

对专利组合或单项专利的未来价值创造所发表的意见，应当有独立证据证明其准确性。经验丰富的专利律师对专利权利要求书质量的意见是一种基本信息输入，可用于对专利价值的定性评估。如果对专利资产的未来价值创造意见不一，则不应该将未来前景描绘成普遍认同的样子进行披露。董事会有责任确保其专利信息和战略披露提供了 "真实且公平" 的意见。尤其是，如果这一披露尚未得到独立证实，董事会就需要确定其作出的任何专利信息或战略披露不是不真实、不公平或有误导性的。

总的来说，业务分类模型的三级架构，基本的、可取且可选择的专利信息和战略披露模型创造了一个简单的框架，用来收集和展示 "专利价值故事"。所使用的定性专利信息价值指标涉及许多情况下已经公开可用或能够证实的数据，但起草目的是叙述信息。一旦对相关信息进行了研究，股东、潜在投资者或贷款方就可以比较容易地委托具有适当资质的专利代理师或专利律师对披露内容进行分类和评估。我们已经看到，传统的定量财务评估仅能表明创新型公司专利组合的估计货币价值，而且迄今为止，就贷款方作出的数量非常有限的专利支持融资决策而言，这种方法还不够充分。利益相关者没有任何理由限制自己使用财务报表。新的公司叙述性模型也促进了创新型公司专利和战略的SWOT分析。例如，公司财务报表、公司年度报告和战略审查（基于模型）的审查结果可能是，也可能不是创新型公司的。

专利组合为吸引市场而保护具有战略重要性的科技；它可以有效执行，但仍需要大量投资来推进产品 X 的开发。除非在预测初期获得全部融资，否则该公司将无法达到预期的销售额，从而无法获得利润。[50]

在另一个例子中，贷款方能通过得出以下结论来评估借贷人的市场地位：

Xcel 公司是一家正在合并过程中的创新型中小企业。它已经在生物科技专利领域投入了大量资金，过去3年的专利维持费用随着专利资产的增

---

[50]　Bhattacharya H. Banking Strategy，Credit Appraisal and Lending Decisions：A Risk – Return Framework（2010），Oxford University Press，Oxford，pp 386 – 388.

长也在不断增长。这一投资主要由政府研究基金赞助，Xcel 公司现在正在寻求一项长期贷款。它可能要花费好几年时间来取得其投资收益。在公司合并期间，Xcel 公司预计每年会有约 7.5% 的温和增长，这一预测保守但合理。Xcel 公司的运营结构非常强大。它有稳定的回报率。因此，Xcel 公司的贷款被批准了。

外部报告可以影响内部决策，这是因为公司会在外部跟踪其公司知识产权资产的绩效，甚至可能像许多公司一样致力于实现目标。

8.3　知识产权叙述性披露的批判

尽管该种类型的报告已经存在数十年，但公司叙述性披露的用处通常受到批评。马隆（Malone）认识到无形资产叙述性报告的潜在陷阱：

> 有许多试图不去评估公司或其他组织的无形资产、智力资本的理由。这样的评估非常困难且不精确，并且会打开政治化、炒作、狂热、欺诈的潘多拉魔盒。[51]

毫无疑问，决定什么应当披露和如何披露需要非常高的判断能力。这也是可取的且可选择的专利信息和战略披露模型存在的意义——为公司董事提供指导，为用户提供评估可比性的基础。马隆还进一步强调，尽管如此还是必须尝试描述无形资产。使用智力资本声明制度的国家对智力资本声明和传统财务报告的官方认可度是相同的。同样，因为专利信息和战略披露会被呈现在战略报告中，所以也获得了官方的认可。尼尔森（Nielsen）研究过去 20 年来的管理评论的趋势和问题，尝试为公司战略叙述建立指导方针和规范，包括：

> 使管理评论成为投资界关注的问题的一个解决方案是，根据商业模式的逻辑，强调叙述部分的各部分之间的相互联系。此外，规范还应为如何组织管理评论和通过相关绩效指标加强叙述性声明提供指导。[52]

这正是业务分类披露模型试图进行的工作，它创建了一个框架来证明专利（或其他知识产权）资产在企业未来价值创造中的作用。这种相互关联性对资本和债务融资提供者很关键。因此，为了应对批评，自愿性专利信息披露应当

[51] Malone S. Quantifying the Brave New World（1999）Hoover Digest 1999 No. 1.
[52] Nielsen C. Dilemmas in the Usefulness of Business Reporting Narratives towards Investors and other Professional Decision－makers Department of Business Studies，Aarlborg Universitet，p 1.

有战略重点，并按照 2006 年公司法的法律要求，清晰、真实、公正、毫不含糊地传递信息。报告知识产权与专利信息和战略时，应该保持平衡和客观，并通过建立普遍接受的指标进行长期比较，这些指标在 GAAP 规定的强制披露范围之外，而且在传统财务报表中记录的无形资产数字外，更好地了解公司的主要财务驱动因素。新模型将帮助用户评估专利资产的管理绩效，从而使他们能够区分公司管理的好坏与丑陋，这是公司治理的核心部分。这可以解决因重要的知识产权和专利资产缺乏透明度而引起的各种问题，包括问责制，董事为自己的利益行事，选择性披露和内幕交易。㊳综合报告和综合思考成了一种自我强化的循环，旨在支持高效的资本配置和充当金融稳定和可持续性的力量。㊴

和董事相关的一个重要问题是问责制和保密义务。尽管其可能会对披露机密知识产权和专利信息感到忧虑，但仍需要在提高贷款方和其他利益相关者对专利资产价值作为业务核心部分的认识方面进行权衡。公司应提高警惕，避免公开披露可能以保密方式传递给贷款方的信息，可以在透明度、问责制的公共利益和保密的私人利益之间取得适当的平衡。

总之，我们对创新型公司进行了深入的研究，发现其竞争优势主要取决于管理战略资源的能力，对我们而言，战略资源是无形的知识产权资产，而不是有形资产。我们在第 3 章中看到，正在考虑向创新型中小企业提供贷款的英国贷款方并未收到专利价值的信号效应，一旦专利被授权，创新型中小企业的专利组合的价值将被改变，如果专利权在攻击性或防御性法律挑战方面取得成功，那么其价值将会再次发生变化。基本的、可取且可选择的专利信息和战略披露模型对叙述性公司披露的优势在于它的简便性，它会为在传统会计报表或者公司简明报告中缺失透明专利信息提供具体解决方案。如果专利信息和战略对公司的管理很重要，那么相关股东和外部利益相关者也需要整理出足够的相关信息，以便将无形资产的财务数据串联起来。

此外，该模型通过提供了一种有效的方法来传达有用的专利信息和战略，满足了公司信息披露法要求的"真实且公平"标准，向贷款方提供了评估增长前景至关重要的前瞻性信息，从而促进了债务融资的获得。该模型直接支持并促进了《知识产权能融资吗?》提出的三项主要建议的落实，且该模型也被包含在 UKIPO 资源工具包和支持性服务中，这些服务在整合后

㊳　后者仅适用于上市公司。1993 年刑事司法法第 52 条规定了三种涉及内幕信息和证券交易的内幕交易犯罪。

㊴　The International IR Framework by the International Integrated Reporting Council，December 2013.

将会有以下效果：

- 帮助新老公司识别和交流它们的知识产权及其与现金流的关系；
- 帮助公司和贷款方理解知识产权的商业价值；
- 提高知识产权资产尽职调查的效率。㊺

向利益相关者提供公司的知识产权资产信息，将使他们能够为公司提供对其重要的事项的有用见解，包括经济、社会、科技、税务和公司治理问题，以及影响公司创造价值的能力的短期、中期或者长期的发展计划；也能帮助创新型公司识别重大风险和机遇，并在董事会了解利益相关者对价值的看法时，为董事会提供用于公司战略的制定和实施的有用的反馈意见。

8.4　具体实施

业务分类模型的基础的、可取的和可选的专利信息和战略披露模型引发了新的讨论，其接受程度取决于政治共识和创新型公司的普遍接受。建立对新型专利信息的信心是使公司的信息披露规范化的一个问题，要保持一致，以便在理解此类绩效指标时创造更好的用户体验。

知识产权披露的"重要性评估"模型的成功需要政府的认可和支持，通过提供资源来培训创新型中小企业和商业贷款机构的方式，鼓励和促进该模型的使用。当前，我们仍然缺乏关于创新型中小企业或公司有关知识产权与专利信息和战略的公司叙述性披露方面的定制建议。目前没有官方的定制指南来鼓励创新型中小企业，否则这些中小企业也不会在其年度汇报中提供战略报告（以前称为业务审查），也不知道这样做的好处。

考虑到这些要点，BEIS 和 UKIPO 的建议将有利于采用该模式，它们可以在促进和指导创新型公司方面与 FRC 和公司注册处进行互动。即需要采用多机构方式来协调该模式所设想的知识产权法律和公司治理建议。

此外，在私营部门中，会计和知识产权专业显然都扮演着重要的角色。首先是会计专业，创新型中小企业在其业务生命周期的早期阶段，通常会联系会计师以建立公司实体，并协助向 HMRC 提交纳税申报表，同时向公司注册处提交公司报告。因此，会计师是第一站。UKIPO 的知识产权金融工具有助于提高会计师的认知水平，使他们认识到有必要将知识产权视为企业资产。他们应确定任何内部产生的专利资产，例如，除了在根据 IAS 38 建立的传统财务

㊺　Brassell M，King K. Banking on IP? The role of Intellectual Property and Intangible Assets in Business Finance Final Report（6 November 2013），UKIPO 委托编写的独立报告，第 2 页。

报表中记录无形资产的数据外，还应从公司成立之日起就对其进行会计处理。会计师还应建议，根据所呈递的模型，无形资产可能需要保证按照模型，额外地向公司进行自愿叙述性披露。同样，代表创新型中小企业提交专利申请的专利代理师应该强调在公司的年度报表中自愿披露专利信息和战略的好处，以便获得融资。叙述性披露的实际准备工作可以遵循业务分类模型，其中可能涉及创新公司的会计师、专利代理师和法律顾问的投入，这是公司董事在进行成本效益分析后确定的。

预计在未来，多学科会计实务将需要雇用或分包给知识产权或专利专家，以协助准备专利信息和战略披露以及对这些信息进行独立审计。面向未来的高级会计师事务所不仅需要提供会计、税务、咨询和审计服务，还要为创新型中小企业或大型企业实体提供服务。随着法律服务法（2011 年）的引入，一种跨学科的法律实践形式已经成为可能，该法律引入了 ABS，这使非律师团体（例如会计师）可以共享管理和控制权，并将律师和其他专业人员（可能是专利代理师）召集在一起，以提供需要多学科方法的服务。同样，商业贷款方将越来越需要与知识产权和专利分析师联系，以评估拥有丰富知识产权的客户的资产。

8.5　现代公司治理与知识产权资产

知识产权丰富型公司必须遵守公司治理原则，以满足 21 世纪社会的期望。我们在第 2 章中看到，政治、经济、社会、技术和法律的环境当然与 19 世纪刚创立有限公司时大不相同。公司的知识产权资产对其价值创造的规模和重要性是不同的。本书在第 5 章得出结论，公司董事需要更详细的指导，说明如何提供公司知识产权信息（例如模型）以及满足最低公司披露义务所需的披露范围和程度的更详细指导。基本的、可取且可选择的专利信息和战略披露模型是一种对主导现代经济的新型公司资产的重要评估工具。该模型为一种特殊类型的叙述性报告提供了指导，以满足一群利益相关者的需求。这些利益相关者不仅包括股东和投资者，还考虑到了其他资本提供者，如商业贷款方和银行。从公司成立之日起，这家创新型公司将拥有一个完善的、连贯的基础，以确保各种媒体与其所传达的有关基于专利垄断的商业模式的信息之间的联系。这将有助于将"知识产权如何创造价值"计划贯穿于公司网站、社交媒体、宣传手册以及产品和服务信息之中。新的披露结构将启动知识产权价值披露程序，同时我们需要认识到，变化是不可避免的，管理一个不断发展但同时需要有所保留的动态知识产权组合是一项挑战。然而，让股东尽可能容易地掌握知识产权信息是至关重要的，这样他们才能"看到"知识产权资产的无形价值，从而为决策提供信息。提高股东和外部利益相关者可以获得的非财务企业知识产权信息的质量是帮助企业克服 IAS 38 中有关知识产权资产财务价值的财务计算失真的一种方法。会计学科经过400多年的发展才形成指导原则，与当前现代化水平的会计信息形成鲜明对比的是，公司必须披露与公司知识产权资产和战略信息有关的报告内容。公司对知识产权资产和策略的披露会削弱现有法律框架还是对其进行补充？在笔者看来，答案是后者。在努力解决公司治理问题时，谁是我们的盟友？在管理公司知识产权资产方面，促进董事会问责制的主要参与者包括知识产权媒体、公司股东、证券交易所、公司分析师、国家知识产权局、WIPO、公司监管机构、金融机构、IAS、CIPA、FRC、IRC、董事学会和学者。这些团体和机构的成员是知识产权生态系统中促进变革的关键参与者。在英国，我们没有经历过像美国发生的安然会计丑闻（Enron accounting scandal）那样强烈的公众反应事件，安然会计丑闻直接导致美国通过了萨班斯法案以适当回应公众关切。然而，还有其他的现代方式，如利用多媒体的力量来增强意识和改变行为。1993年的电影《人鱼童话》（*Free Willy*）导致公众意识增强，并支持国际捕鲸委员会暂停捕鲸。按照这些原则，金融犯罪片《能源钱景》（*Follow the Money*）❺❻ 讲述的是风能创新公司 Energreen 的故事。Energreen 是可再生能源市场的领军企业，其商业模式依赖于新技术，并希望在丹麦交易所上市。然而，气候与能源部正在考虑减少对风力涡轮机行业的补贴，这可能会对企业造成不利影响。Energreen 的首席科学家迫于压力，在招股说明书中夸大了技术成果。《能源钱景》于2016年1月在丹麦首次播出，体现了该公司希望利益相关者看到的东西与黯淡的现实之间的差异。这是一个反面教材的例子，表明需要通过公司治理实践来解决企业知识产权披露和透明度不足的文化困境。

笔者乐观地认为，新模型将通过创新型初创企业以及中小企业与相关利益相关者达成共识的方式来介入，这些拥有利好消息的人将开始披露重要的知识产权和专利信息与战略，从而激励其他人加入行列，例如金融家、投资者和其他利益相关者，一起惩罚沉默的一方。早期具有创新精神的中小企业自愿提交企业叙述性报告，作为其企业沟通战略的一部分。利用这种模式，可以潜在地为未来的强制性知识产权管理报告监管增加动力和势头，更不用说商业上的成功了。

---

❺❻ 在丹麦又称为"Bedraget"。

第 9 章介绍了笔者最终的思考、建议和结论，以更新我们对公司治理、透明度和披露企业知识产权资产和战略的理解。本书和公司法面临的实际问题之一是如何区分大公司和小公司。但是，一种更重要的非官方公司分类是拥有丰富知识产权的公司，无论规模大小，也无论是公共的还是私人的。

第 *9* 章
公司治理和知识产权价值创造报告：
反思、结论和建议

*根据达尔文的《物种起源》，幸存下来的不是最聪明的物种；也不是最强壮的物种；但是生存下来的物种必然是能够最好地适应它所处的不断变化的环境的。*❶

莱昂·C. 梅金森（Leon C. Megginson）

《欧洲为美国企业上的一课》

（*Lessons from Europe for American Business*）（1963）

引　言

　　知识产权丰富型公司的出现是新的公司治理挑战。这是因为知识产权在很大程度上是无形的，不仅在财务账目中，而且在公司法理论和法律框架中也普遍如此。本书的观点表明，公司治理理论必须回应当代企业对无形资产和知识产权资产依赖的新秩序。传统财务报表在报告知识产权日益丰富的公司的价值及其在企业价值创造中的作用的可靠性仍然受到学术界和专业界、股东以及银行和金融界的质疑。公司治理、透明度和披露原则在揭开知识产权无形资产的神秘面纱方面发挥着重要作用。良好的公司治理将确保无形（知识产权）资产在股东和其他利益相关者面前更加透明；同时规范代表股东和利益相关者管理公司的行为；最后，为了公众利益，可以使公司监管机构进行更有效的审查。

　　在前 8 章中，笔者讨论了各种各样的主题。考虑所有评估的研究成果是不

---

❶　Leon C. Megginson. Lessons from Europe for American Business（1963）44（1）Southwestern Social Science Quarterly 3－13，4.

可行的，因此在本书的最后一章中，笔者将重点讨论公司治理对公司知识产权资产的影响。使用联想思维将概念和材料结合起来，并以新的方式使用它们，以扩展公司知识产权透明度和披露这一新兴领域的文献。我们从第一部分"企业知识产权概况"开始，介绍了知识产权垄断的英国政治、经济、社会、技术和法律（PESTL）环境。这为知识产权生态系统提供了背景，并为出现的公司融资和公司治理问题奠定了基础。

第二部分"知识产权融资：公司治理与透明度"说明了为什么与其他类型的融资（出售股份）相比，创新公司对债务融资（借款）的依赖在生命周期的早期阶段至关重要。我们确定了公司缺乏公共知识产权资产和战略信息的负面影响，特别是在确保贷款融资以支持业务目标和将所有人都受益的创新引入市场方面。

第一位女士："贵公司知识产权的价值是什么？"

第二位女士："跟什么相比？"

在第 2 章中，笔者介绍了 TRL，该系统广泛应用于技术部门。TRL 系统是一个可靠的、得到确认的系统，通过从 1 到 9 的等级来估计技术成熟度。TRL 系统可立即被公司和金融机构用于促进关于创新和技术的交流并进行比较评价。第 3 章探讨了金融机构需要增强知识产权意识，对公司知识产权资产建立更多的机构信赖。传统的法律研究与评估性社会法律框架的结合为金融行为和公司知识产权资产的相关文献增添了新的内容。

第三部分"知识产权评估：企业知识产权资产与透明度"探讨了创新公司所面临的债务融资困难，并揭露了 IAS 38 对内部产生的知识产权，尤其是专利产生了意想不到但相当大的不利影响。我们看到，当代公司财富通常是量化的，通过金融手段来体现。作为公司治理理论家，这使我们重新审视了英国的公司治理规则，使中小企业免于某些公共报告要求（以减轻管理负担）。我们发现，这些规则产生了意想不到的政策后果，造成了一个巨大的空白，导致中小企业的公司知识产权资产信息缺乏透明度。我们了解到，在知识产权资产方面，内部产生的专利资产和中小企业在公司报告的某些方面被豁免的数字"并不总是相加"，甚至更糟的是"缺失"。数字之所以诱人，是因为它们使比较变得容易，但当公司知识产权资产加入其中时，我们已经看到，单靠数字无法量化公司的实际价值。

笔者采用了这种方法，即对公司知识产权财务进行深入的初步分析，以便为如何将核心会计原则应用于无形资产和知识产权资产打下基础和提供平台。因此，在第 4 章中，笔者准确地指出了核心会计原则为何具有局限性——它们从未被设计来考虑知识产权（支撑当代企业财富创造商业模式的产权）未来的价值创造能力。相反，核心会计原则旨在防止贪污，并且自文艺复兴以来一直是历史的产物。通过这种分析，我们能够有力地证明，当向公司传达知识产权资产的未来价值创造潜力这一"真实且公平"的观点时，传统会计为何会有如此严重的缺陷。这是一个必须通过公司治理法律框架、相关透明度、重要性和披露原则来解决的问题。我们处在一个高度重视创新和创造力的时代。知识产权是一种无形的财富，它比资产负债表中的数字更为重要。本书的研究是笔者试图阐明这一问题的尝试。

如果我们要了解塑造未来所需要的是什么，就必须看清事物的本质。会计界继续探讨由于机械地应用 IAS 38 而产生的问题，但没有修订该准则的行动，因此，现状依然如此。❷ 然而，有经验证据表明，企业知识产权资产对价值创造的规模和重要性仍处于不同的秩序中，因此需要一种更全面的方法。与此同时，经济、公司和监管机构都深深地被植根于传统思维中，这种思维方式已经成为一种束缚，尤其是对于中小型创新企业而言。

接下来，在第四部分"公司治理层面：在知识产权报告中制定实践规范"中，笔者认为公司披露理论将通过知识产权资产和战略信息披露水平的提高来减少信息不对称带来潜在的收益，例如降低了资本成本，增加了融资渠道，降低了利率等，并增强了对知识产权丰富型公司的信任。高质量的对话依赖可靠的信息。我们研究了定性（而不是定量）方面的公司知识产权资产和战略，以克服这些无形资产缺乏透明度的问题，并揭示了知识产权价值随着时间的推移具有更大的可预测性。但是，在制定令人满意的公司治理标准之前，仍然需要解决一个基本问题：社会认为公司应该公开披露什么级别的知识产权资产信息？什么是最佳做法？正如笔者将要解释的那样，公司治理平等主义是指每个人都希望获得有关公司知识产权资产和战略的标准信息水平的理想学说。公司需要根据英国 2006 年公司法第 172 条的规定，考虑其董事如何向非股东利益相关者报告并履行职责。尽管本书主要关注英格兰和威尔士的公司治理的普通法传统，但通过比较的方法研究了其他辖区的知识产权资产的公司披露，以发现较为先进的知识产权驱动经济体中的最佳实践。笔者考察了披露和问责原则

---

❷ 2017 年 7 月，欧洲财务报告咨询小组（EFRAG）和 FRC 召开会议，讨论 IASB 文件中的"披露倡议——披露原则"，这是有关非财务指标报告透明度领域的新进展。该倡议旨在建议有关在财务报表中应披露的信息、内容、方式和地点的原则，以改善提供给财务报表使用者的信息。意见征询期自 2017 年 10 月 2 日起，至 2017 年 12 月 13 日结束，理事会开始审议其文件中的高层反馈。没有关于无形资产或知识产权资产报告的特定反馈报告。有关反馈的概述，请访问 www.iasplus. com/en/meeting - notes/iasb/2017/december/discovery - initiative.

在丹麦、德国、日本和美国的某些方面的演变，比较分析了这些司法管辖区的新对策，阐明了如何解决英国的知识产权信息差的问题。在第5章中，笔者讨论了源自丹麦的智力资本报告方法。我们注意到，智力资本报告对知识产权资产和战略披露方面的指导仍然不够。然后，笔者分析了日本公司和美国公司在披露企业知识产权资产信息和战略方面的严格法律义务，并指出了各自的优缺点。虽然比较分析没有引出任何规范的标准方法，但丹麦、日本和美国都在积极努力创建一个更健全的公司治理法律框架，并在企业知识产权资产报告的最佳实践中处于领先地位。在这些地区经营的公司会制定更透明的企业知识产权资产和战略报告。

实质重于形式。换句话说，每个被分析的国家/地区的有效公司治理系统都有相应的公司法律或法规，明确规定了叙述性报告公司知识产权信息的义务。同样，可以对2006年公司法进行修订，除了修改对环境、雇员、社会和社区影响、人权和性别多样性的要求之外，还可以具体提及企业的知识产权资产和战略。为什么需要采取这些措施？坦白地说，公司治理透明化的目的是"让混蛋保持诚实"。

> 没有诚实的宣传就不可能有诚实的市场。市场上的操纵和不诚实行为充斥着神秘和秘密。[3]

——《证券交易法》1934年美国国会通过

用外行的话来说，公司治理与"追随金钱"、淘汰"骗子"和"胡诌"有关。[4] 在过去数年的讨论中，笔者认为企业的知识产权资产和战略应通过提供重大、及时、相关和准确的定性信息，对公众更加透明，但她的观点遭到了抵制。会计师和公司董事在承认英国普遍存在"知识产权信息差"的同时指出：股东无法理解如此复杂的信息；上市公司已经向传播信息的市场分析师进行了非正式披露；存在免费的已授予知识产权的公共注册簿，公众可以查阅；或者，如果公司不依赖任何一项知识产权，则由于它不重要而无须正式披露。应该对这些态度敲响警钟。股东、投资者或金融家无权对公司的知识产权组合进

---

❸ H. R. Rep. No. 1383, 73d Cong., 2d Sess., 11 (1934). 美国联邦最高法院反复地将《证券交易法》的"基本目的"描述为实施"全面披露的哲学"。Santa Fe Industries, Inc. v. Green, 430 U. S. 462, 477 – 478 (1977), quoting SEC v. Capital Gains Research Bureau, Inc., 375 U. S. 180, 186 (1963).

❹ Frankfurt H G. The Importance of What We Care About (2007) Fourteenth edition, Cambridge University Press pp 117 – 120. 在第118页中，"骗子"被定义为包括欺骗性的虚假陈述，而非说谎。

行"数学计算"❺ 或全面审查,以决定哪些信息是重要的。从法律的角度来看,公司的透明性原则不只是简单的诚实——它不取决于披露的程度和及时性。例如,如果一家公司进行了一项耗费股东资金的交易,但直到数年后才承认其对损失承担责任,无论该公司对交易细节的披露多么全面,这都不是透明的公司行为。法律必须作出反应,以刺激叙述性报告,该报告将补充"无形资产"一栏下传统财务账目中公布的数字,并为其提供背景信息。公司本身应该是自身知识产权信息和战略披露的主要来源(而不是诸如市场分析之类的次要来源),否则公司将不承担责任。在过去的几年中,随着战略报告的引入,英国 FRC 越来越重视叙述性报告。然而,公司叙述性知识产权信息披露的一般原则和最佳实践并没有帮助公司董事履行其披露义务。

第 6 章、第 7 章和第 8 章的主题是关于如何制定关于公司信息和战略的叙述性报告的规范标准。笔者发现,需要对知识产权丰富型公司(无论规模大小,也无论是公共的还是私人的)采用更严格的方法,以确保真实且公平的披露原则得到维护。股东、潜在投资者和其他利益相关者(例如金融家)可能会因信息的缺乏或不准确而无法判断股票的内在价值。例如,从资产负债表中报告的无形资产图表中获得的不实印象,或者在出售企业时突然出现在资产负债表中的无形资产图表,也会误导他们。上市公司必须披露其知识产权如何为企业增加价值,因为它们在这方面具有更多的经验,这在涉及美国、荷兰和英国的 3 个案例研究(摩托罗拉公司、飞利浦、GSK)中得到了证明。上市公司定期报告诸如经营自由(知识产权所有权)之类的问题,并在其战略报告和风险登记簿中确定与知识产权相关的风险(例如,诉讼风险:侵权和执法)。这种良好做法应受到赞扬。它也可能对非上市和中小企业部门产生广泛影响,因为从根本上讲它是关于沟通、提高现有公司治理系统内的透明度和问责制的。

但是,在现有的法律披露框架内,公司知识产权资产和战略真的是这样"特殊"的资产类别吗?公司的知识产权几乎都不明显,从而导致了"眼不见心不烦"的心态。在现代公司环境中,公司知识产权资产和战略并不是唯一复杂、抽象和面向未来的问题。应该考虑对环境和气候变化的影响负有强制性报告法律义务的实体(以及决定自愿报告以提高声誉的实体)。❻ 加拿大和美

---

❺ Padfield S J. Who Should Do the Math? Materiality Issues in Disclosures that Require Investors to Calculate the Bottom Line (2006) 34 Pepperdine Law Review, University of Akron Legal Studies Research Papers No. 6 – 11 at https://papers.ssrn.com/sol3/papers.cfm? abstract_id =928630.

❻ 包括那些温室气体排放密集型企业,或者其设施或不动产特别容易受到与气候有关的危害的公司。

国的投资者团体均已向安大略省证券委员会（Ontario Securities Commission）和美国证券交易委员会（Securities and Exchange Commission）发表声明，阐明将现有披露要求适用于与气候变化相关的风险。❼ 真实且公平的信息披露对证券市场的完整性至关重要。然而，一些人认为，股东和其他利益相关者将无法理解公司知识产权问题，故而将其纳入信息披露会使披露复杂化。在 Basic 案❽中，美国联邦最高法院提供了不同的观点：

> 国会选择表达的政策是披露而不是家长式地隐瞒准确的信息……"重要性"原则的作用不在于使投资者像孩子一样简单，无法掌握谈判的概率意义，而是要过滤掉即使合理的投资者也不会认为重要的无用信息，甚至成为他在做投资决定时要考虑的众多因素中的一部分。

然而，必须承认的是，创新型公司认为增加知识产权资产的交流有一个不利的方面，它们认为这是一个昂贵的管理负担。来自可靠来源的指南，例如 FRC 的有关知识产权资产和战略适当披露标准（无论是强制性，还是自愿性）的详细指南将有助于改变这种观念。

正如第 6 章和第 7 章所讨论的那样，决定上市公司披露的关键因素是"重要性"原则，该原则实质上是一种过滤标准，是现代公司治理制度不可或缺的组成部分。

"重要性"原则要求对合适的股东从给定事实集合中得出的推论进行评估。❾ 公司治理的"重要性"标准与确定哪些知识产权资产和战略信息具有优先级有关。在美国和英国，"重要性"原则为公司叙述性信息、知识产权资产和战略披露提供了有效的过滤标准，使人们可以识别主要趋势和重大事件，而不会陷入大量的信息或英国 FRC 提到的"混乱"之中。在美国，我们看到"重要性"的概念已嵌入 S－K 条例的披露义务中，其中明确提到了知识产权（在第 5 章中有说明），因此知识产权在美国公司法中并不像在英国那样是无形的。❿ 笔者讨论了 SOX 2002，并指出了通过全面和公正的披露保护股东和投

---

❼ Hendersen G E. The Materiality of Climate Change and the role of Voluntary Disclosure（2009）Osgoode Hall Law School Legal Studies Research Paper Series（CLPE）Research Paper No. 47, at https：//papers. ssrn. com/sol3/papers. cfm？abstract_id = 1515955##.

❽ Basic Inc. et al v Levinson et al 485 U. S. 224（1988）at 234 at https：//h2o. law. harvard. edu/collages/7204.

❾ Marksman Partners L. P. v. Chantal Pharm. , 927 F. Supp. 1297, 1305 – 1306（US）.

❿ Thomas R S. The Materiality Standard for Intellectual Property Disclosures（2002）42（2）IDEA The Journal of Law and Technology 205 at www. buscalegis. ufsc. br/revistas/files/anexos/4068 – 4062 – 1 – PB. pdf.

资者免受欺诈的愿望与避免过度诉讼和过度烦琐的披露要求的负面影响之间的紧张关系。笔者引用了一些学术研究，这些研究得出的结论是，管理完善的公司在商业方面表现更好，而公司声誉代表着市场对公司管理层和董事会水平的看法。因此，一家公司（其自身通过有限责任和独立法人资格享有的法律特权保护而免受风险），为了使其业务运营所影响的一切都受益，而对其进行治理，将使其真正透明化的难度降至最低。⑪

总之，公司知识产权资产和战略信息面临的障碍与公司治理理念中的真实且公平的披露原则不符。因此，更需要公司治理政策作出反应和回应。判断企业价值的方式正在演变。传统的绩效考核办法、财务指标与比率分析在经典资产管理类别中运行良好，但在评估企业无形（知识产权）资产时却不是最优方法。笔者认为，一家公司的知识产权组合的绝对"规模"可能是一个独立的事实。就叙述性披露的及时性、相关性和准确性而言，事实越重要，就越需要引起股东和其他利益相关者的注意。在确定了重要性后，董事应考虑：

（1）所有必要的相关数据是否已被披露，并在投资者预期会发现的地方被合理披露；

（2）数据是否正确交叉引用；

（3）数据的导入是否得到了足够的强调，以提醒理性的投资者。⑫

这些问题在第 7 章 GSK 2012 年年度报告涉及的企业知识产权资产和战略披露的案例研究的最佳实践中进行了检验。研究公司年度报告中叙述性披露内容的想法并不新鲜；在英国的知识产权生态系统和公司法规的背景下，新内容是考虑公司的叙述性报告，特别是有关知识产权信息和战略披露的叙述。

展望未来，美国 SEC 目前正提议对公司披露要求进行变更，而这些变更对于无形（知识产权）资产可能更为复杂。⑬ 在 2016 年初，笔者向英国法律改革委员会提交了一份文件，以强调目前正在考虑修订的 2006 年公司法中对公司知识产权资产和战略更多明确提及的必要性。当然，英国脱欧对英国企业财报的影响也值得考虑。会计和公司叙述性报告的框架将如何变化，取决于英国政府脱欧的谈判。英国将可能决定采用国际标准而不是欧盟标准。新的透明度和披露要求将在法律上或通过指南提出，以解决特定的公共政策目标，例如，股东以外的利益相关者承担更大的责任。未来，新的数字通信渠道将继续

---

⑪ 除合法保密信息和商业秘密外。

⑫ 同脚注❺，第 3 页。

⑬ "SEC 提议修订以更新和简化披露要求，作为整体披露有效性审查的一部分"，美国 SEC 新闻稿（2016 年 4 月 6 日），参见 www. sec. gov/news/pressrelease/2016 – 141. html.

塑造和改变公司年度报告中报告的形式和内容，特别是在通过公司合作网站提供公司知识产权资产信息和数据方面，这些公司通过及时搜索和下载相关信息，将能够进行更多的交流。

9.1　董事会中的知识产权

董事会的架构和其知识产权的认知水平应当如何？评估重要性需要对知识产权法律框架有深入的了解。许多大型的私营和上市公司都设立了 CIPO 的角色。的确，笔者进入这一研究领域是因为在澳大利亚和英国都有过类似的经历。我们看到，某些全球知识产权排名位于前列的国家，例如丹麦、德国、美国和日本，正积极增加企业知识产权资产和战略披露的数量，以提高透明度。但是，到目前为止，关于最佳实践或标准尚无国际共识。法律快速和零散的发展共同造成了严重的公司披露问题，特别是对于上市的跨国公司。同时，利益相关者也在积极关注知识产权问题，股东们要求在从企业知识产权资产的财务评估到公司定位和知识产权战略等一系列问题上都具有透明度，或至少是重大披露。根据笔者的经验，负责汇编、审核和发布叙述性报告的人员通常需要有知识产权法相关的专门知识，以及针对企业知识产权资产和战略报告的更有针对性的定制指导。

这种未被满足的指导需求促使笔者在第 8 章中创建了灵活的三级业务分类的企业叙述性模型。为了帮助进行重要性评估，原始模型借鉴了起源于丹麦（在德国进一步发展）的智力资本报告的发展，特别的是，还借鉴了医疗和军事领域的分类概念。这种分类模式隐含了英国独立审计监管机构和 FRC 所倡导的叙述性公司报告的原则。在英国，即使自愿制定战略报告格式，也必须符合 2006 年公司法的要求，从而大大提高了所披露信息的合法性和权威性。

尽管此模型以专利为例进行说明，但它可以适用于其他形式的知识产权，并可以为英国和其他国家（无论大小，私有或公共）的创新公司在决定什么是"重要性"的知识产权披露方面提供指导。2016 年 7 月 20 日，FRC 文化联盟发布了一份报告，探讨了英国公司治理与长期经济成功之间的关系。❶该研究在公司治理和报告方面的一个关键发现是，为了营造可持续的长期投资条

❶　该报告是 FRC 文化联盟的成果，源于该联盟与英国特许管理会计师协会（CIMA）、商业道德研究协会（IBE）、国际内部审计师协会（IIA）、英国特许人事发展协会（CIPD）以及城市价值论坛，以及来自英国最大公司的 250 多位董事长、CEO 和行业领先专家的访谈。参见 www. frc. org. uk/News - and - Events/FRC - Press/Press/2016/July/Corporate - culture - key - to - sustainable - growth. aspx.

件，市场对公司治理和报告的质量充满信心至关重要。20 世纪 80 年代的公司倒闭和 2008 年的全球金融危机，使全世界重新认识到有效的公司治理的必要性，因为不良做法对公司的信用确实产生了巨大影响。本书建议，在公司无形（知识产权）资产方面，公司治理应发挥更积极的作用，至少应与其他报告主题同等重要，例如，薪酬、董事会中的性别平衡和多元化、环境、气候变化和英国脱欧。同时，在知识产权生态系统中，公司治理也能成为激烈辩论的主题。值得注意的是，在 2017 年国际纸浆漂白会议（IPBC）上，联想集团的CIPO 劳拉·奎特拉（Laura Quatela）的主题演讲题目是"董事会中的知识产权"。公司治理和知识产权资产的问题不会轻易消失。如果不能在这方面采取行动，那么可能会导致本已警惕的公众对知识产权垄断越来越不信任。

我们首先探讨知识产权丰富型中小企业所面临的挑战：它们能采取什么行动？处于早期成长阶段的中小企业，常常在公司内部进行对未来价值创造不可或缺的知识产权评估，因此其往往拥有十分脆弱的资产负债表。以下建议旨在提高企业的知识产权资产、业务策略的透明度，以及企业在创造价值方面的作用。

建议 1：

英国中小企业应确保它们受益于第 2 章所述的 UKIPO 和 BEIS 现有的免费资源，以确定和管理它们的知识产权（超出它们的财务报表支出的部分）。这将使它们能够建立它们的叙述性披露制度。

建议 2：

对公司而言，即使将知识产权资产视为相关会计准则下的"资产负债表"外的项目，确认和记录知识产权资产也至关重要。随着企业的成熟，企业的知识产权资产无疑将变得更加重要和有价值。前期的知识产权资产财务信息从公司成立之日开始，就需要确保财务会计信息的可追溯性和完整性。反过来，这将支持之后和之前的叙述性信息，以提供对企业财务状况的真实且公平的看法。有关公司无形资产定量价值的传统财务报告应通过在账目中使用详细的"注释"来增强。

建议 3：

创新型中小企业应该指定一名董事或公司主管，从一开始就管理公司的知识产权，并在公司成长过程中持续地进行知识产权管理。在一人公司中，根据2006 年公司法第 172 条的规定，董事应意识到他（她）在促进公司成功过程中所应承担的责任（见第 8 章）。

建议 4：

创新型中小企业应考虑在年度收益战略报告中主动披露企业知识产权资产

和战略信息，以增强融资渠道。它们可以使用第 8 章中介绍的基本的、可取且可选择的业务分类模型来评估自愿知识产权披露的重要性。并且应该每年对报告进行更新，以可靠且反复地展示其公司的知识产权资产如何在资产负债表之外（资产负债表没有完全地将内部产生的知识产权记录为费用）提供价值。通过使用公司监管机构的报告格式，中小企业将避免产生多组信息，例如管理报告、智力资本声明目录、增长声明等。

9.2　知识产权教育的巨大挑战

我们今天面临的最大问题之一是如何调整思维方式，以应对日益复杂、快速变化、不可预测世界的挑战。由此，我们必须重新考虑整合知识的方式。

——埃德加·莫林（Edgar Morin）（1921 年 7 月 8 日）**⑮**

本书中的研究成果有助于我们了解公司的知识产权资产在多大程度上对公司金融、会计、公司法和公司治理等不同学科产生了棘手的影响。作为全球领先金融中心伦敦金融城（City of London）的所在地，英国需要加入企业知识产权披露标准制定者的精英团体。但是，如何才能激发形成一个负责任的、知识产权透明的企业文化，以创造一个美好的未来，把企业沟通与股东、投资者和其他利益相关者的愿望联系起来呢？答案在于教育，将知识产权意识教育纳入课程，尤其是法学院以外的大学课程。全国高等教育学与优秀的知识产权教育框架将推动这一目标的实现。但是，同样重要的是要特别关注公司董事的教育，例如董事学会（IoD）**⑯** 和其他认证机构所提供的培训教育。与具有特许公司秘书资格**⑰**一样，现代 CIPO 的培养也需要具有类似的资格，以达到适当的标准，来支持董事会的治理目标，并确保公司的知识产权战略和决策可以实现其目标以及所有知识产权的相关活动符合法律、道德和规范的要求。通过监督和控制实现问责制是解决作为企业价值形式的知识产权信任问题的一种解决

---

⑮　法国哲学家和社会学家，联合国教科文组织复杂性思想主席。莫林被称为跨学科的创始人。

⑯　董事学会是英国运营时间最长的专业领导者组织，成立于1903 年，并根据皇家宪章于1906 年组织完成。董事学会的宗旨是，它代表着"自由企业、创业精神、财富创造和良好的公司治理"，并代表"企业和协会成员在媒体和政府中的观点"。董事学会拥有 30000 多名正式会员，这些会员来自各种规模和行业的公司。作者毕业于澳大利亚公司董事协会（IACD）。

⑰　在英国，特许秘书资格计划（CSQS）是获得特许资格并成为英国特许公司秘书及行政主管协会（ICSA）正式成员的主要途径。申请者必须完成英国特许公司秘书及行政主管协会（ICSA）认证的大学课程，并获得研究生资格。

方案。用斯德哥尔摩大学法学院私法教授、荣誉法学博士玛丽安·莱文（Marianne Levin）的话来说，知识产权法已经从"一个小岛变成了大洋"。❸尽管传统方法可以解决其他治理问题的复杂性，例如性别平衡、企业社会责任等，但仍需要采用新的思维方式来处理企业知识产权。良好的公司知识产权治理是一种新的思维方式，需要政策和决策者的支持。因此，有必要研究国际法律体系中是否存在良好的公司知识产权治理理念。丹麦、德国、日本和美国提供了许多示例，笔者进行了一些案例研究，这有助于说明总体情况。

最后，这本书在企业知识产权治理问题上提供了更多新的想法和讨论，展示了学术研究和专业实践之间的密切关系。

9.3 是否有不采取任何行动的理由？

众所周知，英国拥有世界上最严格的公司治理标准。这是否意味着我们有理由不采取任何行动？公司应该放任自流？这种论点的障碍在于，企业的知识产权信息差只会进一步扩大。从理论上讲，如果所有上市公司都提高其公司知识产权披露水平，那么企业透明度的提高应该会增强知识产权资产价值并支持对创新和经济的投资。为此，公司及其董事会需要改变其思考方式和工作模式。它们需要以不同的方式思考公司治理以及公司知识产权资产和战略的透明度。

必须采用更好、更有效的技术来进行知识产权重大披露。如果有更多知识产权丰富型公司跟随领先者（例如公开上市公司）采取行动，这将促进金融部门的改革。这需要通过英国生物学家霍尔丹（Haldane J. B. S）确定的"适应的四个阶段"来进行改革：

（1）这是无稽之谈；

（2）这是一个有趣但反常的观点；

（3）这是事实，但并不重要；

（4）我总是那么说。❹

霍尔丹指的是对科学新思想的反应，而不是对公司治理或法律的反应，但他的话在当今的公司环境中引起了共鸣。这将从法律上解决企业透明度的问题，这一方法提倡由公司治理起带头作用。丹宁勋爵（Lord Denning）说：

---

❸ 在 2017 年 6 月 28 日至 30 日由瑞典隆德大学主办的 2017 年欧洲知识产权教师网络会议上，莱文教授是主要发言人。

❹ Haldane J. B. S. The Truth about Death （1963）58 Journal of Genetics 463 - 464.

如果我们从不做以前没有做过的事情，我们将永远一事无成。法律将停滞不前，而世界上的其他地方还在继续推进，这对双方都不利。[20]

之所以来研究这个跨学科的话题，是因为笔者同时拥有公司、知识产权和一些会计知识。企业无形（知识产权）资产投资水平的提高要求公司治理法作出相关回应。笔者希望本书能增加与公司治理和知识产权相关的知识，以期在英国甚至更远的地方应用。尽管这项工作可能激发学术争议，但如果这项研究有助于促进创新型公司的长期成功，那么它将起到同样重要的作用。

---

[20] Pucker v Packer［1953］2 All ER at p 22.

原书参考文献*

图书和期刊

［1］A Guide to Funding Innovation (2013 – 2014) Oxford Innovation Ltd https：//innova-tion. ox. ac. uk/.

［2］A Revolution Postponed (May/June 2014) Intellectual Asset Management.

［3］Accounts and Tax Returns for Smaller Companies at www. gov. uk/prepare – file – annual – ac-counts – for – limited – company/prepare – annual – accounts.

［4］Accountancy Futures, Re – assessingthe Value of Corporate Reporting (2012) Association of Chartered Certified Accountants at www. accaglobal. com/content/dam/acca/global/PDF – technical/financial – reporting/reassessing – value. pdf.

［5］Adams M, Oleksak M. Fitting the Intangibles Pieces Together：A Call to Arms (30 Septem-ber 2010) Intellectual Asset Magazine.

［6］Admati A, Hellwig M. The Bankers' New Clothes：What's Wrong with Banking and What to Do about It (2013) Princeton University Press, Princeton NJ.

［7］Aguilar F. Scanning the Business Environment (1967) Macmillan, USA.

［8］Ahmed K, Courtis J K. Associations between Corporate Characteristics and Disclosure Levels in Annual Reports：A Meta – Analysis (March 1999) 31 (1) The British Accounting Re-view.

［9］Alcaniz L, Gomez – Bezares F, Roslender R. Theoretical Perspectives on Intellectual Capital：A Backward Look and a Proposal for Going Forward (June 2010) 35 Accounting Forum 104 – 117 at http：//dx. doi. org/10. 1016/j. accfor. 2011. 03. 004.

［10］Albu C N, Albu N, Alexander D. The True and Fair View concept in Romania：A Case Study of Concept Transferability in Albu, C. N. and Răzvan V. M. (Ed.) Accounting in Central and Eastern Europe (Research in Accounting in Emerging Economies, Volume 13) Emerald Group Publishing Limited.

［11］Allsebrook D, Maestre S. Intellectual Property as a Security Device (1996) Meredith Lec-

---

* 本部分为原书参考文献，为保持原书文献信息，对个别格式不统一或著录信息不完整之处未做调整或完善。——编辑注

tures, McGill University.

[12] Ante Spencer E. Motorola is split into two (5 January 2011) The Wall Street Journal.

[13] Arnold J A, Moizer P. A Survey of the Methods used by UK Investment Analysts to Appraise Investment in Ordinary Shares (1984) 14 (55) Summer Accounting and Business Research 195 – 207.

[14] Arnold R, Bently L A F, Derclaye E, Dinwoodie G B. The Legal Consequences of Brexit Through the Lens of IP Law' (15 February 2017) 101 (2) Judicature.

[15] Arping S, Sautner Z. Did SOX Section 404 Make Firms Less Opaque? Evidence from Cross – Listed Firms (2013) 30 Contemporary Accounting Research 1133 – 1165.

[16] Arundel A, Kabla I. What Percentage of Innovations are Patented? Empirical Estimates for European Firms (1998) 27 (2) Research Policy 127 – 141.

[17] Atrill P, McLaney E. Accounting & Finance for Non Specialists (2002) Third edition, Pearson Education Ltd.

[18] Baddeley M. Behavioural Economics: A Very Short Introduction (2017) Oxford University Press, Oxford.

[19] Baltussen G. Behavioural Finance: An Introduction (13 Jan 2009) at SSRN: http://ssrn.com/abstract = 1488110 or http://dx.doi.org/10.2139/ssrn.1488110 accessed 9 March 2015.

[20] Bannerjee A V. A Simple Model of Herd Behaviour (1992) 107 Quarterly Journal of Economics 797 – 817.

[21] Barkley Rosser J. A Nobel Prize for Asymmetric Information: The Economic Contributions of George Akerlof, Michael Spence, and Joseph Stiglitz (2003) 15 (1) Review of Political Economy.

[22] Basel III: A Global Regulatory Framework for More Resilient Banks and Banking Systems (December 2010, Revised June 2011) Basel Committee for Banking Supervision, Bank for International Settlements pp 6 – 23 at www.bis.org/publ/bcbs189.pdf accessed 21 November 2014.

[23] Beatty R. et al IPO Pricing with Accounting and Comparable Firm Information (April 2000) Working Paper, Southern Methodist University.

[24] Beck T, Demirguc – Kunt A, Levine R. Legal Theories of Financial Development (2000) 17 (4) Oxford Review of Economic Policy.

[25] Bennett P, Holzman L, Hanlon R, Sobel D. Security Interests – Less Than Secure? (2006) Managing Intellectual Property.

[26] Berger A N, Frame W S, Miller N H. Credit Scoring and the Availability, Price, and Risk of Small Business Credit (2005) 37 (2) Journal of Money, Credit, and Banking 191 – 222.

[27] Berger A N, Udell G F. A More Conceptual Framework for SME Finance (2006) 30 (11) Journal of Banking & Finance 2945 – 2966.

[28] Berges A, Guillen M F, Moreno J P, Ontiveros E. A New Era in Banking: The Landscape After the Battle (2014) Bibliomotion, Inc. Kindle Edition.

[29] Bernstein P L. Capital Ideas Evolving (2007) John Wiley & Sons, New York.

[30] Bezant M, Punt R. The Use of Intellectual Property as Security for Debt Finance (1997) Intellectual Property Quarterly 297.

[31] Bhattacharya H. Banking Strategy, Credit Appraisal and Lending Decisions: A Risk – Return Framework (2010), Oxford University Press, Oxford.

[32] Biggs S F, Bedard J C, Gaber B G, Linsmeier T J. The Effects of Task Size and Similarity on the Decision Behaviour of Bank Loan Officers (1985) 31 (8) Management Science 970 – 986.

[33] Binctin N, Bonnet G. Le Capital Intellectuel (2007) LexisNexis, France.

[34] Binctin N. Stratégie D'entreprise et Propriété Intellectuelle (2015) LGDJ, France.

[35] Blair M M, Wallman S M H. Unseen Wealth: Report of the Brookings Task force on Intangibles (2001) Brookings Institution Press, Washington D. C.

[36] Bontis N. Intellectual Capital Disclosure in Canadian Corporations (2003) 7 (1/2) Journal of Human Resource Costing and Accounting 9 – 20.

[37] Bootle R. The Trouble with Markets: Saving Capitalism from Itself (2009) Nicholas Brealey Publishing, London.

[38] Bornstein D. How to Change the World: Social Entrepreneurs and the Power of New Ideas (20 September 2007) Second Edition, Oxford University Press, USA.

[39] Bradley K. Intellectual Capital and the New Wealth of Nations (21 October 2006) Lecture given at the Royal Society of Arts, London.

[40] Bravo F. Forward – looking Disclosure and Corporate Reputation as Mechanisms to Reduce Stock Return Volatility (2016) 19 (1) Spanish Accounting Review 122 – 131.

[41] Breznitz D. Why Germany Dominates the US in Innovation (27 May 2014) Harvard Business Review at https: //hbr. org/2014/05/why – germany – dominates – the – u – s – in – innovation.

[42] Brookings A. Intellectual Capital: Core Asset for the Third Millenium Enterprise (1996) Cengage Learning EMEA, USA.

[43] Bunn M D, Savage G T, Holloway B B. Stakeholder Analysis for Multi – sector Innovations Journal of Business and Industrial Marketing (2002) 17 (2/3) 181 – 203.

[44] Burr V. An Introduction to Social Constructionism (1995) Routledge, London, UK.

[45] Cain B, Marshall J. Taking Security over Patents (March 2014) Taylor Wessing at www. taylorwessing. com/synapse/march14. html accessed 11 November 2014.

[46] Canibano L, Covarsi M, Sanchez M. The Value Relevance and Managerial Implications of Intangibles: A Literature Review (1998) OECD, Directorate for Science, Technology and Industry.

[47] Chhaochharia V, Grinstein Y. Corporate Governance and Firm Value: The Impact of the

2002 Governance Rules (March 2007) Johnson School Research Paper Series No. 23 – 06 Johnson School of Management p 7 – 9.

[48] Chinese company's $ 1.3 billion patent and trademark loan enters the IP deal Pantheon (4 April 2014) Intellectual Asset Management Blog at www. iam – magazine. com/blog.

[49] Chinese companies have secured over $ 10 million in patent – backed loans since 2008 (6 March 2014) Intellectual Asset Management blog at www. iam – magazine. com/blog/ detail. aspx? g = 7fd84e0c – af7a – 4d28 – ba91 – 746bbb44e318&q = china#search = % 22china%22.

[50] Clarkson D. Britain avoids triple – dip recession (16 April 2013) MSN Money at http: // money. uk. msn. com/features/britain – avoids – triple – dip – recession.

[51] Cohen M. China to provide financial incentives for filing patent applications abroad (12 June 2012) ChinaIPR blog at http: //chinaipr. com/2012/06/12/china – to – provide – financial – incentives – for – filing – patent – applications – abroad/#more – 427.

[52] Coren G. James Dyson Against the Odds: An Autobiography (1997) Orion Business, Great Britain.

[53] Cowley A, Swaffield A. The Strategic Report A Practical Guide to the New Regulations (2014) Deloitte at www. ukaccoutningplus. co. uk.

[54] Crompton S. Patent Litigation Funding on the Rise in the UK (29 August 2012) Managing IP at www. managingip. com/Article/3081518/Patent – litigation – funding – on – the – rise – in – UK. html.

[55] Crosse H D. Management Policies for Commercial Banks (1962) Prentice – Hall Inc. , Englewood, New Jersey.

[56] Cull R, Lance E, Davis N R, Lamoreaux – Rosenthal J. Historical Financing of Small – and Medium – size Enterprises (2006) 30 (11) Journal of Banking & Finance 3017 – 3042.

[57] Dalgano S. Technology Valuations – The Whys and Wherefores and Why Nots (2003) Paper presented at LEZANZ Conference in Adelaide.

[58] Das S. Protecting ideas is crucial for eco – technology to succeed (4 June 2010) The Financial Times, The Environmental and Intellectual Property Special Report.

[59] Davis A. Seeds of Change: Emerging Sources of Non – bank Funding for Britain's SMEs (2012) Centre for the Study of Financial Innovation p 1 at www. csfi. org/files/Seeds_of_ Change_by_Andy_Davis_PDF. pdf accessed 21 November 2014.

[60] Denoncourt J. Hanging on Every Word (May 2002) Managing Intellectual Property.

[61] Denoncourt J. Intellectual property and venture capital: the secrets to building innovation ecosystems: A special report (9 September 2014) IP Finance blogspot at http: //ipfinance. blogspot. co. uk/search? q = Denoncourt accessed 14 November 2014.

[62] Denoncourt J. Reform to the UK Company Registration of Charges Scheme, The Companies Act 2006 (amendment of Part 25) Regulations 2013 (SI 2013/600) (2013) 22 Nottingham

Law Journal 138 – 140.

[63] Denoncourt J. Financial reporting for intangibles: why intangibles remain invisible (17 August 2014) IP Finance blogspot at http: //ipfinance. blogspot. co. uk/2014/08/financial – reporting – for – intangibles – why. html.

[64] Denoncourt J. Patent – backed Debt Finance: Should Company Law Take the Lead to Provide a "true and fair" View of SME Patent Assets? (2015) PhD thesis, University of Nottingham.

[65] Denoncourt J. IP Debt Finance and SMEs: Revealing the Evolving Conceptual Framework Drawing on Initiatives from Around the World in Kono, T. (Ed.) Security Interests in Intellectual Property: Perspectives in Law, Business and Innovation (2017) Springer Verlag, Singapore.

[66] DeRuiter J, Holston P. Drug Patent Expirations and the "Patent Cliff" (20 June 2012) US Pharmacist, Jobson Publications at www. uspharmacist. com/content/s/216/c/35249/.

[67] Deszo L, Loewenstein G. Lenders' Blind Trust and Borrowers' Blind Spots: A Descriptive Investigation of Personal Loans (2012) 33 (5) Journal of Economic Psychology 996 – 1011.

[68] Di Giantomasso F. The Tangible Problem of Intangibles (1 December 2001) AICD Review 23.

[69] Directive 2012/6/EU of the European Parliament and of the Council of 14 March 2012 amending Council Directive 78/660/EEC on the annual accounts of certain types of companies as regards micro – entities (2012) Official Journal of the European Union L81/3 at http: //ec. europa. eu/internal_market/accounting/legal_ framework/annual_accounts/original_text_en. htm.

[70] Disclosures of Information on Patent and Technology (January 2004) Ministry of Economy, Trade and Industry, Japan.

[71] Donaldson T, Preston L E. The Stakeholder Theory of the Corporation: Concepts, Evidence, and Implications (1995) 20 (1) Academy of Management Review 70 – 71.

[72] Donegan C. Intellectual Property: The Worst – communicated Secret in Value Creation (5 August 2015) Fraserburgh, UK at: www. lexology. com/library/detail. aspx? g = 2a49ce37 – f1e0 – 46b6 – acc4 – ea1d874d7e45.

[73] Dutton W, Helsper E. The Internet in Britain (2007) Oxford Institute, Oxford Ebke W. Maerkte machen Rechtauch Gesellschafts – und Unternehmensrecht! (2000) Festschrift Utter 12.

[74] Eccles L. How bank lending fell by £ 365 billion in five years (7 September 2014) Daily Mail at www. dailymail. co. uk/news/article – 2747042/How – bank – lending – fell – 365 – BILLION – five – years – delight – controversial – payday – loan – firms. html accessed 21 November 2014.

[75] Edvinsson L. Accounting for Minds (1997) out of print.

[76] Edvinsson L. and Malone, M. Intellectual Capital: Realizing your Company's True Value by

Finding Its Hidden Brainpower (1997) Harper Business, USA.

[77] Edwards D. Patent Backed Securitization: Blueprint for a New Asset Class (2000) Gerling NCM Credit Insurance.

[78] Ensuring Creditor Protection is Asia – Pacific Construction Projects Part II: Property Securities Law in the Asia – Pacific Region (2013) DLA Piper at www. dlapiper. com/ ~ /media/Files/ Insights/Publications/2013/02/Ensuring% 20creditor% 20protection% 20in% 20construction% 20pro_/Files/propertysecuritieslawasiapacific/FileAttachment/propertysecuritieslawasiapacific. pdf accessed on 14 November 2014.

[79] Ernst H. Patenting Strategies in the German Mechanical Engineering Industry and their Relationship to Company Performance (1995) 15 (4) Technovation 225 – 240.

[80] Ernst. H. Patent Information for Strategic Technology Management (2003) 25 (3) World-Patent Information 233 – 242.

[81] Europe 3Q 2014 (2014) Dow Jones Venture Source, p 2 at http: //images. dowjones. com/ company/wp – content/uploads/sites/15/2014/10/Dow – Jones – Europe – VentureSource – Report – 3Q – 2014. pdf accessed 21 November 2014.

[82] Ferguson N. The Ascent of Money: A Financial History of the World (2012) Penguin Books, London.

[83] Fink C. Introduction Chief Economist WIPO (26 March 2010) Document Code WIPO/IP/ ECON/GE/10/REF/A/ROUNDTABLE/INTRO at www. wipo. int/meetings/en/doc_details. jsp?doc_id = 137479.

[84] Five years of Sarbanes – Oxley (26 July 2007) The Economist.

[85] Flack J. H. Secured Transactions: Practical Things Every Business Law Should Know About UCC Article 9' (March 2011) American Bar Association Newsletter at http: // apps. americanbar. org/buslaw/committees/CL983500pub/newsletter/201103/flack. pdf.

[86] Forsythe M, Sanderson H. Financing China Costs Poised to Rise with CDB Losing Sovereign – Debt Status (June 2011) Bloomberg Market Magazine.

[87] Frankfurt H. G. The Importance of What We Care About (2007) Fourteenth edition, Cambridge University Press, Cambridge.

[88] Franks & Co. 36% Increase in Official UKIPO Patent Fees (27 May 2010) at www. franksco. com/news/2010/5/36 – increase – in – official – ukipo – patent – fees.

[89] Frederick W R. Recent Developments in Intellectual Capital Reporting and their Policy Implications (2009) OECD Education Working Papers, No. 17, OCED Publishing at www. oecd – ilibrary. org/education/recent – developments – in – intellectual – capital – reporting – and – their – policy – implications_227362757626.

[90] Frey C B. Intellectual Property Rights and the Financing of Technology Innovation (2013) Edward Elgar Publishing Limited, Cheltenham UK.

[91] From Ideas to Assets: Singapore's IP Financing Scheme (1 September 2014) Managing IP at

www. managingip. com/Article/3382687/From – idea – to – asset – Singapores – IP – finan-cing – scheme. html.

[92] Fulbright's 9th Annual Litigation Trends Survey: Litigation Bounces Back (26 February 2013) at www. nortonrosefulbright. com/news/93066/fulbrights – 9th – annual – litigation – trends – survey – litigation – bounces – back – regulation – hits – high – us – release.

[93] Fulcher James Capitalism: A Very Short Introduction (2004) Oxford University Press, Oxford.

[94] Furneaux R, Kaye R, Holah M, Bicknall P. IP in Business Transactions: UK (England and Wales) Overview Thomson Reuters at http: //uk. practicallaw. com/0 – 501 – 8472 #a799071.

[95] G20 Leaders' Statement The Pittsburgh Summit (2009) Pittsburgh, Illinois at www. g20. org/official_resources/leaders% E2% 80% 99_statement_pittsburgh_summit.

[96] Gallagher & Cawsey Co. Wading through the Intellectual Property Requirements of the Sarbanes – Oxley Act of 2002 (June 2005) at www. invention – protection. com.

[97] Garrett J. F. Banks and Their Customers (1995) Oceana Publications, Dobbs Ferry NY.

[98] Garvey S. Strategies to improve patenting and enforcement (29 May 2008) IPkat blogat http: //ipkitten. blogspot. co. uk/2008/05/strategies – to – improve – patenting – and. html.

[99] Ghafele R. Accounting for Intangibles (2010) 5 (7) Journal of Intellectual Property Law & Practice 521 – 530.

[100] Ghafele R. Getting a Grip on Accounting and Intellectual Property (2005) WIPO SME Newsletter at www. wipo. int/sme.

[101] Gilson R J. Globalizing Corporate Governance: Convergence of Form or Function (2001) 49 American Journal of Corporate Law 329.

[102] Gitomer J. Little Teal Book of Trust (2008) Pearson Education Inc. Publishing as FT Press.

[103] GlaxoSmithKline undervalued say analysts (11 December 2013) at www. morningstar. co. uk/uk/news/114764/glaxosmithkline – undervalued – say – analysts. aspx.

[104] Goetzmann W. N. Fibonacci and the Financial Revolution (March 2004) NBER Working Paper 10352.

[105] Graham P. Registration of Company Charges (2014) Journal of Business Law 175.

[106] Griffith R, Miller H, O'Connell M. Ownership of Intellectual Property and Corporate Taxation (April 2014) 112 Journal of Public Economics 12 – 23 at www. sciencedirect. com/science/article/pii/S0047272714000103.

[107] Gröjer J. – E, Johansson U. (1999) Voluntary Guidelines on the Disclosure of Intangibles: A Bridge over Troubled Water? (February 1999) Working paper pre – sented at the Workshop Manage and Account for Intangibles p 15 – 16, Brussels. Intellectual Capital Management Gathering (1999).

[108] Grossfeld B. Global Accounting: Where Internet Meets Geography (2000) 48 (2) The American Journal of Comparative Law.

[109] Grossfeld B. Lawyers and Accountants A Semiotic Competition (2001) 36 Wake Forest Law Review 167 – 186 at http: //wakeforestlawreview. com/.

[110] Guellec D, Martinez C, Zuniga P. Blocking Patents: What They Are and What They Do (5 June 2008) Preliminary Paper Directorate for Science, Technology and Industry, OECD at ftp: //zinc. zew. de/pub/zew – docs/veranstaltungen/innovationpatenting2008/papers/ GuellecMartinezZuniga. pdf.

[111] Gullifer L. Personal Property Security Law: Where Next? (2012) Butterworths Journal of International Banking and Financial Law 465 and 541.

[112] Guthrie J, Petty R. Intellectual Capital Literature Review: Measurement, Reporting and Management (2000) 1 (2) Journal of Intellectual Capital 155 – 176.

[113] Haapio H. Visualizing Contracts and Legal Rules for Greater Clarity (2010) 44 (3) The Law Teacher.

[114] Haldane J. B. S. The Truth about Death (1963) 58 Journal of Genetics 463 – 464.

[115] Hall B. H. Patents and Patent Policy (2007) 23 (4) Oxford Review of Economic Policy 568 – 587.

[116] Hall B. H. , Jaffe A, Trajtenberg M. MarketValue and Patent Citations (May 2001) JEL Classification: O31, O38 UC Berkeley at http: //eml. berkeley. edu/ ~ bhhall/papers/ HallJaffeTrajtenberg_RJEjan04. pdf.

[117] Hall B. , Helmers C. , Rogers M, Vana S. The Importance (or not) of Patents to UK Firms at Oxford Economic Papers (12 April 2013), 1 of 27 doi: 10. 1093/oep/gpt012.

[118] Hall R. A Framework Linking Intangible Resources and Capabiliites to Sustainable Competitive Advantage (Nov 1993) Strategic Management Journal at http: //onlinelibrary. wiley. com/doi/10. 1002/smj. 4250140804/abstract.

[119] Halling D. B. The Decline and Fall of the American Entrepreneur: How Little Known Laws and Regulations are Killing Innovation (2009) Self – published and available on www. amazon. co. uk.

[120] Hand J, Lev B. Intangible Assets: Values, Measures, and Risks (2003) Oxford University Press, Oxford.

[121] Harrison S, Sullivan P. H. Einstein in the Boardroom: Moving beyond Intellectual Capital to I – stuff (2006) Wiley, Hoboken USA.

[122] Harvey F. Scramble for funds in a harsh climate (4 June 2010) The Financial Times Environmental and Intellectual Property Special Report.

[123] Hatzikiriakos K. Secured Transactions in Intellectual Property Software as Collateral (2006) LexisNexis Butterworths, London.

[124] Hatzikiriakos K. Secured Lending in Intellectual Property (2017) Second edition, Lexis-

Nexis, Canada.

[125] Healy P. M, Krishna G. P. The Fall of Enron (Spring 2003) 17 (2) Journal of Economic Perspectives 9.

[126] Hedelin E, Sjo'berg L. Risk Assessments – Loan Officers' Assessment of New Entrepreneurs' Personal Characteristics (1993) NUTEK, Stockholm.

[127] Hendersen G. E. The Materiality of Climate Change and the role of Voluntary Disclosure (2009) Osgoode Hall Law School Legal Studies Research Paper Series (CLPE) Research Paper No. 47 at https://papers.ssrn.com/sol3/papers.cfm?abstract_id=1515955##.

[128] Henry M. How Effective is Your Security over Intellectual Property? (1991) Journal Business Law 507.

[129] Higson A. W. An Alternative Basis for the Construction of a Conceptual Framework Incorporating Financial Reporting Discussion Paper Series 192, Massey University, Department of Accountancy and Business Law.

[130] Hilson J. F. Asset – Based Lending: A Practical Guide to Secured Financing (August 2014, Banking and Commercial Law Library) Fourteenth edition, Practising Law Institute, New York.

[131] Hong Kong Banks sign up to ground – breaking intellectual capital initiative (April 2010) Intellectual Asset Magazine blog at www.iam – magazine.com/blog/Detail.aspx?g=3d6fc595 – 6202 – 40f0 – ba82 – 6d5ee1b05def.

[132] Horrigan B. Corporate Social Responsibility in the 21st Century: Debates, Models and Practices Across Government, Law and Business (2010) Edward Elgar Publishing, Cheltenham UK.

[133] Howard C. Companies, What They Are and How They Work (1989) Oxford University Press, Oxford.

[134] Hsu D, Ziedonis R. Patents as Quality Signals for Entrepreneurial Ventures (2007) paper presented at DRUID Summer Conference.

[135] Hulten C. R, Hao J. What is a Company Really Worth? Intangible Capital and the "Market to Book Value" Puzzle (November 2008) at http://econweb.umd.edu/ ~ hulten/WebPageFiles/Intangible%20Capital%20and%20the%20%60Market%20to%20Book%20Value%27%20Puzzle.pdf.

[136] Humphrey A. SWOT Analysis for Management Consulting (December 2005) SRI Alumni Newsletter.

[137] Hwaidi M. Why and How Empirical Study in Commercial Law? (2014) Annual Conference of Socio Legal Study Association at Robert Gordon University.

[138] Income Contingent Repayment Plan 2 – Interest Rates Student Loans Company at www.studentloanrepayment.co.uk/portal/page?_pageid=93, 6678715&_dad=portal&_schema=PORTAL.

[139] Inman Philip, Vince Cable hits out at Bank of England over loans to small business: Business secretary angered by blocking of regulatory reforms that favour mortgages rather than lending to private companies (19 June 2014) The Guardian at www. theguardian. com/business/2014/jun/18/vince – cable – bank – england – loan – small – business.

[140] Instefjord N, Nakata H. Loan Monitoring and Bank Risk (17 April 2014) First Draft available at SSRN: http: //ssrn. com/abstract = 2426149 or http: //dx. doi. org/10. 2139/ssrn. 2426149.

[141] Intellectual Property Financing Scheme (14 November 2014) IPOS see www. ipos. gov. sg/IPforYou/IPforBusinesses/IPFinancingScheme. aspx.

[142] International Integrated Reporting Committee Towards Integrated Reporting: Communicating Value in the 21st Century (2011) Discussion Paper at http: //theiirc. org/wp – content/uploads/2011/09/IR – Discussion – Paper – 2011_spreads. pdf.

[143] International Regulatory Framework for Banks (Basel III): Capital (June 2011) Basel Committee for Banking Supervision, Bank for International Settlements at www. bis. org/bcbs/basel3. htm accessed 21 November 2014.

[144] International Financial Reporting Standard for Small and Medium – sized Entities (IFRS for SMEs) (2015) IFRS Foundation at www. iacsa. co. za/wp – content/uploads/2016/11/IFRS – for – SMES – 2015. pdf (effective 1 January 2017 with early application permitted).

[145] Inventor Reward and Recognition Programs Benchmark (2011) ipPerformance Group, Napierville, Illinois.

[146] Inventor Sir James Dyson still the region's richest (9 May 2011) This is Somerset (Bristol).

[147] IPScore® 2. 2 Manual (2009) European Patent Office at www. epo. org/searching/free/ipscore. html.

[148] Jacob R. Patents and Pharmaceuticals (29 November 2008) Paper given at the Presentation of the Directorate – General of Competition's Preliminary Report of the Pharma – sector Inquiry.

[149] Japanese Guidelines for Disclosure of Intellectual Assets Based Management, no English language reference available.

[150] Johanson U. , Koga C. , Skoog M, Henningsson J. The Japanese Governement's Intellectual Capital Reporting Guideline: What are the Challenges for Firms and Capital Market Agents? (2006) 17 (4) Journal of Intellectual Capital 474 – 491.

[151] Josef Ackermann im Gesprach: Ohne Gewinn ist alles nichts (20 November 2009) interview in Suddeutsche Zeitung www. suddeutsche. de/geld/josef – ackermann – im – gespraech – ohnegewinn – ist – alles – nichts – 1. 144881.

[152] Kahnemann D. , Slovic P, Tversky A. Judgment under Uncertainty: Heuristics and Biases (1982) Cambridge University Press, Cambridge, MA.

[153] Kasznik E. Financial reporting for intangibles: the Case of the Invisible Assets at http: // ipfinance. blogspot. co. uk/2014/08/financial – reporting – for – intangibles. html.

[154] Keay A. The Duty to Promote the Success of the Company: Is it Fit for Purpose? p 3 at www. law. leeds. ac. uk/assets/files/research/events/directors – duties/keay – the – duty – to – promote – the – success. pdf.

[155] Keay A. The Enlightened Shareholder Value Principle and Corporate Governance (2013) Routledge Research in Corporate Law, Routledge, Abingdon and New York.

[156] Keay A, Kosmin L. Directors' Duties (2014) Second edition, Jordan Publishing, Bristol.

[157] Kettle R. Balance Sheets and Accounts under the Companies Act, 1948 in Baxter, W. T. (Ed.) Studies in Accounting (1950) Sweet & Maxwell.

[158] Keynes J. M. The General Theory of Employment (1937) 51 (2) Economic Journal.

[159] Khatri N, Ng H. A. The Role of Intuition in Strategic Decision Making (2000) 53 (57) Human Relations 57 – 86.

[160] Kirkpatrick D. Facebook Effect: The Real Inside Story of Mark Zuckerberg and the World's Fastest Growing Company (2012) The Random House Group, USA.

[161] Knight F. H. Risk, Uncertainty and Profit (1911) Boston as quoted in Ferguson, N. The Ascent of Money (2012) Penguin Books, London.

[162] Knopf H. Security Interests in Intellectual Property (2002) Thomson/Carswell, Toronto.

[163] Kono T. (Ed.) Security Interests in Intellectual Property: Perspectives in Law, Business and Innovation (2017) Springer Verlag, Singapore.

[164] Kosfeld M, Heinrichs M, Zak P J, Fischbacher U, Fehr E. Oxytocin Increases Trust in Humans (2005) 435 Nature 673 – 676.

[165] Kote L, Drehwing E. The Interplay between IP and Sarbanes – Oxley – Outline & Background Material (2005) PLI's Course Handbook: Handling IP Issues in Business Transactions at www. darbylaw. com.

[166] KPMG. An Overview of Risk and Disclosure (15 May 2012) at www. kpmg – institutes. com/institutes/healthcare – life – sciences – institute/articles/2012/05/risk – and – disclosure – in – the – global – pharmaceutical – industry. html.

[167] Kraemer G, Linden G, Dedrick J. Capturing Value in Global Networks: Apple's iPad and iPhone (July 2011) at http: //pcic. merage. uci. edu/papers/2011/Value_iPad_iPhone. pdf.

[168] Kramer W J, Patel C B. Securitisation of Intellectual Property in the US Market (6 June 2013) Marshall, Gerstein & Borun, Chicago, IL at www. ipo. org/wp – content/uploads/2013/04/Securitisation_of_IP_in_the_US. pdf.

[169] Lang M H, Lundholm R J. Corporate Disclosure Policy and Analyst Behaviour (October 1996) 71 (4) The Accounting Review 467 – 492.

[170] Lee J. Big Achievers Share The Greatest Risks They Ever Took (3 July 2011) at www. forbes.

com/2011/03/07/greatest – risk – they – ever – took – 2011 – entrepreneurs. html.

[171] Lee L A, Tweedie D P. The Private Shareholder and the Corporate Report: A Report to the Research Committee of the Institute of Chartered Accountants in England and Wales (1977) Institute of Chartered Accountants in England and Wales, London.

[172] Lee L A, Tweedie D P. The Institutional Investor and Financial Information (1981) Institute of Chartered Accountants in England and Wales, London.

[173] Lending Code (March 2011, revised 28th September 2015) available at www. lendingstandardsboard. org. uk/wp – content/uploads/2016/06/The – Lending – Code – Mar – 2011 – revised – 2015 – 1. pdf.

[174] Leo K. Intangible Assets: Seeking Consistency (November 1999) Australian CPA.

[175] Lerner J. The Architecture of Innovation: The Economics of Creative Organizations (2013) Oxford University Press, Oxford.

[176] Lev B. Intangibles Management, Measurement, and Reporting (2001) Brookings Institution Press, Washington D. C.

[177] Lim S C, Macias A J, Moeller T. Intangible Assets and Capital Structure (August 2014) Baylor University Research Paper p 14 at www. baylor. edu/business/finance/doc. php/231371. pdf.

[178] Lin Tom W. C. A Behavioral Framework for Securities Risk 16 (April 2012) 34 Seattle Law Review325 at http: //ssrn. com/abstract = 2040946.

[179] Lipton J. Intellectual Property in the Information Age and Secured Finance Practice (2002) EIPR 358.

[180] Lipton J. Security Over Intangible Property (2000) LBC Information Services, London.

[181] Lloyd R. New banking group launches with focus on improving patent quality (15 October 2014) Intellectual Asset Magazine blog at www. iam – magazine. com/blog/detail. aspx?g = 972D0D5D – D116 – 42FD – 945D – 82AC28C33B3A accessed 7 November 2014.

[182] Macneil C. Personal Property Securities and Intellectual Asset Management: Thinking Outside the Box (27 August 2014) Intellectual Asset Management at www. iam – magazine. com/reports/Detail. aspx?g = 3b995832 – b39d – 41d0 – a9d6 – f50dfcf3a83d accessed 12 November 2014.

[183] Malone S. Quantifying the Brave NewWorld (1999) Hoover Digest, 1999 No. 1.

[184] Manickavasagam, V. IP Best Practices in the Post Sarbanes – Oxley Act Era (February 2011) at www. icisi. edu.

[185] Marenberg B. What Corporate Directors Need to Know About Intellectual Property (9 March 2010) Life Science Leader Magazine at www. lifescienceleader. com/doc/what – corporate – directors – need – to – know – about – intellectual – property – 0001.

[186] Markesinis B. G. (Ed.) The Gradual Convergence: Foreign Ideas, Foreign Influences, and English Law on the Eve of the 21st Century (1994) Clarenden Press, Oxford.

[187] Martin D, Beling P. Patent Litigation Risk Characterization: Prospective identification of Financial Risk in Patent Holdings (2004) M – Cam draft.

[188] Maslow A H. A Theory of Human Motivation (1943) 50 (4) Psychological Review 370 – 396.

[189] Mason S, French D, Ryan C. Company Law (2013 – 2014) Oxford University Press.

[190] Mathews M R, Higson A W. Potentially Dysfunctional Impacts of Harmonising Accounting Standards: The Case of Intangible Assets (2000) Massey University at http://hdl. handle. net/10179/2536.

[191] Maubussin Michael J. The Success Equation: Untangling Skill and Luck in Business, Sports, and Investing (2012) Harvard Business Review Press, Boston Mass.

[192] Mayer R C, Davis J H, Schoorman F. D. An Integrative Model of Organizational Trust (1995) 20 (3) Academy of Management Review 709 – 734.

[193] Michel J, Bettels B. Patent Citation Analysis (2001) 51 (1) Scientometrics 185 – 201.

[194] McDonald L, Drinkwater R. Realistic Valuations of Intellectual Property: Methods and Techniques for Valuing IP (2004) Report commissioned by the Australian Institute for Commercialisation.

[195] McEachern W A. Economics: A Contemporary Introduction (2012) Tenth edition, Cengage Learning.

[196] McLaren R H. Secured Transactions in Personal Property (1989) Second edition. Looseleaf, Maxwell, Scarborough Ontario.

[197] McLaughlin S. Unlocking Company Law (2015) Third edition, Routledge, Abingdon Oxfordshire.

[198] McLeod S A. Qualitative Quantitative (2008) at www. simplypsychology. org/qualitative – quantitative. html.

[199] Medhurst D. A Brief and Practical Guide to EC Law (1994) Second edition, Wiley, Oxford and London.

[200] Megginson L C. Lessons from Europe for American Business (1963) 44 (1) Southwestern Social Science Quarterly 3 – 13.

[201] Mehta S S. Commercializing Successful Biomedical Technologies (2008) Cambridge University Press, New York.

[202] Moberly M D. Safeguarding Intangible Assets (2014) Butterworth – Heineman, London.

[203] Munari F, Oriani R. (Eds) The Economic Valuation of Patents: Methods and Applications (2011) Edward Elgar Publications Ltd, Cheltenham UK.

[204] Moore J F. The Death of Competition: Leadership and Strategy in the Age (May 1997) HarperCollins Publishers, New York.

[205] Moore M. (QC) Opinion (2008) entitled, True and Fair Requirement Revisited made to the Financial Reporting Council at www. frc. org. uk/accountants/accounting – and – repor-

ting – policy/true – and – fair – concept.

[206] Moore M. (QC) Opinion (2013) International Accounting Standards and the True and Fair View made to the Financial Reporting Council at www. frc. org. uk/getattachment/ 5d0b34be – 5742 – 41d8 – a442 – 6ad22d2b878e/Martin – Moore – QC – Opinion – 3 – October – 2013 – sig. pdf.

[207] Morgan R, Hunt S. The Commitment – Trust Theory of Relationship Marketing (July 1994) 58 (3) The Journal of Marketing 20 – 38.

[208] Mulcahy D. Six Myths About Venture Capital Offer Dose of Reality to Startups (16 April 2013) Ewing Marion Kauffman Foundation at www. kauffman. org/newsroom/six – myths – a- bout – venture – capital – offer – dose – of – reality – to – startups – in – harvard – business – review – article. aspx.

[209] Munari F, Odasso M, Toschi L. Patent – backed Finance in Munari, F. and Oriani, R. (Eds) The Economic Valuation of Patents: Methods and Applications (2011) Edward El- gar Publications Ltd, Cheltenham UK.

[210] Murphy W, Orcutt J, Remus P. Patent Valuation Improving Decision Making through Anal- ysis (5 April 2012) Wiley, Hoboken USA.

[211] Nelson S. L Understanding the Basic Principles of Accounting (2011) All – in – One for Dummies (US Edition) John Wiley & Sons, Hoboken USA.

[212] Nelson K, Pritchard A. Litigation Risk and Voluntary Disclosure: The Use of Meaningful Cautionary Language (August 2007) Second Annual Conference on Empirical Legal Studies.

[213] Neuhausen B, Schlank R, Pippin R. Accounting for Business Combinations, Goodwill, and Other Intangible Assets (2007) CCH Incorporated.

[214] New UK Annual Report and Requirements to Disclose Human Rights, Diversity and Green- house Gas Emissions (20 June 2013) Linklaters UK Corporate Update at www. linklaters. com/Insights/Publication1005Newsletter/UK – Corporate – 20 – June – 2013/Pages/New – UK – annual – strategic – report – disclose – human – rights – diversity – greenhouse – gas – emissions. aspx.

[215] Ngah – King E L, Folta T B. Going Public or Private? The Role of Patent Portfolio in Equity Financing for Biotechnology Start Ups (2006) Academy of Management Proceedings.

[216] Nielsen C. Dilemmas in the Usefulness of Business Reporting Narratives towards Investors and other Professional Decision – makers Department of Business Studies, Aarlborg Univer- sitet.

[217] Nielsen C, Roslender R, Schaper S. Continuities in the use of the Intellectual Capital Statement Approach: Elements of an Institutional Theory Analysis (March 2016) 40 (1) Accounting Forum 16 – 28.

[218] Nor Shaipah Abdul Wahab, Holland K. Tax Planning, Corporate Governance and Equity Value (June 2012) 44 (2) The British Accounting Review 111 – 124 at

www. sciencedirect. com/science/article/pii/S0890838912000212.

[219] Ordonez de Pablos P, Edvinsson L. Intellectual Capital in Organizations: Non – Financial Reports and Accounts (2015) Routledge.

[220] Padfield S J. Who Should Do the Math? Materiality Issues in Disclosures that Require Investors to Calculate the Bottom Line (2006) 34 Pepperdine Law Review, University of Akron Legal Studies Research Papers No. 6 – 11 at https: //papers. ssrn. com/sol3/papers. cfm? abstract_id = 928630.

[221] Palma S. Is technology enough to plug the SME financing gap? (2 October 2017) The Banker at www. thebanker. com/Transactions – Technology/Is – technology – enough – to – plug – the – SME – financing – gap.

[222] Palmer V. From Lerotholi to Lando: Some Examples of Comparative Law Methodology (2004) 4 (2) Global Jurist Frontiers Art. 1.

[223] Parker R H, Nobes C. An International View of True and Fair Accounting (International Accounting) (1994) Cengage Learning EMEA London and New York.

[224] Patent Litigation: Is it Worth the Expense? If Rights Are Uncertain, Pursuing Licensing with Alleged Infringer Might Be Best Option (1 April 2006) 26 (7) Genetic Engineering & Biotechnology News https: //www. genengnews. com/gen – articles/patent – litigation – is – it – worth – the – expense/1454.

[225] Patent Pools and Antitrust – A Comparative Analysis (March 0214) Prepared by the WIPO.

[226] Perfecting Security over Intellectual Property Rights and Registering Security at an Intellectual Property Register Practice Note, LexisPSL Banking & Finance at www. lexisnexis. com/uk/lexispsl/bankingandfinance/document/391290/55KX – XBB1 – F185 – S0P1 – 00000 – 00/Perfecting – security – over – intellectual – property – rights – and – registering – security – at – an – intellectual – property – registry accessed on 11 November 2014.

[227] Perkins J. Registration of Charges over Intangibles (July 2010) 4 (4) Law and Financial Markets Review.

[228] Phillips J. The English Patent as a Reward for Invention: The Importance of an Idea (1982) 3 Journal of Legal History 71.

[229] Phillips J. Intellectual Property as Security for Debt Finance – A Time to Advance? (1997) EIPR 276.

[230] Phillips J. Katenomics 4: Where to look for an IP – oriented economists (28 November 2008) The IPK blog at http: //ipkitten. blogspot. co. uk/2011_11_01_archive. html.

[231] Phillips J. IP finance: The trillion dollar tipping point: a report, and a product launch (18 September 2014) IP Finance blogspot at http: //ipfinance. blogspot. co. uk/2014/09/the – trillion – dollar – tipping – point. html.

[232] Pitkethly R. Intellectual Property Awareness and SMEs: UK IP Awareness Survey 2006

(2006) UK IPO http：//breese. blogs. com/pi/files/ipsurvey. pdf.

[233] Pletscher T. Corporate Strategies for Managing, Exploiting and Enforcing IP rights in WIPO National Seminar on IP for Export Competitiveness (1988) WIPO WIPO/IP/K/98/7 at www. wipo. int/edocs/mdocs/sme/en/wipo_ip_pk_98/wipo_ip_pk_98_7. pdf.

[234] Poltorak A, Lerner P. Introducing Litigation Risks Analysis (May 2001) Issue 109 Managing Intellectual Property.

[235] Progress on Implementing the UPC and the Unitary Patent (23 September 2014) Allen & Overy at www. allenovery. com/publications/en – gb/Unitary – Patent – System/Pages/Latest – News. aspx.

[236] Prudence and IFRS (August 2014) The Association of Chartered Certified Accountants at www. accaglobal. com/content/dam/acca/global/PDF – technical/financial – reporting/tech – tp – prudence. pdf.

[237] Rabinowitz A B. Keep Your Eye on Your Ball：Patent Holders' Evolving Duty to Patrol the Marketplace for Infringement (Spring 2007) 5 Art. 1 Northwestern Journal of Technology and Intellectual Property.

[238] Ramb F, Reitzig A Comparative Analysis of the Explanatory Power of Balance Sheet and Patent Information for Market Values of German Firms (2004) Working Paper, Copenhagen Business School.

[239] Reilly R F. Attributes That Influence IP Value (Spring 2015) Forensic Analysis Insights 3.

[240] Rhodes T, Campbell M. Syndicated Lending：Practice and Documentation (2009) Fifth edition, Euromoney Institutional Investor, Inc. , Foreword by Sir Andrew Large.

[241] Rivette K G, Kline D. Unlocking the Hidden Value of Patents：Rembrandts in the Attic (2000) Harvard Business School Press, Boston, Massachusetts.

[242] Rivette K G, Kline D. Discovering New Value in Intellectual Property (Jan – Feb 2000) 78 (1) Harvard Business Review.

[243] Robson C. Real World Research (1993) Blackwell, Oxford.

[244] Roos J, Roos G, Edvinsson L, Drognetti N. Intellectual Capital：Navigating in the New Business Landscape (1998) Palgrave Macmillan, UK at www. palgrave. com/us/book/978 0333694794.

[245] Rubinfeld D L, Maness R. The Strategic Use of Patents：Implication for Antitrust in Leveque, F. and Shelanski, H. Antitrust, Patents and Copyright：EU and US Perspectives (2005) Edward Elgar, Northampton.

[246] Ruddick G. Suspended Tesco executive to return as Dave Lewis overhauls team (1 December 2014) The Telegraph at www. telegraph. co. uk/finance/newsbysector/epic/tsco/11266257/Suspended – Tesco – executive – to – return – as – Dave – Lewis – overhauls – team. html.

[247] Savage G. et al Strategies for Assessing and Managing Organizational Stakeholders (1991) 5 (2) The Executive.

[248] Schell C. TheValue of the Case Study as a Research Strategy (1992) Manchester Business School at www. finance – mba. com/Case%20Method. pdf.

[249] Schramm C, Bradley H. How Venture Capital Lost Its Way (2009) BusinessWeek at www. kauffmann. org.

[250] Self – financing (18 February 2014) Trizle at www. trizle. com/tips/20 – self – financing.

[251] Shakespeare, C. SOX 2002 Five Years On: What Have We Learned? (2008) Journal of Business & Technology Law 333.

[252] Shiller R J. Human Behaviour and the Efficiency of the Financial System in Taylor, J. B. and Uhlig, H. (Eds) Handbook of Macroecomics (2016) Vol. 1, Elsevier, North Holland.

[253] Siems M. Legal Origins: Reconciling Law and Finance and Comparative Law (2007) 52 McGill Law Journal 55.

[254] Siems M, Cabrelli D. Comparative Company Law A Case – Based Approach (2013) Hart Publishing Limited, Oxford.

[255] Singapore: IP Financing Scheme Launched (16 July 2014) Managing IP at www. managingip. com/Article/3362420/Singapore – IP – financing – scheme – launched. html.

[256] Stilwell Frank. Political Economy: The Contest of Economic Ideas (2002) First Edition. Oxford University Press, Melbourne, Australia.

[257] Song Xianzhong, Liu Zhen, On Financing Efficiency of Technology Innovation of High – tech Enterprise, (2008) 8 Journal of Accounting 10 – 12.

[258] Stein H. Beyond the World Bank Agenda: An Institutional Approach to Development (2008) University of Chicago Press.

[259] Striukova L, Unerman J, Guthrie J. Corporate Reporting of Intellectual Capital: Evidence from UK Companies (2008) 40 The British Accounting Review 297 – 313.

[260] Sullivan P H. Value – Driven Intellectual Capital: How to Convert Intangible Corporate Assets into Market Value (2000) Wiley, Hoboken USA.

[261] Sunjata Das. Protecting ideas is crucial for eco – technology to succeed (4 June 2010) The Environment and Intellectual Property Financial Times Special Report.

[262] Surowiecki J. The Wisdom of Crowds: Why the Many are Smarter than the Few (2005) Abacus, New York.

[263] Susskind OBE, R. The End of Lawyers? Rethinking the Nature of Legal Services (2008) Oxford University Press, Oxford.

[264] Sveiby K E. The New Organisational Wealth: Managing and Measuring Knowledge – Based Assets. (1997) Berrett – Koehler, San Fransisco.

[265] Sykes J, King K. Valuation and Exploitation of Intellectual Property and Intangible Assets (2003) Emis Professional Publishing, UK.

［266］ Taylor Wessing Global IP Index 2014 at www. taylorwessing. com/ipindex/.

［267］ The Coalition: Our Programme for Government (May 2010) HM Government at www. gov. uk/government/uploads/system/uploads/attachment_data/file/78977/coalition_programme_for_government. pdf.

［268］ The Expanding Market for IP Finance (2010) IAM Strategy.

［269］ The Financial Reporting Standard for Smaller Entities (July 2013) FRC at www. frc. org. uk/Our – Work/Publications/Accounting – and – Reporting – Policy/FRSSE – (effective – January – 2015). aspx.

［270］ The International IR Framework by the International Integrated Reporting Council, December 2013.

［271］ The Perfect Storm: Corporate Disclosure, Shareholders, and the Importance of Intellectual Property at www. ipprospective. com/portfolio – potential/the – perfect – storm – corporate – disclosure – shareholders – and – the – value – of – intellectual – property/.

［272］ The Role of the Chief Intellectual Property Officer (2013) INTIPSA at www. intipsa. com/wp – content/uploads/2013/01/INTIPSA – Tips – The – role – of – the – CIPO1. pdf.

［273］ Thomas L. C. A Survey of Credit and Behavioural Scoring: Forecasting Financial Risk of Lending to Consumers (2000) 16 (2) International Journal of Forecasting 149 – 172.

［274］ Thomas R. S. The Materiality Standard for Intellectual Property Disclosures (2002) 42 (2) IDEA The Journal of Law and Technology 205 – 226.

［275］ Tier M. The Winning Investment Habits of Warren Buffett & George Soros (2005) St. Martin's Press, NY.

［276］ Tighter banking rules will drain £ 1 tr from financial system study shows (10 July 2010) The Guardian.

［277］ To hack or not to hack? A new report on patent thickets (22 August 2013) UKIPO Facto blog at www. ipo. gov. uk/blogs/ipofacto/2013/08/22/to – hack – or – not – to – hack – a – new – report – on – patent – thickets/.

［278］ To manage and Account for Intangibles (February 1999) Report of meeting in Brussels as quoted at www. ll – a. fr/intangibles/international accounting. htm.

［279］ Tosato A. Security Interests over Intellectual Property (2011) 6 (2) Journal of Intellectual Property Law and Practice.

［280］ Tricker B. Re – inventing the Limited Liability Company (July 2011) 19 (4) International Review.

［281］ Tronnberg C, Hemlin S. Bankers' Lending Decision Making: A Psychological Approach (2012) 38 (11) Managerial Finance 1032 – 1047.

［282］ Tuncak B. The WIPO nformation Meeting on IP financing: some notes (1 April 2009) IP-KAT Finance blog at http: //ipfinance. blogspot. co. uk/2009/03/wipo – information – meeting – on – ip. html.

[283] Ughetto E. The Financing of Innovative Activities by Banking Institutions: Policy and Regulatory Options in Laperche B, Uzunidis D. (Eds) Powerful Finance and Innovation Trends in a High – Risk Economy (2008) Palgrave Macmillan, UK.

[284] University of Cambridge Faculty of Law Research Paper No. 21/2017 available at SSRN: https: //ssrn. com/abstract = 2917219.

[285] UK Corporate Governance Code (2010, 2012 and 2014) Financial Reporting Council at www. frc. org. uk/directors/corporate – governance – and – stewardship/uk – corporate – governance – code/history – of – the – uk – corporate – governance – code, and see www. frc. org. uk/Our – Work/Codes – Standards/Corporate – governance/UK – Corporate – Governance – Code. aspx.

[286] UK Stewardship Code (September 2012) Financial Reporting Council at www. frc. org. uk/getattachment/d67933f9 – ca38 – 4233 – b603 – 3d24b2f62c5f/UK – Stewardship – Code – (September – 2012). pdf.

[287] United Kingdom: Telling Performance – Surveying Narrative Reporting in annual Reports in 2009 Deloitte Audit Group, London.

[288] Using patents as collateral can free up funds for growing businesses at www. ipnav. com/blog/using – patents – as – collateral – can – free – up – funds – for – growing – businesses.

[289] Van Houten F. Speech (23 June 2014) IP Business Conference reported at www.newscenter. philips. com/main/standard/news/speeches/20140624 – speech – by – frans – van – houten – at – ip – business – conference. wpd.

[290] Walmsley J. Patenting Finance: Financing Patents (2001) International Securities Market Association, Zurich.

[291] We've acquired Motorola Mobility Google Official Blog at https: //googleblog. blogspot. co. uk/2012/05/weve – acquired – motorola – mobility. html.

[292] White C. SME Cases up by 68% (24 May 2017) Intellectual Property Magazine, available at www. intellectualpropertymagazine. com/patent/sme – cases – up – by – 68 – at – ipec – 124252. htm accessed on 30 May 2017.

[293] Why don't companies with huge compliance departments have anyone looking at patents (April 2014) Intellectual Asset Management blog at www. iam – magazine. com/blog/Detail. aspx?g = 61ae47f6 – df41 – 4f41 – 8b31 – 98de9c888157.

[294] Wilkof N. The Nokia – Microsoft transaction: further thoughts on strategy and valuation (11 September 2013) IP Finance blogspot at http: //ipfinance. blogspot. co. uk/2013/09/the – nokia – microsoft – transaction – further. html.

[295] World Intellectual Property Indicators 2016 Economics and Statistics Series, World Intellectual Property Organization at www. wipo. int/edocs/pubdocs/en/wipo_ pub_941_2016. pdf.

[296] Yeoh P. Narrative Reporting: the UK Experience (2010) 52 (3) International Journal of Law and Management 211 – 231.

[297] Yin R. K. Case Study Research: Design and Methods (1984) Sage Publications, Newbury Park.

[298] Zich J. Business 911: Triage for Trying Times (June 1994) Stanford Business School Magazine at www. gsb. stanford. edu/insights/about/magazine.

[299] Zipf G. K. Human Behaviour and the Principle of Least Effort (1949) Addison – Wesley, Cambridge Mass.

报告

[1] A Guideline for Intellectual Capital Statements: A Key to Knowledge Management (2000) Danish Agency for Trade and Industry, Ministry for Trade and Industry.

[2] Accounting Standards are part of Legally Binding Corporate Reporting Framework (3 October 2013) FRC at https: //frc. org. uk/news/october – 2013/accounting – standards – are – part – of – legally – binding – c.

[3] Action Program concerning enhancement of Relationship Banking Functions (Background and Basic Policy Concept) (28 March 2003) Japanese Financial Services Agency, English version at www. fsa. go. jp/news/newse/e20030328 – 1a. pdf.

[4] Analysing Intellectual Capital Statements (2003a) Danish Ministry of Science Technology and Innovation ISBN: 87 – 91258 – 52 – 9 at https: //pure. au. dk/ws/files/217/analyse_uk. pdf.

[5] Australian Intellectual Property Report (2013) Australian Government p 25 Table 3.

[6] Banking on IP: An Active Response (2014) United Kingdom Intellectual Property Office.

[7] Basel Committee on Banking Supervision (2000) Report to G7 Finance Ministers and Central Bank Governors on International Accounting Standards at www. iasplus. com/resource/basel1. pdf.

[8] Brassell, M. and King, K. Banking on IP? The role of Intellectual Property and Intangible Assets in Facilitating Business Finance Final Report (6 November 2013) Independent report commissioned by the UK Intellectual Property Office.

[9] Brassell, M. and Maguire, J. Hidden Value: A Study of the UK IP Valuation Market (August 2017) Independent Report Commissioned by the UK Intellectual Property Office.

[10] Clear & Concise: Developments in Narrative Reporting (December 2015) Financial Reporting Council.

[11] Conceptual Framework for Financial Reporting: Summary of Tentative Decisions (2017) IFRS Foundation at www. ifrs. org/ – /media/project/conceptual – framework/current – stage/summary – of – tentative – decisions – june – 2017. pdf.

[12] Confidential Treatment Requests (28 February 1997, addendum 11 July 2001) SEC Division of Corporation Finance Staff Legal Bulletin No. 1.

[13] Considering the Effects of Accounting Standards: An Australian Response to the European Financial Reporting Advisory Group (2012) Institute of Public Accountants.

[14] Corporate Insolvency in the UK: A Decade of Change (2002) Association of Business Recovery Professionals Tenth Report p 9.

[15] Copyright and the Value of the Public Domain: An Empirical Assessment (February 2015) Independent Report Commissioned by the UKIPO carried out by CREATe.

[16] Creating a financial market for IPR Final report for EU Tender (6 December 2011) No3/PP/ENT/CIP/10/A/N02S003, University of St Gallen and Frauhofer Moez, at https://publications. europa. eu/en/publication – detail/ – /publication/afdc8beb – 866f – 400e – 913b – 23f4c018e58b.

[17] Dyson J. Ingenious Britain: Making the UK the Leading High Tech Exporter in Europe, A Report by James Dyson (March 2010) Commissioned by the UK Conservative Party.

[18] Disclosure Initiative – Principles of Disclosure (2017) IASB Discussion Paper DP/2017/1 at www. efrag. org/Activities/322/Disclosure – Initiative – Principles – of – Disclosure? AspxAutoDetectCookieSupport = 1.

[19] Facilitating Interdisciplinary Research (2004) Committee on Facilitating Interdisciplinary Research, Committee on Science, Engineering and Public Policy, National Academic Press, Washington.

[20] Federation of Small Businesses Quarterly Report (18 June 2013) Independent report produced by the Centre for Economic and Business Research (CEBR) for the FSB.

[21] Finance for Small Firms A Seventh Report (22 February 2000) Bank of England at http://webarchive. nationalarchives. gov. uk/20100114112406/http://www. bankofengland. co. uk/publications/financeforsmallfirms/fin4sm07. pdf.

[22] FRC's Culture Coalition (2016) Financial Reporting Council at www. frc. org. uk/News – and – Events/FRC – Press/Press/2016/July/Corporate – culture – key – to – sustainable – growth. aspx.

[23] Guidance on the Strategic Report (June 2014) Financial Reporting Council at www. frc. org. uk/getattachment/2168919d – 398a – 41f1 – b493 – 0749cf6f63e8/Guidance – on – the – Strategic – Report. pdf.

[24] Final Report of the National Commission on the Causes of the Financial and Economic Crisis of in the United States (January 2011) The Financial Crisis Inquiry Commission Pursuant to Public Law 111 – 21, Washington DC.

[25] Final Report form the Expert Group on Intellectual Property Valuation (March 2014) European Union at http://ec. europa. eu/research/innovation – union/pdf/Expert_Group_Report_on_Intellectual_Property_Valuation_IP_web_2. pdf.

[26] Fraser S. The Impact of the Financial Crisis of Bank Lending to SMEs: Economic Analysis from the EU Survey of SME Finances (July 2012) University of Warwick, Report prepared for the Breedon Review of Business Finance for the Department of Business Innovation and Skills.

［27］From Ideas to Growth：Helping SMEs get value from their intellectual property （April 2012）UK IPO at www. ipo. gov. uk/business – sme. pdf.

［28］G20/OECD Principles of Corporate Governance （30 November 2015）ISBN：9789264236882 at http：//dx. doi. org/10. 1787/9789264236882 – en.

［29］GlaxoSmithKline plc Annual Report 2012 at www. gsk. com/media/2694/annual – report – 2012. pdf.

［30］Goodridge P, et al. UK Investment in Intangible Assets：Report for NESTA （2011）NESTA Working Paper No. 14/02 p 15.

［31］Goodridge P, Haskell J and Wallis G. UK Intangible Investment and Growth：New Measures of UK Investment in Knowledge Assets and Intellectual Property Rights （September 2016）Independent Report commissioned by the UK Intellectual Property Office ISBN：978 – 1 – 910790 – 25 – 0.

［32］Gower A. Gowers Review of Intellectual Property （December 2006）HM Treasury on behalf of the Controller of Her Majesty's Stationery Office.

［33］Guide to Evidence for Policy （2011 updated in 2013）UKIPO at http：//webarchive. nationalarchives. gov. uk/20140603093549/http：//www. ipo. gov. uk/consult – 2011 – copyright – evidence. pdf.

［34］Guidelines for the Management and Reporting of Intangibles （2002）MERITUM at www. pnbukh. com/files/pdf_filer/MERITUM_Guidelines. pdf.

［35］Guthrie J, Petty R and Ricceri F. Intellectual Capital Reporting：Lessons from Hong Kong （CN）and Australia （2007）at http：//icas. org. uk/guthrie/.

［36］Hall B H, Helmers C, von Graevenitz C and Rosazza – Bondibene C. A Study of Patent Thickets （2013/26）Research commissioned by the UK Intellectual Property Office at www. gov. uk/government/uploads/system/uploads/attachment_data/file/311234/ipresearch – thickets. pdf.

［37］Hargreaves I. Digital Opportunity：A Review of IP and Growth （May 2011）Independent report commissioned by the UK Prime Minister.

［38］Haskel J, Goodridge P, Pesole A, Awano G, Franklin M and Kastrinaki Z. Driving Economic Growth Innovation, Knowledge Spending and Productivity Growth in the UK （2011）NESTA.

［39］Influences on Corporate Governance B853 – 2 Issues in International Financial Reporting （1 March 2016）The Open University, Amazon Media EU S. à r. l.

［40］Innovation in Access to Finance for SMEs （February 2014）The Association of Chartered and Certified Accountants.

［41］Intellectual Capital Statements – The New Guideline （2003b）Danish Ministry of Science, Technology and Innovation ISBN：87 – 91258 – 52 – 9 at https：//pure. au. dk/ws/files/217/analyse_uk. pdf.

［42］ Intellectual Property and Eco – innovation for Small and Medium Businesses (2011) Research Report conducted by Inngot for Ecomind, co – funded by the European Union under the Interreg IVA 2 Seas Cross – Border Programme 2008 – 2011.

［43］ Inventors' Rights (2013) Report of CIPA seminar at www. cipa. org. uk/pages/Inventors – Rights.

［44］ Intellectual Property Rights Index 2016 Tenth edition, Property Rights Alliance, available at http：//internationalpropertyrightsindex. org/blog.

［45］ IP Attaché Evaluation Report：Programme Review (October 2014/39) Research commissioned by the UKIPO carried out by Tonic Insight Ltd at www. gov. uk/government/uploads/system/uploads/attachment_data/file/365195/ip – attache – _evaluation – report. pdf.

［46］ Japanese Guidelines for Disclosure of Intellectual Assets Based Management No English reference.

［47］ Kingston W. Enforcing Small Firms Patent Rights (2000) Publications Office of the Commission of the Commission of the European Communities, Luxembourg.

［48］ Kote L. et al (2005)；Report and Recommendations Pursuant to Section 401 (c) SOX 2002. On Arrangements with Off – Balance Sheet Implications, Special Purpose Entities, and Transparency of Filings by Issuers at www. sec. gov/news/studies/soxoffbalancerpt. pdf.

［49］ Leveraging Knowledge Assets Reducing Uncertainty for Security Interests in Intellectual Property (2004) Law Commission of Canada (Ottawa) at www. ulcc. ca/en/cls/index. cfm? sec = 2&sub = 2j.

［50］ Lomax S, Davies E. Small and Medium Sized Enterprise (SME) Journey towards raising external finance (October 2013) A Report by BMG Research commissioned by the UK Department of Business, Innovation & Skills.

［51］ Louder than Words：Principles and Actions for Making Corporate Reports Less Complex and More Relevant (June 2009) UK Financial Reporting Council available at www. frc. org. uk/getattachment/53bf7b4b – 0dbb – 4586 – b85b – b548ef28ca9e/FRC_ DiscussionPaper_020609. pdf.

［52］ Options for an EU Instrument for Patent Valorisation (2012) Prepared by the Expert Group on IP Valorisation, European Union at http：//ec. europa. eu/enterprise/policies/innovation/files/options – eu – instrument – patent – valorisation_en. pdf.

［53］ Patent Applications Guide UK Intellectual Property Office at www. ipo. gov. uk/p – apply. pdf.

［54］ Patent Backlogs and a System of Mutual Recognition (January 2010) Prepared by London Economics for the UK Intellectual Property Office.

［55］ Patent Thickets – An Overview (25 November 2011) UK Intellectual Property Office Informatics Team at www. gov. uk/government/uploads/system/uploads/attachment_data/file/312540/informatic – thickets. pdf.

［56］ Phillips J. (Ed) The Trillion Dollar Tipping Point AISTEMOS Report (September 2014) AIS-

TEMOS, London, p 8 at https: //aistemos. com/2014/09/17/report – trillion – dollar – tip-ping – point – exploiting – untapped – value – patents/.

[57] Pierrakis Y, Collins L. Banking on Each Other: Peer – to – Peer Lending to Business: Evidence from the Funding Circle (April 2013) NESTA.

[58] Reference Guideline for Intellectual Property Information Disclosure in the Pursuit of Mutual Understanding between Companies and Capital Markets through Voluntary Registration of Security Interests: Company Charges and Property other than Land (2002) Law Commission Consultation Paper No 164 at paras 2. 6 – 2. 19.

[59] Report of the Oulton Committee on Patent Litigation (November 1987) Lord Chancellor's Department.

[60] Rising to the Challenge: A Review of Narrative Reporting by UK Listed Companies in 2008/2009 Accounting Standards Board at www. frc. org. uk/Our – Work/Publications/ASB/Rising – to – the – Challenge/Rising – to – the – challenge. aspx.

[61] Royal Philips Annual Report 2013 at www. philips. com/philips/shared/assets/Investor_relations/pdf/PhilipsFullAnnualReport2013_English. pdf.

[62] Sanchex P, Castrillo R, Elena S. VII The Intellectual Capital Report for Universities in the ICU Report at www. uam. es/personal_pdi/economicas/palomas/THE% 20INTELLECTUAL% 20CAPITAL% 20REPORT% 20FOR% 20 UNIVERSITIES. pdf.

[63] SME Finance: Help to Match SMEs Rejected for Finance with Alternative Lenders (29 October 2014) Consultation Outcome, Department for Business Innovation & Skills, p 1at www. gov. uk/government/consultations/sme – finance – help – to – match – smes – rejected – for – finance – with – alternative – lenders/sme – finance – help – to – match – smes – rejected – for – finance – with – alternative – lenders accessed 20 November 2014.

[64] The Innovation Index: Measuring the UK's Investment in Innovation and the Effects (2009) NESTA at www. nesta. org. uk/library/documents/innovation – index. pdf.

[65] The Run on the Rock Fifth Report of Session 2007 – 2008 House of Commons Treasury Committee (2008) Vol. 1, House of Commons, The Stationer Office Ltd, London.

[66] True and Fair (July 2011) Financial Review Council at www. frc. org. uk/getattachment/55214e7d – 6e34 – 4c11 – af51 – 1b0533ec0c95/Paper – True – and – Fair1. pdf.

[67] True and Fair (June 2014) at www. frc. org. uk/getattachment/f08eecd2 – 6e3a – 46d9 – a3f8 – 73f82c09f624/True – and – fair – June – 2014. pdf.

[68] UKIPO Facts and Figures 2010 and 2011 Calendar Years.

[69] UKIPO Facts and Figures 2012 and 2013 Calendar Years at www. gov. uk/government/uploads/system/uploads/attachment_data/file/318346/Facts_and_Figures. pdf.

[70] Wiles I. Encouraging Employers to use Human Capital Reporting: A Literature Review of Implementation Options (2013) UK Commission for Employment and Skills at www. gov. uk/government/publications/human – capital – reporting – literature – review.

［71］ WIPO Competition and Patents：Introduction，Studies and Articles www. wipo. int/patent - law/en/developments/competition. html.

［72］ WIPO IP Facts and Figure 2013 Economics and Statistics Series at www. wipo. int/edocs/ pubdocs/en/statistics/943/wipo_pub_943_2013. pdf.

［73］ WIPO IP Advantage database at www. wipo. int/ipadvantage/en/details. jsp?id = 2689.

媒体报告

［1］ Bank of England and HM Treasury Announce Extension to the Funding of Lending Scheme （April 2013） News Release available at www. bankofengland. co. uk/publications/Pages/ news/2013/061. aspx.

［2］ Better and Simpler Company Reporting （12 June 2013） BIS at www. gov. uk/government/ news/better - and - simpler - company - reporting.

［3］ EPO WelcomesHistoric Signing of the Unified Patent Court Agreement （19 February 2013） European Patent Office Press Release.

［4］ Lenovo to Acquire Motorola Mobility from Google （29 January 2014） Google Investor Relations Press Announcement at https：//investor. google. com/releases/2014/0129. html.

［5］ New IP Attaché in China will Support UK Businesses （8 December 2011） UKIPO at www. gov. uk/government/news/new - intellectual - property - attache - in - china - will - support - uk - businesses.

［6］ New Figures Published Today show that UK Business is Building Success through Knowledge and Created Asset （21 March 2014） Department Business, Innovation and Skills at www. gov. uk/government/news/uk - knowledge - investment - continues - to - grow.

［7］ Oblack S. Patent Quality Initiative Launched to Facilitate Better Patents and Fewer Disputes （15 October 2014） The Clearing House at www. patentqualityinitiative. com/news/press% 20releases/2014_oct%2015_pqi%20launch.

［8］ Patent Right Pledge Financing Amounted to 25 Billion Yuan （3 March 2014） IP China News as reported in English at www. chinaipr. gov. cn/policyarticle/policy/statistics/201403/180167 3_1. html.

［9］ Patents：Realising and Securing Value - An International Conference in London （15 August 2006） UKIPO at www. prnewswire. com/news - releases/patents - realising - and - securing - value - an - international - conference - in - london - 69963807. html.

［10］ Plans Unveiled to Support IP - rich Businesses get Funding （17 October 2013） Department for Business, Innovation & Skills, Intellectual Property Office and the Rt. Hon Dr Vince Cable MP at www. gov. uk/government/news/plans - unveiled - to - support - ip - rich - businesses - get - funding.

［11］ SiliconValley Bank's UK Brank Opens for Business （11 June 2012） Silicon Valley Bank Press Release at www. svb. com/News/Company - News/Silicon - Valley - Bank%E2%80%

99s – UK – Branch – Opens – for – Business/.

［12］Singapore Continues Stride Towards Becoming an Intellectual Property Hub of Asia, Launches First – Ever IP Management and Value Lab (26 August 2014) Intellectual Property Office of Singapore at www. ipos. gov. sg/MediaEvents/Readnews/tabid/873/articleid/284/category/Press%20Releases/parentId/80/year/2014/Default. aspx.

［13］Singapore Launches S $ 100M Intellectual Property Financing Scheme & First One – Stop IP Service Centre (8 April 2014) Intellectual Property Office of Singapore at www. ipos. gov. sg/MediaEvents/Readnews/tabid/873/articleid/272/category/Press%20Releases/parentId/80/year/2014/Default. aspx.

［14］Singapore Ranks Tops in Asia for IP Protection (12 September 2014) at www. ipos. gov. sg/MediaEvents/Readnews/tabid/873/articleid/288/category/Press%20Releases/parentId/80/year/2014/Default. aspx.

［15］Sweeping Reforms to IP Court Save Businesses time and Money (1 Oct 2013) BIS and UKIPO at www. gov. uk/government/news/sweeping – reforms – to – ip – court – save – businesses – time – and – money.

［16］UK SMEs Earmarked for EU Grants to Help Them Innovate (27 July 2014) European Commission at http：//ec. europa. eu/unitedkingdom/press/frontpage/2014/14_77_en. htm.

［17］SEC Proposes Amendments to Update and Simplify Disclosure Requirements as Part of Overall Disclosure Effectiveness Review (6 April 2016) US Securities and Exchange Commission at www. sec. gov/news/pressrelease/2016 – 141. html.

［18］WIPO Meeting to Explore IP as a Financing Tool (5 February 2009) WIPO Press Release MA/2009/47.

网址

［1］www. amazon. com.

［2］http：//blog. cr owdfiinder. co. uk/2010/11/08/147/.

［3］www. cipfa. org/about – cipfa.

［4］www. colleripmanagement. com/news/ip – finance – toolkit.

［5］http：//ec. europa. eu/research/horizon2020/index_en. cfm.

［6］www. doingbusiness. org/rankings.

［7］www. edmpublications. com.

［8］www. epo. org.

［9］www. faveo. co. uk.

［10］www. fiveoffice. org.

［11］www. fbrbes. com.

［12］www. frc. org. uk.

［13］www. fsa. gov. uk/consumerinfbrmation/product_news/saving_investments/crowdfunding.

[14] www. grameen. com.

[15] http: //fdrumblog. org/2012/02/the − 2012 − top − 10 − emerging − technologies/.

[16] www. geox. com.

[17] www. geox. biz.

[18] www. gov. uk/business − finance − explained/loans.

[19] www. hm − treasury, gov. uk/patent_box. htm.

[20] www. iasplus. com.

[21] www. ifrs. com.

[22] www. ilf − frankfiirt. de.

[23] www. imforg.

[24] www. independent. co. uk.

[25] ipfinance. blogspot, co. uk.

[26] www. ipfinance − institute. com.

[27] www. ipkat. com.

[28] https: //twitter. com/Ipkat.

[29] ipkitten. blogspot. co. uk.

[30] www. ipos. gov. sg.

[31] www. justice, gov. uk.

[32] www. kickstarter. com.

[33] www. law. qmul. ac. uk.

[34] http: //lexicon. ft. com.

[35] www. londonstockexchange. com/specialist − issuers/debts − bonds/how − to − issue/.

[36] listingcosts/debt − price − list. pdf.

[37] www. qfinance. com.

[38] www. santanderbreakthrough. co. uk/advice/finance/fiinding − options − mezzanine − finance.

[39] http: //securedtransactionslawreformproj ect. org.

[40] www. wipo. int/ipadvantage/en/details. jsp?id = 2689.

[41] www. il − a. fr/intangibles/international accoutningh. htm.

[42] www. wipo − int/ meetings/en/details.

[43] www. cdb. com. cn/web.

原 书 索 引

说明：本索引的编制格式为原版词汇＋中文译文＋原版页码，个别词条因原文缺少页码而未予标明。

原书相关出版物

[1] Denoncourt J. Chapter I: IP Debt Finance and SMEs: Revealing the Evolving Conceptual Framework Drawing on Initiatives from Around the World? in Kono, T, (Ed) *Security Interests in Intellectual Property: Perspectives in Law, Business and Innovation* (2017) Springer Verlag, Singapore.

[2] Denoncourt J. Proposal: Corporate Disclosure of IP Rights is noted in Part 4—Further Potential Projects, *Thirteenth Programme of Law Reform*, Law Commission (2017), 35 – 36.

[3] IP, *Brexit and Beyond – Opportunities and Challenges: Report of an IPAN Panel and Workshop on 15th March*, 2017, J. Denoncourt contribution at 21 – 22.

[4] Denoncourt J. Unblocking the Arteries at the Heart of IP – backed Debt Finance (26 September 2017) *Oxford Business Law Blog* at https://www. law. ox. ac. uk/business – law – blog/blog/2017/09/unblocking – arteries – heart – ip – backed – debt – finance.

[5] Denoncourt J. Corporate Governance and Intellectual Property Assets (2016) *Expert Guide Intellectual Property* 2017, CorporateLiveWire Part 6, Chapter 20: Intellectual Property Rights in Kelly, D. , Hammer, R, Hendy, J. and Denoncourt J. *Business Law* (3rd edn) (2016) Routledge, London.

[6] Denoncourt J. True and Fair Intellectual Property Information: A Corporate Governance Issue (2016) (1) *Journal of Business Law*, 47 – 72.

[7] Denoncourt J. Patent Attorneys IPO due diligence (April 2016) 45 (4) *CIPA Journal* 52 – 54.

[8] Denoncourt J. Shining a light on China's Innovation Ecosystem: *Review of Innovation and Intellectual Property in China: Strategies, Contexts and Challenges* by Shao, K. (Ed.) and Feng, X. (2015) (24) *Nottingham Law Journal*, 167 – 170.

[9] Denoncourt J. Patents and Value: A Dialogue: Distinguishing Dogs from Diamonds (23 September 2014) *IP Finance* at http://ipfinance. blogspot. co. uk/search? q = Denoncourt.

[10] Denoncourt J. Intellectual Property and Venture Capital: The Secrets to Building Innovation Ecosystems: A Special Report? (9 September 2014) *IP Finance* at http://ipfinance. blogspot. co. uk/search? q = Denoncourt.

[11] Denoncourt J. Financial Reporting for IP Intangibles: Protecting Investors from Infringement Risks (20 August 2014) *IP Finance* at http://ipfinance. blogspot. co. uk/search? q = Denoncourt.

[12] Denoncourt J. Financial Reporting for Intangibles: Why IP Intangibles Remain Invisible(17 August 2014) *IP Finance* at http://ipfinance. blogspot. co. uk/search? q = Denoncourt.

[13] Denoncourt J. Financing Technological Innovation, Intellectual Property Rights and the Financing of Technological Innovation: Review of Public Policy and the efficiency of Capital Markets by Frey, C. B. ,2013(2014)23 *Nottingham Law Journal* ,161 – 163.

[14] Denoncourt J. Legislation Commentary: Reform to the UK Company Registration of Charges Scheme, The Companies Act 2006(amendment of Part 25) Regulations 2013(SI 2013/600) (2013)22 *Nottingham Law Journal* ,138 – 140.

[15] Denoncourt J. Review of *Valuation of Patents* by Wurzer, J. et al. 2012(2013)22 *Nottingham Law Journal* ,160 – 162.

[16] UK *Intellectual Property Office (IPO) Research Report*, contribution Denoncourt J, Soetendorp, R. Appendix A IP, Education and Training' *Banking on IP?* research report(2013) commissioned by the UK Intellectual Property Office and the Department of Business Innovation and Skills(BIS) at 220 – 221, at http://www. ipo. gov. uk/ipresearch – bankingip. pdf.

[17] Denoncourt J. Legislation Commentary: Impact of the America Invents Act 2011 on the UK: " First to file" Rules(2012)21 *Nottingham Law Journal* ,133 – 135.

[18] Denoncourt J. *Review of Secured Transactions in Intellectual Property* (2008) 20 (1) *Denning Law Journal*.

[19] Denoncourt J. Hanging on Every Word – Capturing Invention Information *Managing IP* (April 2002) Euromoney International Plc, London.

[20] Denoncourt J. Managing Risk to Protect Your Rights *Managing IP* (May 2002) Euromoney International Plc, London.

[21] Brandrill Group, Australia (delisted) Company Annual Report conceptual creator and author (1998 – 2001).